Fälle
Strafrecht AT

2021

Dr. Wilhelm-Friedrich Schneider
Rechtsanwalt und Repetitor

ALPMANN UND SCHMIDT Juristische Lehrgänge Verlagsges. mbH & Co. KG
48143 Münster, Alter Fischmarkt 8, 48001 Postfach 1169, Telefon (0251) 98109-0
AS-Online: www.alpmann-schmidt.de

Dr. Schneider, Wilhelm-Friedrich
Fälle
Strafrecht AT
9. Auflage 2021
ISBN: 978-3-86752-761-3

Verlag Alpmann und Schmidt Juristische Lehrgänge
Verlagsgesellschaft mbH & Co. KG, Münster

Benutzerhinweise

Die Reihe „Fälle" ermöglicht sowohl den Einstieg als auch die Wiederholung des jeweiligen Rechtsgebiets **anhand von Klausurfällen**. Denn unser Gehirn kann **konkrete Sachverhalte** besser speichern als abstrakte Formeln. Während des Studiums besteht die Gefahr, dass man zu abstrakt lernt, sich verzettelt und letztlich gänzlich den Überblick über das wirklich Wichtige verliert.

Ferner erfordern Prüfungsaufgaben regelmäßig das Lösen von konkreten Fällen. Hier muss dann der Kandidat beweisen, dass er das Erlernte auf den konkreten Fall anwenden kann und die spezifischen Probleme des Falles entdeckt. Außerdem muss er zeigen, dass er die richtige Mischung zwischen Gutachten- und Urteilsstil beherrscht und an den Problemstellen überzeugend argumentieren kann. Diese Fähigkeiten vermittelt Ihnen unser „Basiswissen **Methodik der Fallbearbeitung** – Wie schreibe ich eine Klausur?".

Nutzen Sie die jahrzehntelange Erfahrung unseres Repetitoriums. Seit mehr als 60 Jahren wenden wir konsequent die Fallmethode an. Denn ein **prüfungsorientiertes Lernen** muss „hart am Fall" ansetzen. Schließlich sollen Sie keine Aufsätze oder Dissertationen schreiben, sondern eine überzeugende Lösung des konkret gestellten Falles abgeben. Da wir nicht nur Skripten herausgeben, sondern auch in mündlichen Kursen Studierende ausbilden, wissen wir aus der täglichen Praxis, „wo der Schuh drückt".

Die Lösung der „Fälle" ist kompakt und vermeidet – so wie es in einer Klausurlösung auch sein soll – überflüssigen, dogmatischen „Ballast". Die Lösungen sind komplett **durchgegliedert** und im **Gutachtenstil** ausformuliert, wobei die unproblematischen Stellen unter Beachtung des Urteilsstils kurz ausfallen – so wie es gute Klausurlösungen erfordern.

Beispiele für die Gewichtung der **Punktvergabe** in einer Semesterabschlussklausur finden Sie hier:

t1p.de/1vc0

t1p.de/pufr

t1p.de/enyx

Wir vermitteln in der Reihe „Fälle" die Wissensanwendung. Sie **ersetzt nicht die Erarbeitung der gesamten Rechtsmaterie** und ihrer Struktur. Übergreifende Aufbauschemata finden Sie in unseren „Aufbauschemata". Ferner empfehlen wir Ihnen unser „Basiswissen" für den erfolgreichen Start ins jeweilige Rechtsgebiet: verständlich dargestellt und durch zahlreiche Beispiele, Übersichten und Aufbauschemata anschaulich vermittelt. Eine darauf aufbauende Darstellung des Stoffes auf Examensniveau liefern unsere „Skripten". Sofern die RÜ zitiert wird, handelt es sich um unsere Zeitschrift „RechtsprechungsÜbersicht", in der monatlich aktuelle, examensverdächtige Fälle gutachterlich gelöst erscheinen.

Viel Erfolg!

Klausurtechnik und -taktik

A. Oberste Klausurregel

„Ruhe bewahren – andere kochen auch nur mit Wasser."

B. Technischer Ablauf

Der technische Ablauf einer Klausur stellt prinzipiell einen „Vierakter" dar; optimal mit folgendem Ablauf:

1. Akt:	Vollständiges Erfassen des Sachverhalts
2. Akt:	Erstellen einer vollständigen Lösungsskizze (Gliederung)
3. Akt:	Niederschrift des Gutachtens
4. Akt:	Durchlesen der eigenen Lösung und „Feilen" an der Lösung

C. Die sieben Regeln für eine erfolgreiche Klausurbearbeitung:

I. Sachverhaltsaufbereitung

- Den Sachverhalt sorgfältig mindestens **zwei- bis dreimal vollständig lesen**.
- **Sachverhaltsskizze und/oder Zeitstrahl** unter Beachtung der Fallfrage erstellen.
- Dabei auf gesondertem Blatt die ersten Ideen („§§ ..., Erlaubnistatbestandsirrtum" etc.) notieren.

II. Fragestellung genau herausarbeiten und beachten; dabei

- Bildung von Tatkomplexen bei selbstständigen Lebenssachverhalten.
- Aufgliederung nach Sachverhaltsabschnitten, Chronologie und Personen.
- Wesentliche Probleme herausfinden; wo liegen die Schwerpunkte der Klausur?
- Sachliche und persönliche Begrenzung der Strafbarkeitsprüfung ggf. unbedingt beachten.

III. Die rechtliche Durchdringung des Falles und die Erstellung der Lösungsskizze vollzieht sich in zwei Phasen:

1. Brainstorming (kreative Phase):

- Auffinden und Ordnen der in Betracht kommenden Strafnormen: Wer könnte sich wodurch wie wonach strafbar gemacht haben?
- Alle Gesetze – auch wenn hinlänglich bekannt – lesen, um nichts zu vergessen.

⇨ **Klausurtipp: Auch immer „zwei §§ davor und zwei dahinter" prüfen!!!**

2. Disziplinierte Prüfung (Arbeitsphase)

- Akribische Prüfung der als lösungsrelevant erkannten Rechtsnormen.

IV. Der Sachverhalt ist mitteilsam und heilig!!!

1. Ein Teil der Klausurlösung muss sich aus dem anderen ergeben; wenn es bei der Lösung nicht richtig weitergeht, darf nicht der Sachverhalt dem gewollten Ergebnis angepasst werden (Gefahr der „Sachverhaltsquetsche"), sondern der eigene Lösungsansatz muss überprüft werden.

2. Ausnahmen:

- Bei Lücken im Sachverhalt immer **lebensnahe Auslegung**; aber nur, wenn sie für die Lösung auch wirklich erforderlich ist.
- **Rechtsansichten der Beteiligten** können ein Tipp des Aufgabenstellers, ein Hinweis auf einen Irrtum, aber auch eine Falle sein!

V. Schwerpunktbildung

1. Bereits bei der Erstellung der Gliederung problemorientiert prüfen, **Schwerpunkte bilden** und in der Lösungsskizze kennzeichnen (z.B. durch eine andere Farbe oder mit einem „P").

2. Als abwegig Erkanntes aussortieren!

⇨ **Klausurtipp:** Immer kritikfähig in Bezug auf die eigene Lösung bleiben!!!

VI. Prüfungsreihenfolge im Strafrecht (sofern nicht durch Fragestellung eingeengt)

1. Nach **Personen**

- Prüfung des Tatnächsten zuerst
- Bei wechselnder Beteiligung verschiedener Personen: Täter immer vor Teilnehmer

2. Handlungen in historischer Reihenfolge prüfen; jedoch Vorziehen der Delikte, die bei der Konkurrenzbildung dominieren und - bei gravierenden Unterschieden im Strafrahmen - schwere Delikte vor den leichten.

3. Konkrete Prüfungsaufhänger suchen

Keine abstrakten Erörterungen, sondern Probleme stets konkret am Tatbestandsmerkmal erörtern.

VII. Handwerkliches Können bei der Erstellung der Lösung

1. Bei der **Subsumtion** immer den Pendelblick bewahren zwischen der Fragestellung, dem Gesetzestext der zu prüfenden Norm und dem Sachverhalt.

2. Rechtsnormen genau bezeichnen (nicht „§ 244 StGB", sondern § 244 Abs. 1 Nr. 1 a) Alt. 1 StGB) und vollständig prüfen.

3. Reihenfolge: Voraussetzung, Definition, Subsumtion, dann (Zwischen-) Ergebnis („Somit hat A rechtswidrig gehandelt ...").

Nicht Ergebnis voranstellen, da unzulässiger Urteilsstil („A hat den Tatbestand des § 242 StGB erfüllt, denn ...")!

4. Bei **Meinungsstreiten** nach vorheriger Herleitung zunächst Darstellung der einzelnen Meinungen mit Subsumtion und Ergebnis zum konkreten Fall. Nur, wenn es für die Falllösung darauf ankommt, entscheiden. Kommen alle Meinungen zum selben Ergebnis, kann es praktischer sein, dies erst nach der Darstellung des Meinungsstandes durch Subsumtion aufzuzeigen. Bei verschiedenen Ergebnissen: Stellungnahme nicht vergessen!

5. Klare und geraffte Argumentationen
(„Dafür/Dagegen spricht, ...")

6. Tatbestandsmerkmale können offengelassen werden, wenn ihr Vorliegen problematisch ist und die Norm wegen eines anderen, gleichrangigen Tatbestandsmerkmals offensichtlich (aber nur dann!) nicht vorliegt.

7. Wichtig: **Gliederungspunkte verwenden**, da dem Prüfer nur so klar wird, dass man die Systematik (z.B. Obervoraussetzung, Untervoraussetzung; Anwendbarkeit – Voraussetzungsseite – Rechtsfolge) beherrscht. Also nicht in „einem Stück" runterschreiben! Hingegen sind Überschriften, z.B. „Tatbestand", „Rechtswidrigkeit" und „Schuld" entbehrlich.

8. Bilden Sie **Schwerpunkte**. D.h. ausführliche Argumentation an den „Knackpunkten" des Falles, hingegen Unproblematisches kurz erörtern.

INHALTSVERZEICHNIS

1. Teil: Der gesetzliche Tatbestand

Fall 1: Handlungsbegriff u. Garantiefunktion des Strafgesetzes
(nach BayObLG NJW 1982, 1059)

Vater (V) und Sohn (S) fuhren auf der Landstraße mit dem Pkw des V nach Hause. Damit er nicht zu viele Fahrstunden in Anspruch nehmen müsse, hatte V dem 17-jährigen S das Steuer überlassen und fuhr als Beifahrer mit. Als S eine Kurve falsch eingeschätzt hatte und daher zu schnell fuhr, griff V ihm ins Lenkrad, um zu verhindern, dass der Wagen aus der Kurve getragen würde. Daraufhin geriet der Wagen auf die Gegenfahrbahn, auf der der entgegenkommende K nur knapp ausweichen konnte und eine Straßenlaterne rammte. Der Schaden betrug 1.400 €. S hielt kurz an, erkannte, was er angerichtet hatte, und setzte dann seine Fahrt fort, obwohl V ihn energisch aufforderte, anzuhalten. Erst später konnte V das Steuer wieder übernehmen, unternahm aber auch nach der Ankunft zu Hause nichts zur Aufklärung des Unfallhergangs.

Strafbarkeit des V gemäß § 142?

I. V könnte sich durch Fortsetzung der Fahrt nach der Kollision des K gemäß **§ 142 Abs. 1 Nr. 1**[1] strafbar gemacht haben.

1. Voraussetzung hierfür ist ein **Unfall im Straßenverkehr**. Das ist ein plötzliches Ereignis im öffentlichen Straßenverkehr, das zu einem nicht nur unerheblichen Personen- oder Sachschaden geführt hat und in dem sich ein verkehrstypisches Risiko realisiert hat. Das Ausweichmanöver des K führte zu einem Schaden von 1.400 €, daher handelt es sich um einen Unfall im Straßenverkehr.

2. V müsste **Unfallbeteiligter** im Sinne des Abs. 5 gewesen sein. Indem V dem S das Fahrzeug überließ und ins Lenkrad griff, hat er durch sein Verhalten zur Verursachung des Unfalls beigetragen. V war daher Unfallbeteiligter.

3. V müsste **sich vom Unfallort entfernt** haben. Das ist hier zweifelhaft, weil S die Fahrt trotz gegenteiliger Anweisung des V fortgesetzt hat. Fraglich erscheint daher bereits, ob V überhaupt rechtlich erheblich gehandelt hat. Die Voraussetzungen einer strafrechtlich erheblichen Handlung sind umstritten.[2] Einigkeit besteht jedoch darüber, dass es sich um ein menschliches, äußeres, vom Willen beherrschtes Verhalten handeln muss. Daher stellt ein durch vis absoluta aufgezwungenes Verhalten keine strafrechtlich erhebliche Handlung dar. Ein Unfallbeteiligter, der gegen seinen Willen vom Unfallort entfernt wird, handelt daher nicht tatbestandsmäßig i.S.d. § 142 Abs. 1.[3] Hier ist der Aufforderung des V, S solle anhalten, zu entnehmen, dass V sich nicht willentlich entfernt hat, sondern gegen seinen Willen durch S vom Unfallort entfernt wurde. Als V später das Steuer übernahm,

Eine „Vorprüfung" der strafrechtlichen Handlungsqualität ist nicht erforderlich. Vielmehr kann diese bei der Tatbestandsmäßigkeit der Handlung geprüft werden. Eine vollständige Erörterung der strafrechtlichen Handlungslehren erscheint hier überflüssig.

1 §§ ohne Gesetzesangabe sind solche des StGB.
2 Vgl. näher AS-Skript Strafrecht AT 1 (2020), Rn. 73 ff.
3 BayObLG NJW 1993, 410.

befand er sich nicht mehr am Unfallort, konnte diesen also nicht mehr verlassen.[4] V hat sich daher nicht gemäß § 142 Abs. 1 Nr. 1 strafbar gemacht.

II. Indem er danach nichts zur Aufklärung des Unfallhergangs unternahm, könnte sich V gemäß **§ 142 Abs. 2 Nr. 2** strafbar gemacht haben.

1. V war Beteiligter eines Unfalls im Straßenverkehr (s.o.).

2. Ferner müsste sich V **berechtigt oder entschuldigt vom Unfallort entfernt** haben. Das ist jedenfalls dann der Fall, wenn das Entfernen vom Unfallort aufgrund des Eingreifens von Rechtfertigungsgründen oder Entschuldigungsgründen straflos war. Hier hatte V allerdings bereits den Tatbestand des § 142 Abs. 1 nicht erfüllt. Ob auch dies als berechtigtes Sichentfernen anzusehen ist, erscheint fraglich.

a) Geht man davon aus, dass § 142 Abs. 2 alle Fälle des erlaubten Sichentfernens vom Unfallort erfasst,[5] könnte hieraus der Schluss gezogen werden, dass § 142 Abs. 2 Nr. 2 immer eingreift, wenn die tatbestandlichen Voraussetzungen des Abs. 1 nicht erfüllt sind.[6] Danach träfe die Feststellungspflicht im vorliegenden Fall auch den V.

b) Andererseits ist Voraussetzung des § 142 Abs. 2 ein Sichentfernen. Hier hatte V sich nicht willentlich vom Unfallort entfernt. Danach hätte sich V hier auch nicht gemäß § 142 Abs. 2 strafbar gemacht.[7]

c) Für die erstgenannte Auslegung spricht, dass die Schutzwürdigkeit der Feststellungsinteressen der anderen Unfallbeteiligten nicht davon abhängt, aus welchen Gründen sich die Straflosigkeit des Entfernens vom Unfallort ergibt. Andererseits setzt § 142 Abs. 2 eindeutig voraus, dass der Unfallbeteiligte sich zunächst überhaupt vom Unfallort entfernt hat. Die äußerste Grenze möglicher Auslegung wird gemäß Art. 103 Abs. 2 GG durch den möglichen Wortsinn des Gesetzes gezogen. Daher entfernt sich auch nicht *berechtigt* vom Unfallort, wer sich in Unkenntnis des Unfalls, also *unvorsätzlich* vom Unfallort entfernt.[8] Damit ist die Annahme unvereinbar, jemand habe sich vom Unfallort entfernt, der durch einen Dritten gegen den eigenen Willen vom Unfallort entfernt wurde. Auch die Schutzwürdigkeit der betroffenen Interessen erlaubt keine Überschreitung des möglichen Wortsinns. Ein entsprechender Wille des Gesetzgebers hätte zumindest Andeutung im Gesetzeswortlaut finden müssen. Das ist nicht der Fall. Da V sich nicht vom Unfallort entfernt hat, traf ihn hier keine Feststellungspflicht gemäß § 142 Abs. 2.

Ergebnis: V hat sich nicht gemäß § 142 strafbar gemacht.

---

4 BGH NStZ 2011, 209.
5 So BGHSt 28, 129, 133.
6 BayObLG NJW 1982, 1059.
7 Fischer, StGB, 68. Aufl. 2021, § 142 Rn. 22.
8 BVerfG NJW 2007, 1666; BGH NStZ 2011, 209.

Fall 2: Kausalität und objektive Zurechnung
(Radfahrer-Fall, BGHSt 11, 1)

A überholte mit einem Lastzug auf einer sechs Meter breiten Straße den Radfahrer R mit einem Seitenabstand von 75 cm bei einer Geschwindigkeit von 26 km/h. Dabei geriet R unter das rechte Hinterrad des Anhängers, wurde überfahren und war auf der Stelle tot. Eine der Leiche entnommene Blutprobe ergab für den Unfallzeitpunkt eine BAK von 1,96 ‰. Daher hätte sich der Unfall mit denselben tödlichen Folgen wahrscheinlich auch dann ereignet, wenn A einen Abstand von mehr als einem Meter eingehalten hätte, da R aufgrund seiner alkoholbedingten Fahruntauglichkeit in einer unkontrollierten schreckhaften Reaktion das Fahrrad nach links zog und deshalb zu Fall kam.

Strafbarkeit des A wegen fahrlässiger Tötung?

Indem er den R überholte, könnte sich A wegen **fahrlässiger Tötung** gemäß **§ 222** strafbar gemacht haben.

1. Dann müsste A den Tod des R als tatbestandsmäßigen Erfolg **verursacht** haben. Das setzt nach der **Bedingungstheorie** voraus, dass die Handlung nicht hinweggedacht werden kann, ohne dass der Erfolg dann entfiele. Hätte A den R nicht überholt, dann wäre R nicht unter den Anhänger geraten und getötet worden. Dass R wahrscheinlich auch bei Einhaltung des gebotenen Sicherheitsabstandes durch A zu Tode gekommen wäre, steht der Annahme der Kausalität nicht entgegen, da hypothetische Kausalverläufe und Reserveursachen zur Ermittlung des Ursachenzusammenhangs ohne Bedeutung sind.

Die in der Lit. verbreitete Lehre von der gesetzmäßigen Bedingung kommt in der Regel zum selben Ergebnis und muss nicht gesondert dargestellt werden.

2. A müsste auch **fahrlässig** gehandelt haben. Das setzt die Verletzung der im Verkehr objektiv gebotenen Sorgfalt und die objektive Vorhersehbarkeit des Kausalverlaufs und der Folgen voraus.

a) Die **Sorgfaltspflichtverletzung** ist hier darin zu sehen, dass A den gemäß § 5 Abs. 4 S. 2 StVO erforderlichen Seitenabstand nicht eingehalten hat.

b) Dass die Missachtung dieses Erfordernisses dazu führen konnte, dass R überfahren werden würde, war **objektiv vorhersehbar**.

Daher hat A fahrlässig gehandelt.

3. Schließlich müsste der Tod des R dem Handeln des A **objektiv zuzurechnen** sein.

a) Da das Erfordernis eines hinreichenden Seitenabstandes den Sicherheitsinteressen des überholten Verkehrsteilnehmers dient, liegt der Erfolg im **Schutzbereich der verletzten Sorgfaltsnorm**.

Die Zurechnungskriterien des rechtlich missbilligten Risikos und der Adäquanz des Kausalverlaufs sind bereits Teil der Fahrlässigkeitsprüfung.

b) Fraglich erscheint, ob der Umstand, dass R wahrscheinlich auch bei Einhaltung des gebotenen Seitenabstandes zu Tode gekommen wäre, den **Pflichtwidrigkeitszusammenhang** ausschließt.

aa) Nach h.M. ist der Erfolg der Tathandlung nicht zuzurechnen, wenn er gleichfalls bei **pflichtgemäßem Alternativverhalten** nicht zu vermeiden war. Besteht die Möglichkeit, dass derselbe Erfolg ebenso bei sorgfaltsgerechtem Verhalten eingetreten wäre, so ist nach dem Grundsatz „in dubio pro reo" zugunsten des Angeklagten hiervon auszugehen. Im vorliegenden Fall muss danach angenommen werden, dass R auch bei Einhaltung des gebotenen Seitenabstandes zu Tode gekommen wäre. Daher ist nach h.M. der Erfolg mangels Vermeidbarkeit durch pflichtgemäßes Verhalten nicht zurechenbar.

bb) Nach a.A., der sogenannten **Risikoerhöhungslehre**, ist die Berufung auf rechtmäßiges Alternativverhalten nicht zulässig. Habe das durch die sorgfaltswidrige Handlung erhöhte Risiko sich in dem tatbestandsmäßigen Erfolg realisiert, so sei dieser auch zuzurechnen. Der Zweifelssatz gelte allenfalls für die Frage, ob die Handlung zu einer Risikoerhöhung geführt habe. Im vorliegenden Fall hat die Missachtung des gebotenen Sicherheitsabstandes das Risiko sowohl einer Kollision als auch der zu erwartenden Verletzungsfolgen erhöht. Dieses hat sich überdies in dem Eintritt des tatbestandsmäßigen Erfolgs realisiert. Hiernach ist der Tod des R dem Handeln des A zuzurechnen, ohne dass die Unvermeidbarkeit bei rechtmäßigem Alternativverhalten des A hierfür von Bedeutung wäre.

cc) Für die Risikoerhöhungslehre spricht, dass Sorgfaltsregeln auch dann zu beachten sind, wenn nicht sicher ist, ob sich dadurch Schaden vermeiden lässt. Gegen sie spricht der Wortlaut des Gesetzes, das in § 222 ausdrücklich die Verursachung des Erfolgs „durch Fahrlässigkeit" voraussetzt. Daher muss sich in dem Erfolg gerade der Sorgfaltsverstoß niedergeschlagen haben. Wenn nach allg. Ansicht deshalb die objektive Zurechnung ausgeschlossen ist, wenn der Erfolg bei pflichtgemäßem Verhalten sicher nicht zu vermeiden gewesen wäre, so muss das nach dem Zweifelssatz auch dann gelten, wenn dies zumindest möglich erscheint. Die Risikoerhöhungslehre führt deshalb zu einem Verstoß gegen den Zweifelssatz. Eine Erfolgshaftung im Fall einer nur möglichen Vermeidbarkeit rechtlich missbilligter Folgen lässt die verursachte Rechtsgutverletzung zu einem bloßen Reflex der Sorgfaltspflichtverletzung werden,[9] sodass die Verletzungsdelikte in Gefährdungsdelikte umgedeutet würden. Die unzulässige Risikoerhöhung selbst als Gefährdungsdelikt zu ahnden, ist Zweck anderer Vorschriften, wie z.B. des § 221 oder des Ordnungswidrigkeitenrechts.

Mit der h.M. ist daher im vorliegenden Fall die objektive Zurechnung zu verneinen.

Ergebnis: A hat sich nicht gemäß § 222 strafbar gemacht.

9 Sch/Sch/Sternberg-Lieben/Schuster, 30. Aufl. 2019, § 15 Rn. 179.

Fall 3: Abgrenzung Tun/Unterlassen

(nach BGH NStZ 1999, 607)

Die alleinerziehende A ließ ihre 3-jährige Tochter M in ihrer Wohnung zurück, um einen Termin beim Jugendamt wegen der Betreuung der M wahrzunehmen, deren Erziehung sie sich nicht gewachsen fühlte. Obwohl M schon früher in einem unbeaufsichtigten Moment die Herdplatten eingeschaltet hatte, traf A keinerlei Vorkehrungen gegen diese Möglichkeit. M setzte erneut die Herdplatten in Gang. Dies führte wegen auf dem Herd liegenden Papiers zu einem Brand, in dem M erstickte.

Strafbarkeit der A wegen fahrlässiger Tötung?

I. Indem sie die Wohnung verließ, könnte sich A wegen **fahrlässiger Tötung** der M gemäß **§ 222** strafbar gemacht haben.

Dies setzt voraus, dass sie hierdurch den tatbestandsmäßigen Erfolg, den Tod der M, verursacht hat. Fraglich erscheint, ob zur Ermittlung der Kausalität an das Verlassen der Wohnung anzuknüpfen ist oder daran, dass sie es unterlassen hat, für eine Beaufsichtigung der M zu sorgen oder andere Vorkehrungen gegen gefährdenden Unfug des Kindes zu treffen. Die Kriterien zur **Abgrenzung von Tun und Unterlassen** sind umstritten.[10]

Diese Frage stellt sich nur bei mehrdeutigem Verhalten, nicht dann, wenn der Erfolgsverursachung durch Tun das Unterlassen seiner Abwendung nachfolgt. Hierbei handelt es sich um ein Konkurrenzproblem!

1. Nach einer **naturalistischen Auffassung** liegt stets ein Begehungsdelikt vor, wenn durch den Einsatz von Energie, der das aktive Tun kennzeichnet, der zum Erfolg führende Kausalverlauf in Gang gesetzt wird.

Das Verlassen der Wohnung stellt ein aktives Tun dar. Dies war nach der Bedingungstheorie ursächlich für den Tod der M, wenn dieser nicht eingetreten wäre, falls A die Wohnung nicht verlassen hätte. Auch in diesem Fall wäre der Tod der M aber nur zu vermeiden gewesen, wenn A gegen die Selbstgefährdung des Kindes eingeschritten wäre. Gegen die Kausalität könnte daher sprechen, dass bei der Ermittlung des Ursachenzusammenhangs nur auf den tatsächlichen Geschehensablauf abzustellen ist. Dagegen ist die Berücksichtigung hypothetischer Kausalverläufe nicht zulässig. Dies besagt jedoch nur, dass die Kausalität einer Handlung nicht dadurch ausgeschlossen ist, dass der tatbestandsmäßige Erfolg durch hypothetische Ersatzursachen ebenfalls verursacht worden wäre.

Dagegen ist eine Handlung auch dann ursächlich für den Erfolg, wenn sie eine hypothetische Rettungshandlung unmöglich gemacht hat, durch die der Erfolg mit an Sicherheit grenzender Wahrscheinlichkeit vermieden worden wäre. Hätte A die Wohnung nicht verlassen, so erscheint nicht zweifelhaft, dass eine das Leben der M gefährdende Brandentwicklung durch rechtzeitiges Einschreiten der A verhindert worden wäre.

Das Verlassen der Wohnung durch A war danach ursächlich für den Tod der M. Danach wäre hier an das aktive Tun des Verlassens der Wohnung anzuknüpfen.

2. Nach h.M. stellt die Abgrenzung von Tun und Unterlassen eine **Wertungsfrage** dar, die unter Berücksichtigung des sozialen Sinngehalts des

---

10 Führ Jura 2006, 265 ff.

Verhaltens und des **Schwerpunkts der Vorwerfbarkeit** zu entscheiden ist. Danach könnte hier auf ein Unterlassen abzustellen sein, da das Verlassen der Wohnung für sich genommen unschädlich gewesen wäre, wenn A für anderweitige Aufsicht gesorgt oder andere Vorkehrungen zur Gefahrvermeidung getroffen hätte.

Generell wird im Fall kausalen Tuns der Schwerpunkt der Vorwerfbarkeit auch hierin zu sehen sein, wenn das Tun erst die Gefahr begründet, um deren Vermeidung willen Sorgfaltsvorkehrungen hätten getroffen werden müssen. Dies gilt vor allem, wenn das Unterlassen lediglich die mögliche Missachtung der gebotenen Sorgfalt kennzeichnet. Andernfalls würde aus jedem fahrlässigen Tun ein Unterlassungsdelikt gemacht, das jedoch andere tatbestandliche Voraussetzungen aufweist. Auch ist der Strafmilderungsmöglichkeit des § 13 Abs. 2 zu entnehmen, dass eine Verursachung durch Tun schwerer wiegt als eine solche durch Unterlassen.

Im vorliegenden Fall ging die Gefahr jedoch nicht von dem Verlassen der Wohnung, sondern vielmehr von dem Kind selbst aus. Diese erforderte eine Beaufsichtigung auch für den Fall, dass A die Wohnung nicht verlassen hätte. Da sich diese Gefahr in jedem Fall nur dadurch vermeiden ließ, dass A durch zusätzliche Maßnahmen wie etwa die Mitnahme des Kindes oder Beaufsichtigung durch Dritte etwas getan hätte, liegt der Schwerpunkt der Vorwerfbarkeit in dem Unterlassen solcher Maßnahmen.

3. Die vorliegende Abgrenzungsfrage ist vom Gesetz selbst nicht geregelt, sondern wird vorausgesetzt. Dementsprechend ist ein Vorrang kausalen Tuns vor dem Unterlassen nicht gesetzlich vorgesehen. Ein solcher widerspräche auch der Äquivalenzklausel des § 13 Abs. 1. Denn dass ein Abbruch z.B. apparatemedizinischer Behandlung durch Tun anderen Regeln unterliegen sollte als die Verweigerung der Aufnahme einer solchen, ist sachlich nicht zu rechtfertigen. Dementsprechend ist auch nicht zu rechtfertigen, im vorliegenden Fall an das Verlassen der Wohnung anzuknüpfen, während im Fall eines Untätigbleibens der A in der eigenen Wohnung nach allg. Ansicht nur ein Unterlassungsdelikt in Betracht zu ziehen wäre. Danach kommt im vorliegenden Fall richtigerweise keine fahrlässige Tötung als Begehungsdelikt in Betracht.

II. Indem sie die M ohne Aufsicht ließ, könnte sich A wegen fahrlässiger Tötung durch Unterlassen gemäß **§§ 222, 13** strafbar gemacht haben.

1. Dazu müsste sie den Tod der M durch das Unterlassen ihr möglicher Vorkehrungen verursacht haben.

a) Hier wäre der A möglich gewesen, das Einschalten des Herdes durch M dadurch zu unterbinden, dass sie die Sicherung ausgeschaltet oder die M mitgenommen hätte.

b) Einen Ursachenzusammenhang des Unterlassens für einen Erfolg im natürlichen Sinne gibt es nicht. Daher ist die Kausalität nach der **modifizierten Bedingungstheorie** festzustellen. Hiernach ist das Unterlassen einer Handlung kausal, wenn der Erfolg bei Vornahme der gebotenen Handlung mit an Sicherheit grenzender Wahrscheinlichkeit vermieden worden wäre. Hätte A die M mitgenommen oder die Sicherung ausgeschaltet, so wäre es mit Sicherheit nicht zu dem Brand gekommen, an dessen Folgen M erstickte. Danach war das Unterlassen der A ursächlich für den Erfolg.

2. Gemäß § 13 müsste A für das Ausbleiben des Erfolgs rechtlich einzustehen haben, also eine **Garantenstellung** innehaben. Diese ergibt sich hier daraus, dass sie als Mutter der M gemäß §§ 1626, 1631 Abs. 1 BGB die Personensorge für M hatte und daher ihr Leben zu schützen verpflichtet war. Die gemäß § 13 erforderliche Gleichwertigkeit von Tun und Unterlassen ergibt sich im Falle des § 222 als reinem Erfolgsdelikt ohne Weiteres aus der Tatbestandserfüllung selbst.

3. Die **Fahrlässigkeit** eines garantenpflichtwidrigen Unterlassens setzt die Erkennbarkeit der die Garantenpflicht begründenden Umstände und die Vorhersehbarkeit des Erfolgs und des Kausalverlaufs voraus. Ihre Pflichtenstellung war der A bekannt. Aufgrund der Tatsache, dass M bereits zuvor den Herd angestellt hatte, war vorhersehbar, dass sie dies ein weiteres Mal tun könnte. Ferner war auch objektiv vorhersehbar, dass dies bei auf dem Herd herumliegendem Papier zu einem Wohnungsbrand mit für M tödlicher Rauchentwicklung führen konnte. A verhielt sich daher fahrlässig, indem sie keinerlei Vorkehrungen dagegen traf.

Die Pflichtwidrigkeit ergibt sich bereits aus der Garantenpflichtverletzung.

4. Die **objektive Zurechnung** wird insbesondere nicht dadurch ausgeschlossen, dass M den Herd selbst einschaltete. Zwar hatte M die Herrschaft über das unmittelbar zu dem Brand führende Geschehen. Jedoch kann ein 3-jähriges Kind sich nicht selbst eigenverantwortlich gefährden (vgl. § 19). Danach ist der Tatbestand erfüllt.

5. Rechtfertigungsgründe sind nicht ersichtlich.

6. Auch an der Schuld, insbesondere der persönlichen Erkennbarkeit und Vorhersehbarkeit der Umstände, bestehen keine Zweifel.

Ergebnis: A hat sich gemäß §§ 222, 13 strafbar gemacht.

Fall 4: Objektive Zurechnung und Kausalabweichung
(nach BGH RÜ 2016, 163)

Weil er sich über ihn geärgert hatte, beschloss A, den B zu töten. Als B bei dem Versuch, sich Zugang zu einer Feldscheune zu verschaffen, ihm den Rücken zudrehte, schlug A dem B mehrfach wuchtig mit einer schweren Metallstange auf den Hinterkopf. B erlitt schwere Kopfverletzungen, die nach einiger Zeit sicher zum Tode geführt hätten. In der Annahme, B getötet zu haben, verließ A den Tatort. Nach einer Stunde kehrte er zurück, um nachzusehen, ob B wirklich tot sei. A stellte fest, dass B noch lebte. Um ihn endgültig zu töten, schnitt A dem bewusstlosen B mit einem Messer die Kehle durch. B verstarb durch Verbluten.

Strafbarkeit des A wegen Totschlags?

Vorüberlegung: *Man könnte chronologisch zunächst die Schläge mit der Metallstange prüfen. Dabei hängen jedoch Kausalität, objektive Zurechnung und Vorsatz von der rechtlichen Bewertung der zweiten Handlung ab. Vorzugswürdig ist daher in solchen Fällen, zunächst die Strafbarkeit der dem Erfolg nächstliegenden Handlung zu prüfen.*

I. Indem A dem B die Kehle durchschnitt, könnte er sich wegen **Totschlags** gemäß **§ 212 Abs. 1** strafbar gemacht haben.

Die in der Lit. verbreitete Lehre von der gesetzmäßigen Bedingung käme zum selben Ergebnis und muss daneben nicht zusätzlich geprüft werden.

1. Dann müsste diese Handlung **ursächlich** für den Tod des B gewesen sein. Ursächlich ist nach der **Bedingungstheorie** jede Handlung, die nicht hinweggedacht werden kann, ohne dass der Erfolg in seiner konkreten Gestalt entfiele. Hätte A dem B nicht die Kehle durchgeschnitten, wäre dieser nicht verblutet. Dass B dann an den Kopfverletzungen gestorben wäre, ist ohne Belang, da es nur auf den konkreten Erfolg ankommt und hypothetische Kausalverläufe keine Berücksichtigung finden.

2. An der nach der h.Lit. erforderlichen **objektiven Zurechenbarkeit** besteht hier kein Zweifel.

3. A handelte auch **vorsätzlich** sowie **rechtswidrig** und **schuldhaft**.

II. Durch die Schläge mit der Metallstange könnte sich A ebenfalls wegen **Totschlags** gemäß **§ 212 Abs. 1** strafbar gemacht haben.

1. Dann müssten die Schläge für den Tod des B **ursächlich** gewesen sein. Hätte A den B nicht mit der Metallstange traktiert, hätte er ihm später auch nicht die Kehle durchgeschnitten. Das Hinzutreten einer weiteren Handlung unterbricht den Kausalverlauf nur, wenn hierdurch eine neue Ursachenkette eröffnet wird. Hier fand der Entschluss, B die Kehle durchzuschneiden, aber ihren Grund in den Umständen, die durch die Schläge mit der Metallstange entstanden waren. Der Kausalzusammenhang wurde durch das Durchschneiden der Kehle daher nicht unterbrochen.

2. Nach h.Lit. muss der Erfolg der Handlung zudem **objektiv zurechenbar** sein. Das setzt beim Vorsatzdelikt voraus, dass durch die Handlung ein rechtlich missbilligtes Risiko geschaffen wurde, das sich im Erfolg auch realisiert hat. Die Schläge mit der Metallstange begründeten ein **rechtlich missbilligtes Risiko** tödlicher Folgen. Da B letztlich an den Folgen des Durchschneidens der Kehle gestorben ist, erscheint fraglich, ob sich dieses Risiko auch in seinem Tod realisiert hat.

a) Dies wäre zu verneinen, wenn es sich um einen **inadäquaten Kausalverlauf** handelte, weil die Folgen der Handlung derart außerhalb jeder Lebenserfahrung lägen, dass mit ihnen objektiv nicht zu rechnen gewesen wäre. Dass dem Täter Zweifel am Eintritt des Erfolges kommen könnten und er diesen durch eine weitere Tötungshandlung herbeiführen könnte, liegt jedoch ex ante nicht außerhalb jeder Wahrscheinlichkeit.

b) Abzulehnen ist die objektive Zurechnung auch dann, wenn sich in dem Erfolg ein völlig **anderes** als das ursprüngliche **Risiko realisiert** hat, namentlich wenn der Erfolg auf dem Hinzutreten eines allgemeinen Lebensrisikos beruht. Insoweit könnte gegen die objektive Zurechnung im vorliegenden Fall sprechen, dass der Tod des B letztlich auf einer weiteren vorsätzlichen Tötungshandlung beruht.[11] Dass B Opfer einer weiteren vorsätzlichen Tötungshandlung wurde, kann hier jedoch nicht als Realisierung eines allgemeinen Lebensrisikos angesehen werden. Das Hinzutreten der vorsätzlichen Handlung eines Dritten, den hierfür die volle Verantwortung trifft, mag die objektive Zurechnung zwischen der ersten Handlung und dem Erfolg wegen der notwendigen Abgrenzung von Täterschaft und Teilnahme ausschließen. Das gilt jedoch nicht für das Hinzutreten einer Handlung desselben Täters, die denselben Zweck verfolgt wie die erste.

3. A müsste auch **vorsätzlich** gehandelt haben. Das setzt nach h.M. das Für-möglich-halten und Sich-abfinden mit den Umständen voraus, die den Tatbestand objektiv erfüllen. Hierzu gehört auch der zum Erfolg führende Kausalverlauf. Da A den B erschlagen wollte, den Tod jedoch letztlich durch das Durchschneiden der Kehle verursacht hat, handelt es sich möglicherweise hier um einen vorsatzausschließenden **Irrtum über den Kausalverlauf**. Jedoch sind Abweichungen zwischen dem tatsächlichen und dem vorgestellten Kausalverlauf dann unwesentlich und schließen den Vorsatz nicht aus, wenn sie sich in den Grenzen des nach der Lebenserfahrung Vorhersehbaren halten und keine andere Bewertung der Tat rechtfertigen.[12] Wie bereits zur objektiven Zurechnung ausgeführt, liegt der Kausalverlauf hier jedoch nicht außerhalb jeder Wahrscheinlichkeit. Das Hinzutreten einer weiteren vorsätzlichen Tötungshandlung, die denselben Zweck verfolgt wie die erste, rechtfertigt auch keine andere Bewertung der ersten Handlung als Vorsatztat.[13] A handelte daher vorsätzlich.

4. A handelte auch **rechtswidrig** und **schuldhaft**.

III. Konkurrenzen und Ergebnis: A hat den Tatbestand des Totschlags zweimal erfüllt. Der Entschluss, B die Kehle durchzuschneiden, stellt eine Zäsur in dem Handlungsablauf dar, sodass es sich um zwei selbstständige Handlungen handelt.[14] Da dem A der Tod des B jedoch nur einmal angelastet werden kann, tritt der durch das Durchschneiden der Kehle begangene Totschlag hinter dem ersten Totschlag zurück. A hat sich wegen Totschlags strafbar gemacht.

---

11 So Bechtel JA 2016, 906 für den vorliegenden Fall.
12 BGH RÜ 2016, 163.
13 A.A. für den vorliegenden Fall Eisele JuS 2016, 368.
14 A.A. Jäger JA 2016, 548.

Fall 5: Abgrenzung Vorsatz/Fahrlässigkeit; dolus alternativus/cumulativus
(nach BGH NStZ-RR 2006, 168)

Aufgrund geschäftlicher Auseinandersetzungen trachtete A seinem Sohn S nach dem Leben. Er hatte angekündigt, er werde S und dessen in der 30. Woche schwangere Frau F erschießen, wenn S ihm nicht die ihm vorher übertragene Firma zurückgebe. Als S am Tattag gegen 21.30 Uhr mit seiner Frau auf dem familieneigenen Anwesen eintraf, stellte sich A mit einem Revolver, der nur mit einer Patrone geladen war, in den unbeleuchteten Hintereingang seiner Wohnung, um S beim Betreten des Innenhofes zu erschießen. Als sich S und F kurz vor ihrer Haustreppe in dem unbeleuchteten Innenhof befanden, gab A einen Schuss auf die beiden, für ihn nur umrisshaft erkennbaren Personen ab. Er hoffte, S zu töten. Ihm war aber auch bewusst, F tödlich treffen zu können. Der Schuss durchschlug den rechten Arm des S und traf die F tödlich ins Herz. F und das noch vor ihrem Tode lebend entbundene Kind konnten nicht gerettet werden.

Strafbarkeit des A wegen Tötungs- und Körperverletzungsdelikten? (§ 211 ist nicht zu prüfen.)

I. Indem er F erschoss, könnte sich A wegen **Totschlags** gemäß **§ 212 Abs. 1** strafbar gemacht haben.

1. Durch den Schuss hat A den **Tod der F objektiv zurechenbar verursacht**. Der objektive Tatbestand ist damit erfüllt.

Zum Streit um die Rechtsfolgen der aberratio ictus s.u. Fall 39.

2. Fraglich ist, ob A auch **vorsätzlich** gehandelt hat. Da A hoffte, den S zu töten, handelt es sich möglicherweise um eine den Vorsatz nach h.M. ausschließende **aberratio ictus**. Ein derartiges Fehlgehen des Kausalverlaufs außerhalb der eigenen Herrschaftssphäre liegt jedoch dann nicht vor, wenn sich der Vorsatz des A alternativ oder kumulativ auch auf die Tötung der F bezog.

a) Hinsichtlich der F kommt hier nur ein **bedingter Tötungsvorsatz** in Betracht. Dieser setzt unstreitig voraus, dass der Täter den Erfolgseintritt **für möglich** gehalten hat. Da sich A der Möglichkeit bewusst war, auch F tödlich treffen zu können, ist das hier der Fall. Ob der bedingte Vorsatz darüber hinaus **weitere Voraussetzungen** hat, ist im Hinblick auf die Abgrenzung zur bewussten Fahrlässigkeit **umstritten**.[15]

aa) Nach einer Ansicht, den sog. **Wissenstheorien**, bedarf der bedingte Vorsatz keines Willenselements. Zur Abgrenzung von der Fahrlässigkeit werden jedoch unterschiedliche Kriterien herangezogen. Zum Teil wird darauf abgestellt, ob die Tat in dem Bewusstsein begangen wird, ein unabgeschirmtes Risiko der Tatbestandserfüllung zu schaffen. Danach entscheidet bereits das objektive Gefahrenpotenzial über das Vorliegen des Vorsatzes. Hier hatte A nicht in der Hand, wen er treffen würde, da er schon S und F nicht erkennen konnte und diese sich in unmittelbarer Nähe zueinander befanden. Daher handelte A hiernach vorsätzlich. Nach a.A. soll Vorsatz ge-

15 AS-Skript Strafrecht AT 1 (2020), Rn. 154 ff.

geben sein, wenn der Täter die Tatbestandserfüllung für möglich, nach einer weiteren Ansicht, wenn er sie für wahrscheinlich hält. Auch nach diesen Auffassungen handelte A hier mit Tötungsvorsatz bzgl. der F.

bb) Nach h.M. unterscheidet sich der bedingte Vorsatz von der bewussten Fahrlässigkeit durch den **Willen zur Tatbestandsverwirklichung**. Für die Bestimmung dieses Willenselements wird schon für ausreichend gehalten, wenn der Täter aus Gleichgültigkeit gegenüber den Folgen seines Tuns gehandelt hat. Nach h.M. kommt es dagegen auf die innere Einstellung des Täters nicht an. Vorsätzlich handelt danach, wer die Folgen der Tat **billigend in Kauf nimmt** oder sich trotz des ernst zu nehmenden Risikos mit ihnen **abfindet**. Fahrlässig handelt dagegen, wer lediglich pflichtwidrig darauf vertraut, der Erfolg werde nicht eintreten. Die Feststellung dieser Voraussetzungen hängt von einer Gesamtwürdigung aller hierfür maßgeblichen Umstände ab, wobei die vor der Tötung eines anderen Menschen im Allgemeinen besonders hohe Hemmschwelle lediglich einen Beweismaßstab, aber selbst kein Argument darstellt.[16]

Im vorliegenden Fall hatte A bereits vorher geäußert, auch F töten zu wollen. Dies spricht für seinen Tötungsvorsatz auch bezüglich F bei der Schussabgabe. Ferner musste er, um den S erschießen zu können, das Risiko des Todes der F in Kauf nehmen. Hinzu kommt, dass die beiden Personen für ihn nur umrisshaft erkennbar waren. Die Möglichkeit, F tödlich zu treffen, war daher aus Sicht des A genauso groß wie die, den S zu töten. A konnte daher nicht darauf vertrauen, nicht die F, sondern nur den S zu treffen. Diese Umstände belegen hinreichend, dass A den Tod der F aus Gleichgültigkeit billigend in Kauf genommen hat.

Hiernach hatte A nach allen Auffassungen den Vorsatz, F zu töten.

Einer Streitentscheidung bedarf es daher nicht.

b) Jedoch konnte A mit dem Schuss nur entweder S oder F töten. Möglicherweise scheitert eine Vorsatzstrafbarkeit daran, dass A zwar die Möglichkeit bewusst war, auch F, jedoch nur eine Person treffen zu können. Es handelt sich um einen Fall **alternativen Vorsatzes** bezüglich beider möglicher Tatopfer. Dessen rechtliche Einordnung ist umstritten.[17]

Ein Fall des error in persona liegt hier nicht vor, da A keiner Verwechslung des Opfers unterlag.

aa) Nach h.M. greifen auch beim dolus alternativus alle Delikte ein, deren Voraussetzungen erfüllt sind. Danach wäre hier eine vorsätzliche Tötung nicht dadurch ausgeschlossen, dass es dem A auf die Tötung des S ankam.

bb) Nach a.A. soll vorrangig auf das objektiv verwirklichte Delikt abgestellt werden. Auch danach ist hier Vorsatz zu bejahen.

cc) Einer weiteren Auffassung zufolge soll nur der Vorsatz bzgl. des schwersten Delikts entscheiden. Da die Tötung von S und F rechtlich gleichwertig ist, ist auch danach hier Tötungsvorsatz zu bejahen.

dd) Schließlich wird vertreten, dass die Lösung des Problems durch die Annahme von Gesetzeskonkurrenz zu suchen sei. Auch danach wäre der subjektive Tatbestand bzgl. der F zu bejahen.

Da damit nach allen Ansichten der subjektive Tatbestand vorliegt, scheidet die Annahme einer aberratio ictus aus.

---

16 BGH NStZ 2018, 205.
17 Vgl. Bosch JA 2006, 330.

3. A handelte **rechtswidrig** und **schuldhaft**.

A hat sich hinsichtlich der F wegen Totschlags strafbar gemacht.

II. Die mitverwirklichten §§ 223, 224 treten dahinter zurück.

III. Hinsichtlich des S kommt eine Strafbarkeit wegen Totschlagsversuchs gemäß **§§ 212, 22, 23 Abs. 1** in Betracht.

Da S nicht getötet wurde, scheidet eine Strafbarkeit wegen vollendeten Totschlags aus. Die Strafbarkeit des versuchten Totschlags ergibt sich aus den §§ 12 Abs. 1 und 23 Abs. 1.

1. Bei Abgabe des Schusses hatte A die Absicht, also den Tatentschluss, S zu töten. Fraglich erscheint hier jedoch, welche Folge sich aus der **Alternativität seines Tötungsvorsatzes** ergibt.

a) Nach der ersten o.a. Ansicht schließt dies einen Totschlagsversuch auch an S nicht aus.

b) Nach der zweiten und der dritten der o.g. Meinungen käme dagegen neben einer vorsätzlichen Tötung der F nicht auch ein Versuch an S in Betracht.

Die Tatbestandsmäßigkeit und die Konkurrenzen sollten nicht unnötig miteinander vermengt werden.

c) Nach der vierten o.a. Auffassung handelt es sich um eine Konkurrenzfrage, die hier zunächst offen bleiben kann.

d) Gegen die erstgenannte Ansicht lässt sich einwenden, dass A nur einen Menschen hat töten wollen, was die Annahme zweier Tötungsdelikte verbiete. Dies würde jedoch dazu führen, dass sich S dem Strafverfahren gegen A noch nicht einmal als Nebenkläger gemäß § 395 Abs. 1 Nr. 2 StPO anschließen könnte, obwohl die Tat des A sich auch gegen ihn richtete. Ferner ist zu bedenken, dass dann, wenn A den S tödlich getroffen hätte, die Ablehnung eines Tötungsvorsatzes hinsichtlich der F auch dazu führen würde, dass eine versuchte Tötung der Leibesfrucht ggf. unberücksichtigt bleiben müsste. Das wäre nicht überzeugend. Stellt man dagegen in Rechnung, dass es sich um einen lediglich bedingten Vorsatz zur Tötung der F handelte, gibt es keine überzeugenden Gründe, dem A neben der bedingt vorsätzlichen Tötung der F auch eine alternative Tötungsabsicht z.N. des S zur Last zu legen. Dies entspricht letztlich nur dem untauglichen Versuch, dessen Strafbarkeit sich aus § 22 und § 23 Abs. 3 ergibt.

2. Durch die Abgabe des Schusses, der den S töten sollte, hat A auch gemäß **§ 22 unmittelbar** zur Erfüllung des Tatbestandes **angesetzt**.

3. Er handelte auch **rechtswidrig** und **schuldhaft**.

4. Ein strafbefreiender **Rücktritt** durch Aufgeben der weiteren Ausführung gemäß § 24 Abs. 1 S. 1 Alt. 1 scheidet aus, da der Revolver nur mit einer Patrone geladen war. Dass A mit anderen ihm bereitstehenden Mitteln glaubte, die Tat noch begehen zu können, ist nicht ersichtlich. Der Versuch war daher fehlgeschlagen.

Danach hat sich A wegen Totschlagsversuchs strafbar gemacht.

IV. Ferner stellt die Verletzung des S eine gefährliche Körperverletzung gemäß **§§ 223 Abs. 1, 224 Abs. 1 Nr. 2** und **5** dar.

V. In Betracht kommt ferner eine Strafbarkeit wegen Schwangerschaftsabbruchs gemäß **§ 218 Abs. 1**.

1. Unter „Abbruch der Schwangerschaft" ist die Abtötung der Leibesfrucht, also die zurechenbare Verursachung des Todes der Leibesfrucht, zu verstehen, gleich ob der Tod im Mutterleib oder außerhalb des Mutterleibes eintritt. Maßgeblich für die Abgrenzung zur Tötung eines anderen Menschen ist der Zeitpunkt der Einwirkung auf das verletzte Rechtsgut. Hier wirkte sich der Schuss auf die F zu einem Zeitpunkt auf das Kind aus, als es sich noch im Stadium einer Leibesfrucht befand. Danach hat A die Schwangerschaft abgebrochen.

2. Da A von der Schwangerschaft der F wusste, handelte er auch bedingt vorsätzlich. Dass A auch Tötungsvorsatz hinsichtlich der F hatte, begründet einen **kumulativen Vorsatz** und schließt diesen nicht aus. Dass A alternativ den S zu töten beabsichtigte, steht aus den Gründen zu III) 1) d) der Annahme eines bedingten Vorsatzes zum Schwangerschaftsabbruch nicht entgegen.

3. A handelte auch rechtswidrig und schuldhaft.

4. Ein besonders schwerer Fall gemäß § 218 Abs. 2 S. 2 Nr. 1 u. 2 ist hier nicht anzunehmen, da diese Regelbeispiele nicht auf den Fall der vorsätzlichen Tötung der Schwangeren zugeschnitten sind und das Unrecht durch Anwendung des § 212 bereits voll erfasst wird.[18]

Konkurrenzen und Ergebnis: A hat sich strafbar gemacht wegen Totschlags, Totschlagsversuchs, gefährlicher Körperverletzung und Schwangerschaftsabbruchs. Fraglich bleibt, ob dem alternativen Vorsatz zur Tötung des S oder der F und der Leibesfrucht durch die Annahme von Gesetzeskonkurrenz Rechnung zu tragen ist.[19] Hierfür wird geltend gemacht, dass durch die Annahme von Tateinheit der Unterschied zwischen dem weniger schwerwiegenden dolus alternativus und dolus cumulativus verwischt werde. Schon die dem zugrunde liegende Prämisse, dass der Alternativvorsatz weniger schwer wiege, überzeugt jedoch nicht. Zudem ist bei Tateinheit ohnehin gemäß § 52 der höhere Strafrahmen zugrunde zu legen. Dem geringeren Unwertgehalt könnte ggf. auf der Strafzumessungsebene Rechnung getragen werden. Daher ist mit der h.M. von der tateinheitlichen Verwirklichung aller Delikte auszugehen.

A ist strafbar gemäß §§ 212; 212, 22, 23 Abs. 1; 223 Abs. 1, 224 Abs. 1 Nr. 2 und 5; 218 Abs. 1; 52.

18 BGH NStZ 1996, 276.

19 So Wessels/Beulke/Satzger, Strafrecht AT, 49. Aufl. 2019, Rn. 233.

Fall 6: Obhutspflichten
(BGH NJW 2003, 3212 u. LG Kiel NStZ 2004, 157)

Bruder B des M war in die von M und seiner Frau F gemietete 3-Zimmer-Wohnung gezogen. Dort bewohnte er ein eigenes Zimmer und beteiligte sich hälftig an der Miete. F verstand sich nicht mit B. Aufgrund außerdem zunehmender Spannungen in ihrer Ehe mit M wegen dessen Drogenkonsums zog die F in der Absicht, sich endgültig von M zu trennen, aus der Ehewohnung aus.

Nach Einnahme einer Überdosis Methadon in der Wohnung verlor M für mehrere Tage das Bewusstsein, zog sich eine Lungenentzündung zu und verstarb daran. B hatte bereits am Tag der Einnahme die Bewusstlosigkeit des M festgestellt und die F informiert. Erst nach sechs Tagen rief er einen Arzt. Bei früherer ärztlicher Hilfe wäre M gerettet worden.

Strafbarkeit von B und F? § 211 ist nicht zu prüfen.

A. Strafbarkeit des B

I. Indem B es unterließ, rechtzeitig ärztliche Hilfe herbeizuholen, könnte er sich wegen **Totschlags durch Unterlassen** gemäß **§§ 212 Abs. 1, 13** strafbar gemacht haben.

1. B müsste den Tod des M durch Unterlassen möglicher Rettungsmaßnahmen verursacht haben. Die Veranlassung früherer ärztlicher Hilfe wäre B möglich gewesen. Da es einen natürlichen Kausalzusammenhang zwischen dem Unterlassen einer Handlung und einem Erfolg nicht gibt, kommt es nach der herrschenden modifizierten Bedingungstheorie insoweit darauf an, ob bei Vornahme der gebotenen Handlung der Erfolg mit an Sicherheit grenzender Wahrscheinlichkeit entfallen wäre. Da M durch Veranlassung früherer ärztlicher Hilfe gerettet worden wäre, hat B, indem er dies unterließ, den Tod des M verursacht.

2. Gemäß § 13 Abs. 1 müsste B rechtlich dafür einzustehen haben, dass der Erfolg nicht eintritt, also eine **Garantenstellung** haben. Insofern unterscheidet die heute h.M. zwischen Obhutspflichten (Beschützergaranten) und Aufsichtspflichten (Überwachungsgaranten).[20] Erstere können sich aus natürlicher Nähebeziehung, engen sozialen Beziehungen sowie aus tatsächlicher Übernahme des Schutzes von Rechtsgütern ergeben. Letztere können aus Ingerenz, einer Aufsichtsverantwortung für Dritte oder der Verantwortung für sachliche Gefahrenquellen resultieren. Darüber hinaus können außerstrafrechtliche gesetzliche Regeln eine strafrechtliche Einstandspflicht begründen.

a) Hier könnte sich eine Obhutspflicht daraus ergeben, dass B in die Wohnung eingezogen war. Andererseits bewohnte er dort lediglich ein Zimmer und trug anteilig die Miete. Die bloße häusliche Gemeinschaft begründet jedoch als solche nach allg. Ansicht noch keine Garantenpflicht.[21]

---

20 AS-Skript Strafrecht AT 1 (2020), Rn. 464 ff.
21 BGHSt 19, 167, 169.

b) Fraglich ist daher, ob sich eine Garantenpflicht aus der Verwandtschaft der Geschwister ergab. Zum Teil wird dies bejaht, weil „innerhalb der engsten und natürlichsten Gemeinschaft, nämlich der durch Blutsbande verbundenen Familie, in der Regel eine Rechtspflicht zur Abwendung schwerer Gefahren" anzunehmen sei.[22] Dagegen spricht jedoch, dass der Wandel der Zeiten eine immer frühere und weitergehende Verselbstständigung von Abkömmlingen der Familie mit der Folge einer frühzeitigen Auflösung der Haushaltsgemeinschaften mit sich gebracht hat. Selbst das Zivilrecht knüpft an die verwandtschaftliche Beziehung von Geschwistern keine Sonderpflichten. Gegen eine Obhutspflicht unter Geschwistern spricht auch der Bestimmtheitsgrundsatz des Art. 103 Abs. 2 GG. Nur im Falle eines tatsächlichen Obhutsverhältnisses ist das Strafbarkeitsrisiko für den Normadressaten noch voraussehbar.

Eine Einstandspflicht für den B gemäß § 13 bestand danach nicht. Eine Strafbarkeit gemäß §§ 212, 13 scheidet daher aus.

II. Eine Strafbarkeit wegen Aussetzung mit Todesfolge gemäß **§ 221 Abs. 1 Nr. 2, Abs. 3** setzt ein Obhutsverhältnis oder eine sonstige Beistandspflicht, also ebenfalls eine Garantenstellung voraus. Da eine solche hier nicht bestand, scheidet auch eine Strafbarkeit gemäß § 221 aus.

III. In Betracht kommt jedoch unterlassene Hilfeleistung gemäß **§ 323 c Abs. 1**.

1. Ein Unglücksfall ist ein unvorhergesehenes Ereignis, das mit der Gefahr eines nicht nur unerheblichen Personen- oder Sachschadens verbunden ist. Die durch die Einnahme einer Überdosis Methadon entstandene Gefahr für das Leben des M stellte für B einen Unglücksfall dar.

2. B hat die erforderliche Hilfe, nämlich unverzüglich einen Arzt zu alarmieren, nicht geleistet, obwohl ihm dies zuzumuten war.

3. B handelte auch vorsätzlich, rechtswidrig und schuldhaft.

B hat sich wegen unterlassener Hilfeleistung strafbar gemacht.

B. Strafbarkeit der F

I. Durch das Unterlassen der Veranlassung ärztlicher Hilfe könnte sich F wegen Totschlags durch Unterlassen gemäß **§§ 212 Abs. 1, 13** strafbar gemacht haben.

1. Auch F hat durch das Unterlassen der Veranlassung ärztlicher Hilfe den Tod des M nach der modifizierten Bedingungstheorie verursacht.

2. Fraglich ist jedoch, ob F trotz des Auszugs aus der Ehewohnung noch eine **Garantenstellung** gegenüber dem M gemäß § 13 Abs. 1 hatte. Grundsätzlich begründet die eheliche Lebensgemeinschaft Obhutspflichten gemäß § 13 Abs. 1. Dies könnte man auch nach Beendigung der ehelichen Lebensgemeinschaft aus § 1353 Abs. 1 S. 2 BGB ableiten. Andererseits könnte mit Beendigung der ehelichen Lebensgemeinschaft auch die Garantenstellung entfallen. Eine differenzierende Betrachtung ergibt sich aus dem BGB. Gemäß §§ 1353 Abs. 2 und 1565 Abs. 1 BGB besteht mit dem Scheitern

22 BGH a.a.O.

der Ehe auch die Rechtspflicht zur Herstellung der ehelichen Lebensgemeinschaft nicht mehr. Wenn aber schon keine bürgerlich-rechtlichen Sonderpflichten mehr bestehen, können aus denselben Umständen auch keine strafbewehrten Pflichten abzuleiten sein. Die Garantenstellung endet daher, wenn sich ein Ehegatte vom anderen in der ernsthaften Absicht getrennt hat, die eheliche Lebensgemeinschaft nicht wiederherzustellen.[23] Danach scheidet eine Strafbarkeit der F gemäß §§ 212 Abs. 1, 13 aus.

II. Eine Strafbarkeit wegen Aussetzung mit Todesfolge gemäß **§ 221 Abs. 1 Nr. 2, Abs. 3** ist danach ebenfalls ausgeschlossen.

III. Auch F hat sich jedoch, da B sie über die Umstände informiert hatte, wegen unterlassener Hilfeleistung gemäß **§ 323 c Abs. 1** strafbar gemacht.

Ergebnis: B und F haben sich jeweils wegen unterlassener Hilfeleistung strafbar gemacht.

23 Sch/Sch/Bosch, 30. Aufl. 2019, § 13 Rn. 19/20 m.w.N.

Fall 7: Abgrenzung Tun/Unterlassen; Aufsichtspflichten
(nach BGH NStZ 2012, 319)

A besuchte seine frühere Freundin F, die ein Zimmer in einer Wohngemeinschaft bewohnte. Er hatte eine Flasche „Cleanmagic" – ein frei verkäufliches Reinigungsmittel, das er als Drogenersatz konsumierte – mitgenommen und ließ die Flasche im Zimmer der F auf dem Wohnzimmertisch stehen.

Beide waren in den folgenden Tagen mehrfach täglich miteinander intim. F hoffte wieder auf eine gemeinsame Zukunft. Einige Tage später erklärte A jedoch, weiter an seiner zwischenzeitlich eingegangenen Verlobung festhalten zu wollen. Die tief enttäuschte F mischte um 23.00 Uhr aus einem spontanen Entschluss heraus vor den Augen des A etwa 30 ml des Mittels mit einem Getränk und trank davon eine für sie lebensgefährliche Menge.

A, der am Computer saß, hatte all dies erkannt. Er forderte F auf, sich zu übergeben. F erbrach aber erst fünf Minuten nach dem Verschlucken des Reinigungsmittels einen Teil der Flüssigkeit und verfiel in Bewusstlosigkeit. A suchte im Internet nach Informationen über Gegenmaßnahmen, rief aber keine notärztliche Hilfe. Hätte er unverzüglich einen Notarzt gerufen, so hätte F zumindest innerhalb einer halben Stunde nach Einnahme des Mittels gerettet werden können.

Als gegen 00.30 Uhr die Mitbewohnerin M an die Zimmertür klopfte, um sich nach F zu erkundigen, erklärte A, dass sie schlafe. Um 01.55 Uhr beendete er seine Computerrecherchen und verließ die Wohnung. Der danach von M alarmierte Notarzt konnte F nicht mehr retten.

Strafbarkeit des A? (§§ 211, 221 sind nicht zu prüfen.)

I. Indem A das Mittel auf den Wohnzimmertisch stellte, könnte er sich wegen **fahrlässiger Tötung** gemäß **§ 222** strafbar gemacht haben.

1. Hätte A das Mittel nicht auf den Tisch gestellt, hätte F es nicht eingenommen. Daher war das Handeln des A **ursächlich** im Sinne der Bedingungstheorie für den Tod der F.

2. Fraglich erscheint, ob A **fahrlässig** handelte, indem er das Mittel auf dem Wohnzimmertisch stehen ließ.

Dann müsste hierin eine **Verletzung der objektiv gebotenen Sorgfalt** liegen. Durch das Abstellen der Flasche auf dem Wohnzimmertisch entstand die Gefahr, dass F von dem Mittel trinken würde. Dass A der F vorher erklärt hatte, an der Verlobung festhalten zu wollen, begründet aber nicht objektiv die besondere Gefahr einer Suizidhandlung der F. Darüber hinaus handelt es sich bei Cleanmagic um ein frei verkäufliches und daher allgemein zugängliches Reinigungsmittel. Dessen theoretische Missbrauchsmöglichkeit begründet eine Pflicht, Schutzvorkehrungen zu treffen, allenfalls dann, wenn für eine Gefahr seiner missbräuchlichen Anwendung besondere Anhaltspunkte bestehen. Das aber ist aufgrund der vorgenannten Umstände hier nicht anzunehmen.

Hätte A das Mittel lediglich bestimmungsgemäß als Reinigungsmittel benutzt und nach Gebrauch herumstehen lassen, läge hierin keine Sorgfaltspflichtverletzung. Der Umstand, dass A selbst das Mittel als Droge missbrauchte und F das wusste, rechtfertigt keine andere Beurteilung. Daher liegt in dem Herumstehenlassen des Mittels keine Sorgfaltspflichtverletzung.

Eine Strafbarkeit wegen fahrlässiger Tötung scheidet aus.

In Abweichung von der Chronologie wird hier zunächst der Totschlag als Begehungsdelikt geprüft, weil keine Strafmilderung gemäß § 13 StGB möglich wäre.

II. Indem A der M erklärte, dass F schlafe, könnte er sich gemäß **§ 212** wegen **Totschlags** strafbar gemacht haben.

1. Da A die M hierdurch möglicherweise davon abgehalten hat, der F Hilfe zu leisten, erscheint fraglich, ob hierin ein aktives **Tun oder** ein **Unterlassen** liegt.

a) Nach einer in der Lit. vertretenen **naturalistischen Betrachtung** handelt es sich um ein aktives Tun, wenn durch den Einsatz von Energie der zum Erfolg führende Kausalverlauf in Gang gesetzt wurde. Unterstellt man hier zunächst die Ursächlichkeit der Erklärung des A für den Tod der F, so handelt es sich um ein Tun.

b) Nach der in Rspr. und Lit. vorherrschenden **„Schwerpunktformel"** kommt es darauf an, worin der Schwerpunkt des sozialen Sinngehalts und der Vorwerfbarkeit des Verhaltens liegt, falls dieses mehrdeutig ist, weil es auch eine Unterlassungskomponente aufweist. Auch danach ist hier ein aktives Tun anzunehmen, wenn dies ursächlich für den Tod der F war.

2. Nach beiden Ansichten müsste die Erklärung des A **ursächlich** für den Tod der F geworden sein. Das ist aber nur dann der Fall, wenn durch ein Handeln der M, falls A ihr nicht erklärt hätte, dass F schlafe, das Leben der F mit an Sicherheit grenzender Wahrscheinlichkeit gerettet worden wäre. Das wäre jedoch nur im Falle einer Hilfeleistung binnen einer halben Stunde nach Einnahme des Mittels der Fall gewesen. Da M sich erst um 00.30 Uhr nach F erkundigte, wäre im Zweifel also die mögliche Hilfeleistung durch M zu spät gekommen. Daher war die Erklärung des A im Zweifel nicht ursächlich für den Tod der F.

Allerdings wird für den Bereich der Unterlassungsdelikte von Teilen der Lit. die Ansicht vertreten, dass das pflichtwidrige Unterlassen einer Risikominderung bereits ausreiche, um den tatbestandsmäßigen Erfolg zurechnen zu können (**Risikominderungslehre**). Hiernach könnte man für den vorliegenden Fall einen ausreichenden Zurechnungszusammenhang herstellen. Zweifelhaft erscheint aber schon, ob diese Betrachtungsweise auch für den hier vorliegenden Fall der Veranlassung fremden Unterlassens gelten kann. Jedenfalls spricht gegen diese Ansicht, dass es sich bei § 212 nicht um ein Gefährdungsdelikt, sondern um ein Verletzungsdelikt handelt und durch eine solche Betrachtung der Zweifelssatz unterlaufen würde. Der Risikominderungslehre kann daher nicht gefolgt werden.

Zu denken ist auch an einen Totschlagsversuch. Demgegenüber ist jedoch eine Vollendungsstrafbarkeit wegen Unterlassens vorrangig!

Durch die Erklärung gegenüber der M hat sich A nicht wegen Totschlags strafbar gemacht.

III. Indem A es unterließ, einen Notarzt zu alarmieren, könnte er sich wegen Totschlags durch Unterlassen gemäß **§§ 212, 13** strafbar gemacht haben.

1. A wäre es selbst **möglich** gewesen, sofort nachdem F von dem Reinigungsmittel getrunken hatte, einen Notarzt zu alarmieren. In diesem Falle wäre das Leben der F mit an Sicherheit grenzender Wahrscheinlichkeit gerettet worden. Danach hat A durch das Unterlassen von Rettungsmaßnahmen i.S.d. **modifizierten Bedingungstheorie** den tatbestandsmäßigen Erfolg verursacht.

2. Fraglich ist, ob A gemäß § 13 rechtlich dafür einzustehen hatte, dass der Erfolg nicht eintritt, also eine **Garantenstellung** hatte.

a) In Betracht kommt hier eine **Obhutspflicht** aufgrund der engen persönlichen Beziehung zwischen A und F. Dagegen spricht zwar, dass A und F ihre vorherige Beziehung bereits beendet hatten. Jedoch könnte die Wiederaufnahme der Beziehung anlässlich des Besuchs des A bei der F für eine solche Obhutspflicht sprechen, zumal F sich Hoffnung auf eine gemeinsame Zukunft mit A machte. Jedoch setzt, solange nicht das Gesetz selbst an den Bestand einer persönlichen Nähebeziehung rechtliche Pflichten knüpft, wie z.B. im Falle einer ehelichen Lebensgemeinschaft, die Entstehung strafbewehrter Pflichten einen schutzwürdigen Vertrauenstatbestand voraus, aufgrund dessen der eine Teil davon ausgehen darf, dass der andere für den Schutz seines Lebens einstehen werde. Zumindest nachdem A ihr die Absicht eröffnet hatte, an seinem Verlöbnis festhalten zu wollen, konnte F nicht mehr davon ausgehen, dass A für ihr Leben einstehen werde. Von einer Obhutspflicht aufgrund des persönlichen Näheverhältnisses von A und F kann daher nicht ausgegangen werden.

b) Den A könnte aber eine **Aufsichtspflicht** getroffen haben, die von dem Abstellen des Reinigungsmittels drohenden Gefahren von F abzuwenden.

aa) Eine solche Pflicht könnte sich zunächst aus **Ingerenz** ergeben haben, weil A das Mittel auf dem Wohnzimmertisch hatte stehen lassen. Das setzt ein pflichtwidriges Vorverhalten voraus, durch das die naheliegende Gefahr des Schadenseintritts begründet oder erhöht wurde, sowie einen Pflichtwidrigkeitszusammenhang zwischen dem Vorverhalten und dem eingetretenen Erfolg. Nachdem es sich bei Cleanmagic um ein frei verkäufliches Mittel handelt und das Abstellen auf dem Wohnzimmertisch keine Sorgfaltspflichtverletzung darstellt, begründet dieses Verhalten jedoch keine Ingerenz.

bb) Eine Pflicht zur Rettung der F könnte sich aber als **Verkehrssicherungspflicht** daraus ergeben haben, dass A das Mittel auf dem Tisch hatte stehen lassen. Wer eine Gefahrenquelle schafft, hat die erforderlichen Vorkehrungen zum Schutz anderer Personen zu treffen. Im Falle naheliegender Möglichkeit der Verletzung von Rechtsgütern anderer Personen hat der Gefahrenurheber den drohenden Schaden abzuwenden.

(1) Das Vorliegen dieser Voraussetzungen erscheint hier zweifelhaft, da das Mittel frei verkäuflich ist, sodass die Annahme einer Garantenpflicht die freie Verfügbarkeit konterkariert. Hierauf kommt es jedoch nicht an. Eine Garantenstellung aufgrund von Verkehrssicherungspflichten setzt nicht voraus, dass die Schaffung der Gefahrenquelle selbst bereits pflichtwidrig war. Auch die Schaffung erlaubter Risiken begründet primär die Verantwortung dafür, dass sie sich nicht in einem Schaden für Dritte realisieren.

Eine sekundäre Rettungspflicht entsteht jedoch nach zutreffender h.M. dann, wenn sich aus der Verletzung der Verkehrssicherungspflicht eine Rechtsgutverletzung ergeben hat, die zu einem weiteren Schaden führen könnte.

Eine andere Lösung erscheint vertretbar mit der Begründung, dass der Missbrauch des Mittels durch F nicht nahe gelegen habe.

Insofern hatte A trotz der freien Verfügbarkeit des Mittels zunächst dafür einzustehen, dass jemand anderes dieses nicht missbraucht, auch wenn das Abstellen des Mittels auf dem Wohnzimmertisch keine Sorgfaltspflicht verletzte. Daher hätte er den Missbrauch auch durch F grundsätzlich verhindern müssen. Eine Rettungspflicht für F ergab sich daher, nachdem sie das Mittel getrunken hatte, daraus, dass er gerade dies nicht unterbunden hatte.

(2) Möglicherweise ist eine Garantenpflichtverletzung im vorliegenden Fall aber deshalb abzulehnen, weil es sich bei dem Herumstehenlassen des Mittels um die bloße Ermöglichung einer **eigenverantwortlichen Selbstschädigung oder -gefährdung** der F handelte. Eine solche könnte eine ansonsten bestehende Garantenpflicht ausschließen.

(a) Voraussetzung ist dafür in Abgrenzung zur Fremdschädigung oder -gefährdung zunächst, dass der Geschädigte die Tatherrschaft über das unmittelbar zum Erfolg führende Geschehen hat. Da F das Mittel selbst getrunken hat, liegt diese Voraussetzung hier vor.

(b) Darüber hinaus müsste die Mitwirkung der F eigenverantwortlich gewesen sein. Insofern ist streitig, ob hierfür Schuldmaßstäbe oder Voraussetzungen rechtfertigender Einwilligung entsprechend heranzuziehen sind. Darüber hinaus muss zwischen der Selbstschädigung und der Selbstgefährdung, also danach unterschieden werden, ob der Wille des Geschädigten sich auf den Eintritt des Erfolges oder lediglich die Gefahr eines solchen bezog.

Im Falle einer **Selbstschädigung**, also einer ernstlich gewollten Selbsttötung, wird das Vorliegen einer Garantenstellung entgegen der früheren Rspr.[24] von der heute h.M. abgelehnt.[25] Hier spricht aber gegen die Annahme einer Selbstschädigung, dass sich F auf Verlangen des A erbrach und deshalb kein ernst gemeinter Suizidversuch vorlag, sondern eine Appellsuizidhandlung. In diesem Fall wird eine Garantenpflicht ganz überwiegend angenommen.[26]

Dagegen wird eingewandt, es könne nicht in der Macht des Opfers liegen, durch wissentliche Gefährdung seiner selbst Garantenpflichten Dritter zu begründen. Es gehöre zur Freiheit der Person, ein Risiko einzugehen, dessen Tragweite sie nicht überblickt. Dadurch könne sie die Verantwortung nicht anderen überbürden. Danach bestünde hier keine Garantenstellung aufgrund einer Verkehrssicherungspflicht.

Für die h.M. sprechen aber die sich aus den §§ 216 und 228 ergebenden Wertungen. Wenn schon die strafmildernde Wirkung des § 216 ein ernstliches Verlangen im Sinne des Fehlens von Willensmängeln voraussetzt, wird man an eine die Garantenpflicht Dritter ausschließende Eigenverant-

---

24 BGHSt 32, 367 ff.; OLG Hamburg NStZ 2016, 530 m. abl. Anm. Miebach.

25 LG Hamburg NStZ 2018, 281; BGH RÜ 2020, 706; RÜ 2020, 712.

26 BGH RÜ 2016, 167; AS-Skript Strafrecht AT 1 (2020), Rn. 496.

wortlichkeit keine geringeren Anforderungen stellen können. Danach bestand hier eine Garantenstellung des A wegen der Verletzung seiner Verkehrssicherungspflichten.

Die **Gleichstellungsklausel** des § 13 ist bei reinen Erfolgsdelikten, so auch hier, ohne Bedeutung.

3. Die **objektive Zurechnung** kann durch eine eigenverantwortliche Selbstgefährdung nicht ausgeschlossen werden, da dies den o.g. Wertungen widerspräche.

4. Fraglich erscheint, ob A **vorsätzlich** handelte. A kannte und billigte die Umstände, die seine Garantenstellung begründeten. Ob er aber auch hinsichtlich der tödlichen Folgen für F vorsätzlich handelte, erscheint zweifelhaft. Dass er den Tod der F beabsichtigt oder sicher vorausgesehen hätte, ist nicht ersichtlich. Daher kommt nur bedingter Vorsatz in Betracht. Das setzt voraus, dass A den Tod der F ernstlich für möglich gehalten und ihn billigend in Kauf genommen, zumindest sich mit ihm abgefunden hat.

A wusste um die erhebliche Dosis, die F genommen hatte und wusste um die erhebliche Gefahr für das Leben der F. Ob er deren Tod auch gewollt hat, erscheint demgegenüber zweifelhaft. Immerhin handelte es sich bei F trotz seiner Entscheidung, an dem Verlöbnis festzuhalten, um eine ihm dennoch nahestehende Person. Zudem hatte er die F aufgefordert, sich zu erbrechen und suchte im Internet nach Gegenmitteln. Andererseits hatte er erkannt, dass F trotz zwischenzeitlichen Erbrechens bewusstlos geworden war, sodass die Situation für ihn nicht mehr beherrschbar war. Hinzu kommt, dass das Überschreiten der vor der Tötung eines anderen Menschen stehenden Hemmschwelle im Fall des Unterlassens von Rettungshandlungen eher anzunehmen ist als bei einer Tötung durch aktives Tun und der Vorsatz bei Unterlassungsdelikten daher eher zu bejahen ist als bei Begehungsdelikten. Zudem hätte sich A im Fall einer Rettung mit dem möglichen Vorwurf auseinandersetzen müssen, das Trinken des Mittels der F überhaupt ermöglicht zu haben. Ferner fehlt jeder Anhaltspunkt dafür, warum A berechtigterweise darauf hätte vertrauen dürfen, dass F nicht an dem Mittel stirbt.

Hiernach besteht am bedingten Vorsatz des A kein durchgreifender Zweifel.

5. A handelte auch **rechtswidrig** und **schuldhaft**. Gesichtspunkte, die eine Unzumutbarkeit der Hilfeleistung begründen könnten, sind nicht ersichtlich.

IV. Soweit in der Falschauskunft gegenüber M der **Versuch eines Totschlags** liegt, tritt dieser hinter dem vollendeten Totschlag durch Unterlassen zurück.

V. Die mitverwirklichte **unterlassene Hilfeleistung** gemäß **§ 323 c Abs. 1** tritt dahinter zurück.

Ergebnis: A hat sich wegen Totschlags durch Unterlassen strafbar gemacht.

Fall 8: Erfolgsqualifiziertes Delikt
(nach BGH RÜ 2017, 370)

Im Rahmen einer zunächst verbalen Auseinandersetzung schlug A dem N mit einer Fernbedienung heftig auf den Mund. N erlitt hierdurch einen Bruch des Oberkiefers sowie den Verlust zweier Schneidezähne. Danach ergriff A ein Küchenmesser und schlug damit in Richtung Kopf und Hals des N. Dieser erhob zur Abwehr seine Hände. Dadurch kam es zu Schnittverletzungen an seiner linken Hand mit Durchtrennung der Beugesehnen und Nerven von vier Fingern und einer potentiell lebensgefährlichen Schlagaderverletzung. Trotz einer Notoperation kann N die Finger der linken Hand weder strecken noch zur Faust schließen. Die linke Hand ist daher weitgehend gebrauchsunfähig. Diese Einschränkungen beruhen darauf, dass N auf die erforderliche Nachsorge seiner Verletzungen verzichtete. Bei regelgerechter Physiotherapie und neurochirurgischer Konsultation wäre die Funktion der Hand wieder hergestellt worden. Eine wesentliche Besserung ist nun nicht mehr zu erwarten.

Strafbarkeit des A? (Tötungsdelikte sind nicht zu prüfen.)

I. Indem A dem N die Fernbedienung auf den Mund schlug, hat er ihn vorsätzlich, rechtswidrig und schuldhaft **körperlich misshandelt** und **an der Gesundheit geschädigt** und sich daher wegen **Körperverletzung** gemäß **§ 223 Abs. 1** strafbar gemacht.

II. Die Fernbedienung war nach ihrer Beschaffenheit und der Art ihrer konkreten Verwendung geeignet, erhebliche Verletzungen zu verursachen und stellt deshalb ein **gefährliches Werkzeug** gemäß **§ 224 Abs. 1 Nr. 2 Alt. 2** dar. Die Tat ist deshalb als **gefährliche Körperverletzung** qualifiziert.

III. In Betracht kommt weiter eine Qualifikation als **schwere Körperverletzung** gemäß **§ 226 Abs. 1 Nr. 3 Alt. 1**.

1. Der **Grundtatbestand** der gefährlichen Körperverletzung gemäß §§ 223 Abs. 1, 224 Abs. 1 Nr. 2 Alt. 2 ist erfüllt.

2. Für die **Erfolgsqualifikation** müsste der Verlust zweier Zähne im Frontbereich des Unterkiefers eine **erhebliche dauernde Entstellung** darstellen. Eine Entstellung setzt die Beeinträchtigung des äußeren Erscheinungsbildes voraus. Sie ist erheblich, wenn die Beeinträchtigung des Gesamterscheinungsbildes der Person in ihren Auswirkungen für das Opfer den übrigen in § 226 genannten Folgen vergleichbar ist. Ob der Verlust zweier Vorderzähne diese Voraussetzungen erfüllt, wird unterschiedlich beurteilt.[27] Jedoch ist die Dauerhaftigkeit einer erheblichen Entstellung nach h.M. abzulehnen, soweit sie durch dem Opfer zumutbare kosmetische oder medizinische Maßnahmen korrigiert werden kann. Die Möglichkeit von Zahnersatz stellt eine solche Maßnahme dar, sodass eine Qualifikation gemäß § 226 Abs. 1 Nr. 3 ausscheidet.

27 Vgl. Fischer § 226 Rn. 9 c m.w.N.

IV. Indem A mit dem Messer auf N einschlug und ihn verletzte, hat er den Tatbestand der **Körperverletzung** gemäß **§ 223 Abs. 1** ein weiteres Mal rechtswidrig und schuldhaft erfüllt.

V. Durch die Verwendung des Messers und die potentiell lebensgefährdende Schlagaderverletzung ist die Tat als **gefährliche Körperverletzung** gemäß **§ 224 Abs. 1 Nr. 2 und 5** qualifiziert.

VI. In Betracht kommt zudem eine Qualifikation als **schwere Körperverletzung** gemäß **§ 226 Abs. 1 Nr. 2 Alt. 2.**

1. Der **Grundtatbestand** der gefährlichen Körperverletzung gemäß **§ 224 Abs. 1 Nr. 2 und 5** ist erfüllt.

2. Die **Erfolgsqualifikation** setzt gemäß § 18 die wenigstens fahrlässige Verursachung der dauernden Gebrauchsunfähigkeit eines wichtigen Gliedes des Körpers durch das Grunddelikt voraus.

a) Unter **Körperglied** versteht die h.M. Extremitäten, die durch Gelenke mit dem Körper verbunden sind. Sie sind **wichtig**, wenn ihr Funktionieren für den Gesamtorganismus unter Berücksichtigung der individuellen Opferdisposition von besonderer Bedeutung ist. Die **dauernde Unbrauchbarkeit** setzt voraus, dass die Funktion in einem Grade beeinträchtigt ist, der dem Verlust vergleichbar ist. Diese Voraussetzungen sind hier erfüllt.

b) A handelte insoweit auch **fahrlässig**. Die Verletzung der objektiv gebotenen Sorgfalt ergibt sich nach h.M. bereits aus der vorsätzlichen Erfüllung des Grundtatbestandes. Die Folgen waren auch objektiv vorhersehbar.

c) Fraglich erscheint, ob die schwere Folge der Körperverletzung auch **zurechenbar** ist, wenn – wie hier – die dauernde Gebrauchsunfähigkeit durch die zumutbare Inanspruchnahme ärztlicher Hilfe hätte vermieden werden können. Diese Frage wird in Rspr. und Lit. unterschiedlich beurteilt.

Nach verbreiteter Ansicht begründet die Nichtinanspruchnahme zumutbarer medizinischer Hilfe zur Vermeidung dauernder schwerer Folgen einen Fall der eigenverantwortlichen Selbstgefährdung, der die objektive Zurechnung ausschließt.[28]

Nach der Rspr. des BGH[29] entfällt die Dauerhaftigkeit der schweren Folge, wenn das Opfer diese tatsächlich durch Inanspruchnahme medizinischer Maßnahmen hat korrigieren lassen. Dagegen schließe die Nichtinanspruchnahme der bloßen Möglichkeit einer solchen Korrektur die objektive Zurechenbarkeit einer im Ergebnis dauernden Beeinträchtigung nicht aus.

Für diese Ansicht spricht, dass die Nichtinanspruchnahme medizinischer Behandlung eine autonome Entscheidung des Opfers darstellt, deren Gründe aus Tätersicht nicht zu hinterfragen sind. Über das Erfordernis objektiver Zurechnung kann keine Obliegenheit des Opfers zur Inanspruchnahme medizinischer Hilfe begründet werden, um dem Täter eine höhere Strafe zu ersparen. Für die Zumutbarkeit der erforderlichen Behandlung gibt es keine objektivierbaren rechtlichen Maßstäbe. Im Ergebnis müsste

28 Theile ZJS 2018, 99.

29 BGHSt 24, 315: Zahnprothese.

selbst die finanzielle Zumutbarkeit der Inanspruchnahme medizinischer Hilfe berücksichtigt werden. Dass aber das finanzielle Leistungsvermögen des Täters, dem Opfer die Kosten der Behandlung ggf. erstatten zu können, kein Maßstab für die Tatbestandserfüllung sein kann, liegt auf der Hand.

d) Unstreitig ist weiter erforderlich, das sich in der schweren Folge das der Körperverletzung nach deren Umständen **tatbestandsspezifisch anhaftende Risiko** realisiert haben muss. Insoweit ist – wie auch bei § 227 – umstritten, ob sich die schwere Folge gerade aus dem vorsätzlich verursachten Erfolg der Körperverletzung ergeben muss[30] oder auch die Realisierung eines der Verletzungshandlung anhaftenden Risikos genügt. Da sich die schwere Folge hier aus der Verletzung ergeben hat, kann der Streit dahingestellt bleiben.

3. A handelte auch **rechtswidrig** und **fahrlässig schuldhaft**.

VII. Der Schlag mit dem Telefon und die Schläge mit dem Messer stellen aufgrund der Einheitlichkeit des Entschlusses und des räumlich-zeitlichen Zusammenhanges eine natürliche Handlungseinheit dar, sodass es sich um dasselbe Körperverletzungsdelikt handelt. Da die schwere Folge des § 226 Abs. 1 Nr. 2 weder notwendig noch regelmäßig durch eine das Leben gefährdende Behandlung bewirkt wird, besteht zwischen der gefährlichen und der schweren Körperverletzung Tateinheit, während die Körperverletzung als Grundtatbestand zurücktritt.

A hat sich gemäß §§ 224 Abs. 1 Nr. 2 und 5, 226 Abs. 1 Nr. 2, 52 strafbar gemacht.

30 Sch/Sch/Sternberg-Lieben § 226 Rn. 1.

2. Teil: Rechtfertigungsgründe

Fall 9: Einverständnis/Einwilligung in lebensgefährdende Handlungen
(nach OLG Koblenz, Beschl. v. 11.04.2002 – 1 Ss 25/02, BeckRS 2002, 30252527)

Die Wehrpflichtigen A und B hatten in der Kaserne bereits heftig dem Alkohol zugesprochen. Als dieser zur Neige ging, beschlossen sie, von einer nahe gelegenen Tankstelle Nachschub zu holen. A verfügte zwar über kein Fahrzeug, war jedoch nicht ganz so betrunken (1,5 ‰ BAK) wie B (1,8 ‰ BAK), weshalb A, anders als B, davon ausging, noch fahrtauglich zu sein. Daher fuhr A mit dem Wagen des B, der als Beifahrer mitfuhr, zur Tankstelle. Unterwegs verlor er alkoholbedingt die Kontrolle über das Fahrzeug und prallte mit der Beifahrerseite gegen einen Betonmast. Dabei wurde B getötet.

Strafbarkeit des A?

I. Indem A den Wagen des B fuhr, könnte er sich wegen **fahrlässiger Tötung** des B gemäß **§ 222** strafbar gemacht haben.

1. Hätte A den Wagen nicht gefahren, wäre B nicht durch den Unfall zu Tode gekommen. A hat daher den tatbestandsmäßigen Erfolg verursacht.

2. Da A mit 1,5 ‰ BAK absolut fahruntauglich war, handelte er objektiv sorgfaltswidrig. Dass ein solcher Grad von Alkoholisierung zur Fahruntauglichkeit führt, ist objektiv erkennbar. Dass ein Fahrzeug in diesem Zustand zu führen Unfälle mit Personenschaden verursachen kann, ist objektiv vorhersehbar. A handelte daher fahrlässig.

3. Die objektive Zurechnung könnte jedoch unter dem Gesichtspunkt **eigenverantwortlicher Selbstgefährdung** ausgeschlossen sein.

a) Nach Rspr. und h.M. begründet die vorsätzliche oder fahrlässige Veranlassung, Förderung oder Ermöglichung einer eigenverantwortlichen Selbsttötung oder -verletzung keine Strafbarkeit des Beteiligten, wenn dieser das Risiko nicht besser erfasst als der sich selbst Schädigende. Dies gilt auch bei Beteiligung an einer Selbstgefährdung, wenn sich das vom Opfer bewusst eingegangene Risiko realisiert. Maßgeblich für die Abgrenzung einer Selbstschädigung oder -gefährdung von einer Fremdschädigung sind die Kriterien zur Abgrenzung von Täterschaft und Teilnahme. Liegt die Tatherrschaft zumindest auch bei dem an der Selbstgefährdung Beteiligten, so begeht dieser eine eigene Tat und kann nicht aus Gründen der Akzessorietät der Teilnahme wegen des Fehlens einer Haupttat straffrei sein. Dies gilt auch für Fälle fahrlässiger Beteiligung an einer Selbstgefährdung oder -schädigung.[31]

In diesem Fall handelt es sich begrifflich um die Teilnahme an einer tatbestandslosen Handlung, die wegen der Akzessorietät der Teilnahme nicht strafbar ist. Die fehlende Eigenverantwortlichkeit der Selbstschädigung begründet dagegen eine mittelbare Täterschaft des Beteiligten.

Hier hatte der A als Führer des Fahrzeugs die Herrschaft über das Geschehen. Allein er konnte auf verkehrsbedingte Risiken reagieren und hatte daher die Tatherrschaft. Danach ist ihm der Erfolg auch zuzurechnen.

31 BGH RÜ 2009, 164.

b) Eine **einverständliche Fremdgefährdung** wird zum Teil der Beteiligung an einer eigenverantwortlichen Selbstgefährdung gleichgestellt, wo sie ihr „unter allen relevanten Aspekten gleichstehe". Das sei der Fall, wenn der eingetretene Schaden Folge des bewusst eingegangenen Risikos ist und der Verletzte das Risiko in gleichem Maße überschaut wie der Beteiligte.[32] Hier kannte B die Umstände, die die Gefahr für sein Leben begründeten, in gleicher Weise wie A. Im Gegensatz zu ihm ging er sogar von dessen Fahruntauglichkeit aus. Danach wäre die objektive Zurechnung ausgeschlossen.

c) Ein solcher Zurechnungsausschluss wird jedoch von der h.M. abgelehnt. Dafür spricht, dass es sich bei der vorliegenden Zurechnungsfrage sachlich um diejenige der Abgrenzung von Täterschaft und Teilnahme handelt. Auch insoweit wird auf die Tatherrschaft abgestellt. Wenn der Gefährdete um das Risiko seiner Mitwirkung weiß, schließt dies demnach nicht aus, den Erfolg demjenigen zuzurechnen, der das Geschehen steuernd in den Händen hält. Darüber hinaus gibt es bei den Tötungs- und Körperverletzungsdelikten kein tatbestandsausschließendes Einverständnis, wie sich bereits aus dem Wortlaut des § 228 ergibt. Die Annahme eines Tatbestandsausschlusses führt dagegen zur Umgehung der Zulässigkeitsgrenzen einer rechtfertigenden Einwilligung und damit zu einem Widerspruch zu den sich aus den §§ 216 und 228 ergebenden Wertungen, die einen Rechtsschutzverzicht ausschließen. Daher kann allein das Wissen des B um die das Risiko begründenden Umstände die objektive Zurechnung hier nicht ausschließen.

4. Die Rechtswidrigkeit könnte jedoch durch eine **rechtfertigende Einwilligung** des B ausgeschlossen sein. Das setzt zunächst deren **Zulässigkeit** voraus. Das ist bei lebensgefährdenden Handlungsweisen umstritten.

a) Nach der früheren Rspr. folgte aus § 216 und dem Fehlen einer § 228 entsprechenden Regelung für Tötungsdelikte, dass eine Einwilligung in eine fahrlässige Tötungshandlung ausgeschlossen ist.

b) Nach neuerer Rspr.[33] und h.Lit. ist dagegen eine Einwilligung in lebensgefährdende Handlungsweisen nicht generell ausgeschlossen. Vielmehr kommt es für die Zulässigkeit auf die jeweiligen Tatumstände an. Hierfür sind Grund und Grad der Gefährdung gegenüber dem Fahrlässigkeitsgrad und dem Gewicht des Handlungszwecks nach dem Maßstab des § 228 abzuwägen. Hier ist zu berücksichtigen, dass A den B und dieser sich selbst aus vergleichsweise nichtigem Anlass einem kaum beherrschbaren Risiko aussetzten. Danach ist nicht zu erkennen, welches billigenswerte Interesse hier die Eingehung des mit der Trunkenheitsfahrt verbundenen Risikos hätte rechtfertigen können. Auch nach dieser Ansicht scheidet eine rechtfertigende Einwilligung daher aus.

Auf die Frage, ob eine Alkoholisierung von 1,8 ‰ BAK einen rechtlich relevanten Willensmangel darstellt, kommt es daher nicht mehr an.

5. Die **Schuldfähigkeit** ist bei einem Alkoholisierungsgrad von 1,5 ‰ nicht ausgeschlossen. A hätte die Umstände auch persönlich erkennen und die Folgen vorhersehen können. Daher ist auch die Fahrlässigkeitsschuld gegeben. A handelte schuldhaft.

---

32 Roxin, Strafrecht AT I, 4. Aufl. 2006, § 11 Rn. 121 ff.

33 BGH a.a.O.; BGH RÜ 2018, 707.

A hat sich wegen fahrlässiger Tötung strafbar gemacht.

II. In Betracht kommt zudem eine Strafbarkeit wegen **fahrlässiger Gefährdung des Straßenverkehrs** gemäß **§ 315 c Abs. 1 Nr. 1 lit. a), Abs. 3 Nr. 2.**

1. A hat trotz **alkoholbedingter Fahruntauglichkeit** im **öffentlichen Straßenverkehr** ein **Fahrzeug geführt**.

2. Hierdurch müsste er **fremde Sachen von bedeutendem Wert** oder **Leib oder Leben anderer Personen** konkret **gefährdet** haben.

a) Das Fahrzeug des B scheidet, obwohl es für den A fremd war, als Gefährdungsobjekt aus, weil es sich dabei um das Tatmittel handelte, mit dem A die Verkehrssicherheit gefährdete, was nicht zugleich Teil des geschützten Bereichs der Verkehrssicherheit sein kann.

b) Allerdings wurde das Leben des B konkret gefährdet. Gefährdungsopfer kann allerdings auch nur derjenige sein, der nicht selbst an dem Angriff auf die Verkehrssicherheit als Anstifter oder Gehilfe beteiligt ist. Da A seinerseits jedoch nicht vorsätzlich handelte, stellt die Überlassung des Fahrzeugs durch B keine Teilnehme dar. B war daher taugliches Gefährdungsopfer.

c) In dessen Gefährdung hat sich auch das der Tathandlung spezifisch anhaftende Risiko realisiert.

3. A handelte auch fahrlässig sowohl hinsichtlich der Umstände seiner Handlung als auch der Folgen.

4. Die Rechtswidrigkeit könnte durch eine **rechtfertigende Einwilligung** des B ausgeschlossen sein. Das setzt deren **Zulässigkeit** voraus, wozu die Verfügbarkeit des tatbestandlich geschützten Interesses gehört. Das ist bei § 315 c umstritten.

a) Nach einer Ansicht schließt der Schutzzweck des § 315 c, nämlich das allgemeine Interesse an der Sicherheit des öffentlichen Straßenverkehrs, eine rechtfertigende Einwilligung aus.[34]

b) Nach a.A. schützt § 315 c neben der Sicherheit des Straßenverkehrs auch das individuelle Interesse des Gefährdeten. Dann entfällt mit einer Einwilligung des Gefährdeten der Unrechtsgehalt des Angriffs auf das Individualinteresse, und es verbleibt bei einer Strafbarkeit gemäß § 316. Hiernach käme eine Einwilligung in Betracht, jedoch müssten deren weitere Voraussetzungen erfüllt sein. Hierzu gehört die Einwilligungsfähigkeit sowie die willensmangelfreie Erteilung der Einwilligung vor und ihr Fortbestand bei der Tat. Einwilligungsfähigkeit setzt die Fähigkeit voraus, Art und Reichweite des Eingriffs und die Bedeutung des Rechtsschutzverzichts überschauen zu können. Hier hatte B schon eine BAK von 1,8 ‰. Bei einer solchen BAK ist das Hemmungsvermögen deutlich gemindert und die Risikobereitschaft deutlich gesteigert. B war daher nicht mehr einwilligungsfähig.

Der Streit um die Zulässigkeit der Einwilligung bedarf daher keiner Entscheidung.

---

34 BGH a.a.O.

5. A handelte auch **schuldhaft**.

A hat sich wegen fahrlässiger Gefährdung des Straßenverkehrs strafbar gemacht.

III. § 316 Abs. 2 tritt hinter § 315 c formell subsidiär zurück.

IV. Darüber hinaus könnte sich A wegen unbefugter Ingebrauchnahme eines Kraftfahrzeugs gemäß **§ 248 b** strafbar gemacht haben.

1. Indem er mit dem Wagen des B losfuhr, hat A ein Kraftfahrzeug i.S.d. Abs. 4 in Gebrauch genommen.

2. A müsste ferner gegen den Willen des Berechtigten gehandelt haben. Das könnte hier aufgrund der Zustimmung des Berechtigten B ausgeschlossen sein. Dann müsste die Zustimmung des B den Anforderungen eines **tatbestandsausschließenden Einverständnisses** genügen. Das ist hier aufgrund der Trunkenheit des B zweifelhaft. Die Voraussetzungen tatbestandsausschließenden Einverständnisses sind umstritten.[35]

a) Zum Teil werden dieselben Anforderungen gestellt wie im Falle der rechtfertigenden Einwilligung. Dann wäre das Einverständnis des B hier wegen seiner Trunkenheit unwirksam.

b) Nach a.A. sollen die Voraussetzungen im Wege der Auslegung des jeweiligen Tatbestandes zu ermitteln sein. Hiernach können die Einwilligungsfähigkeit und mangelfreie Erklärung verzichtbar sein, wenn der Tatbestand nur an den tatsächlich entgegenstehenden Willen anknüpft.

Bei dem Einverständnis gemäß § 248 b handelt es sich zwar nicht um eine Disposition über das Eigentum. Der Tatbestand schützt lediglich das sich aus dem Eigentum ableitende Gebrauchsrecht am Tatobjekt. Demnach hat die Zustimmung des „Berechtigten" zum Gebrauch aber auch nicht nur tatsächlichen, sondern auch rechtsgeschäftlichen Charakter. Daher setzt das Einverständnis bei § 248 b die Einwilligungsfähigkeit und das Fehlen von Willensmängeln voraus.

Danach schließt die Trunkenheit des B die Wirksamkeit seines Einverständnisses aus. Der Tatbestand ist objektiv erfüllt.

3. A handelte **vorsätzlich**, **rechtswidrig** und **schuldhaft**.

4. Jedoch setzt die Verfolgung gemäß § 248 b Abs. 3 einen **Strafantrag** voraus, der nach dem Tod des B mangels gesetzlicher Regelung zum Übergang des Antragsrechts gemäß § 77 Abs. 2 nicht mehr gestellt werden kann.

Ergebnis: §§ 222; 315 c Abs. 1 Nr. 1 lit. a), Abs. 3 Nr. 2; 52.

---

35 AS-Skript Strafrecht AT 1 (2020), Rn. 305 ff.

Fall 10: Einwilligung bei Sittenwidrigkeit der Tat
(nach OLG Köln RÜ 2019, 505)

Die dem Berufsboxer S nach seinem letzten nach Punkten gewonnenen Kampf gegen T um die Weltmeisterschaft der World Boxing Association (WBA) im Supermittelgewicht entnommene Dopingprobe ergab die Einnahme von Stanozolol, einem der beliebtesten anabolen Wettkampfsteroide, das aber in der Anlage I des internationalen Übereinkommens gegen Doping im Sport als Dopingmittel geführt wird. Die Einnahme dient der Stimulation und Definition der Muskulatur, um eine erhöhte Schnelligkeit und Schlagkraft zu erreichen.

Strafbarkeit des S wegen Körperverletzungsdelikten? (Die Staatsanwaltschaft bejaht das besondere öffentliche Verfolgungsinteresse.)

I. Indem S den Kampf führte, könnte er sich wegen **Körperverletzung** des T gemäß **§ 223 Abs.1 StGB** strafbar gemacht haben.

1. Eine **körperliche Misshandlung** ist jede üble, unangemessene Behandlung, die das körperliche Wohlbefinden mehr als nur unerheblich beeinträchtigt. **Gesundheitsschädigung** ist das Hervorrufen oder Steigern eines vom Normalzustand des Opfers nachteilig abweichenden Gesundheitszustandes. Das Führen eines Boxkampfes ist damit typischerweise verbunden.

2. Die herrschende Lehre setzt ferner voraus, dass der Erfolg der Handlung auch **objektiv zuzurechnen** ist. Das setzt beim Vorsatzdelikt die Schaffung eines rechtlich missbilligten Risikos und dessen Realisierung im tatbestandmäßigen Erfolg voraus.

a) Z.T. wird angenommen, dass die Tatbestandsmäßigkeit bei risikobehafteten Sportarten, wie sie namentlich auch das Boxen darstellt, unter dem Gesichtspunkt der **Sozialadäquanz** oder des erlaubten Risikos entfallen könne.[36] Dagegen spricht jedoch hier, dass S regelwidrig gedopt war und sich sein Handeln bereits deshalb nicht mehr im Rahmen des Erlaubten bewegte.

b) Manche messen auch einer **einverständlichen Fremdgefährdung** – wie der eigenverantwortlichen Selbstgefährdung – eine tatbestandsausschließende Bedeutung bei.[37] Eine einverständliche Fremdgefährdung soll anzunehmen sein, wenn sich das Opfer in Kenntnis der hierfür maßgebenden Umstände dem Risiko, das von dem Handeln des Täters ausgeht, freiwillig aussetzt und sich in dem Erfolg ausschließlich dieses Risiko realisiert. Abgesehen davon, dass hierdurch die Grenzen zulässiger Einwilligung umgangen werden, scheitert ein Tatbestandsausschluss nach dieser Regel im vorliegenden Fall bereits daran, dass T das von dem Doping des S ausgehende Risiko nicht kannte.

3. S handelte auch in Kenntnis und unter Billigung dieser Umstände und daher **vorsätzlich**.

---

36 Roxin, Strafrecht AT I, 2006, § 11 Rn. 67.
37 So z.B. Rönnau JuS 2019, 119.

4. Die Körperverletzung könnte durch eine – gewohnheitsrechtlich anerkannte – **Einwilligung** des T gerechtfertigt gewesen sein.

a) Das setzt deren **Zulässigkeit**, also die Verfügbarkeit des betroffenen Rechtsguts für den Einwilligenden voraus. Diese folgt schon aus der Regelung des § 228 StGB, die der Zulässigkeit der Einwilligung jedoch gleichzeitig Schranken setzt. Möglicherweise verstieß die Tat hier aufgrund des Dopings des S aber trotz der Einwilligung gegen die guten Sitten. Die Voraussetzungen dieses Einwilligungsausschlusses sind allerdings umstritten und hängen davon ab, nach welchen Kategorien der Begriff der **„guten Sitten"** zu konkretisieren ist. Im Hinblick auf den Bestimmtheitsgrundsatz kann ein Verstoß gegen diese nur angenommen werden, wenn die Tat nach allgemein gültigen Moralmaßstäben, die vernünftigerweise nicht infrage gestellt werden können, mit dem eindeutigen Makel der Sittenwidrigkeit behaftet ist, mithin bei einem Verstoß gegen das Anstandsgefühl aller billig und gerecht Denkenden.

Nach der früheren Rspr. war ein solcher Sittenverstoß schon anzunehmen, wenn mit der Tat verwerfliche oder moralisch anrüchige Ziele verfolgt werden.[38] Dafür könnte hier sprechen, dass S den Sieg mit unerlaubten Mitteln des Dopings erzielen wollte.

Die neuere Rspr. und Lit.[39] stellen dagegen auf die mit der Körperverletzung verbundenen Risiken für Leib und Leben ab, während der mit der Tat verfolgte Zweck keine den Sittenverstoß begründende, sondern allenfalls eine kompensatorische Wirkung haben könne. Anti-Doping-Regeln dienen der Lauterkeit des Sports und der Gesundheit der Sportler, aber nicht der Gesundheit der jeweiligen Kontrahenten. Dass die Schlagkraft und Schnelligkeit des S durch sein Doping derart erhöht worden wäre, dass hiervon eine konkrete Gefahr für das Leben des T oder schwerer gesundheitlicher Schäden für ihn ausgegangen wäre, kann nicht angenommen werden. Die Einwilligung ist daher nicht schon wegen § 228 StGB unwirksam.

b) An der **Einwilligungsfähigkeit** des T, also der geistigen und sittlichen Reife, die Folgen des in der Einwilligung liegenden Rechtsschutzverzichts zu überschauen, bestehen keine Zweifel.

c) Die Einwilligung wurde durch T mit der Teilnahme an dem Kampf schlüssig **vor der Tat erklärt** und **bestand** während des Kampfes **fort.**[40] Fraglich erscheint jedoch, ob sie wegen der Unkenntnis des T vom Doping des S **irrtumsbedingt** und daher **unwirksam** war. Voraussetzung dafür ist ein rechtsgutbezogener Willensmangel, wegen dessen der Einwilligende über Folgen, Bedeutung und Tragweite der Tat für das betroffene Rechtsgut im Unklaren ist.[41]

Die vom Teilnehmer eines Boxkampfes konkludent erteilte Einwilligung erstreckt sich ausschließlich auf solche Verletzungen, die bei regelkonformem Verhalten des Gegners üblich und zu erwarten sind. Das ist hier we-

---

38 RGSt 74, 91, 94; BGHSt 4, 24, 31.

39 Sch/Sch/Sternberg-Lieben, StGB, 30. Aufl., 2019, § 228 Rn. 17 f. m.w.N.

40 Vgl. für Boxkämpfe Sch/Sch/Sternberg-Lieben § 228 Rn. 27.

41 Sch/Sch/Sternberg-Lieben vor § 32 Rn. 46.

gen der die Schnelligkeit und Schlagkraft fördernden Wirkung des Dopings nicht der Fall.

Wegen der Unwirksamkeit der Einwilligung handelte S danach rechtswidrig.

5. S handelte auch **schuldhaft**.

II. S könnte sich weiter wegen **gefährlicher Körperverletzung** gemäß **§ 224 Abs. 1 StGB** strafbar gemacht haben.

1. In Betracht kommt die Begehung **mittels eines gefährlichen Werkzeugs** gemäß **§ 224 Abs. 1 Nr. 2 Alt.2 StGB**. Das ist jeder Gegenstand, der nach der konkreten Art seiner Anwendung geeignet ist, erhebliche Verletzungen hervorzurufen. Die Boxhandschuhe sind demgegenüber zur Abmilderung der Schläge bestimmt und haben nicht diese Eignung. Bei den Boxhandschuhen handelt es sich daher um bestimmungsgemäß in Einsatz gebrachte Sportgeräte, aber nicht um gefährliche Werkzeuge im Sinne des § 224 Abs. 1 Nr. 2 StGB.

Ferner wird z.T. die Ansicht vertreten, auch Körperteile, wie die Faust eines Boxers, seien – je nach Einsatz – als gefährliche Werkzeuge anzusehen.[42] Dagegen spricht nach Rspr. und h.Lit.[43] bereits der Wortlaut des Gesetzes, nach dem Werkzeug nur ein körperfremder Gegenstand sein kann.

3. Eine **das Leben gefährdende Behandlung** gemäß **§ 224 Abs. 1 Nr. 5 StGB** setzt nach h.M. die generelle Eignung der Misshandlung voraus, das Leben zu gefährden. Das ist bei im Übrigen regelkonformer Ausübung des Boxsports nicht anzunehmen. Die nach a. A. erforderliche konkrete Gefahr liegt daher erst recht nicht vor.

III. Ergebnis: S hat sich wegen Körperverletzung strafbar gemacht. Das besondere öffentliche Verfolgungsinteresse gemäß § 230 StGB wurde bejaht.

---

42 Hilgendorf ZStW 112, 811, 822.

43 Fischer § 224 Rn. 13.

Fall 11: Mutmaßliche Einwilligung
(nach BGH RÜ 2014, 786)

A mietete sich mit seiner damaligen Freundin F beim Autovermieter V einen geräumigen Pkw (SUV). Die Rückgabe des Fahrzeugs war für den 02.03. vereinbart. Nachdem sich F am 27.02. von A getrennt hatte und A deshalb nicht mehr bei F übernachten konnte, nutzte er den geparkten Pkw, um darin zu schlafen. Einem spontanen Entschluss folgend behielt er den Pkw ohne Rücksprache mit V zu Übernachtungszwecken auch noch über das vertragliche Rückgabedatum hinaus. Zum Fahren nutzte er ihn nicht mehr. Am 09.04. versöhnte er sich wieder mit F. Da sein Übernachtungsproblem damit gelöst war, fuhr er den Pkw am 10.04. auf den Hof der Autovermietung zurück. V war zwar froh, den Pkw zurück zu haben, stellte aber dennoch Strafantrag.

Strafbarkeit des A?

I. A könnte sich gemäß **§ 263 Abs. 1** wegen **Betrugs** gegenüber und zulasten des V strafbar gemacht haben. Erforderlich hierfür wäre eine Täuschung, mithin die ausdrückliche oder schlüssige Behauptung einer unwahren Tatsache. Mit Vertragsschluss wird schlüssig oder ausdrücklich der Wille erklärt, den Vertrag zu erfüllen und die geschuldete Gegenleistung zu erbringen. Den Entschluss zur vertragswidrigen Weiternutzung über die Mietzeit hinaus fasste A allerdings erst zu einem späteren Zeitpunkt. Bei Abschluss des Mietvertrages hatte A noch vor, den Pkw vertragsgemäß zurückzubringen. Bei Vertragsschluss täuschte A daher nicht über seine Bereitschaft zur Vertragserfüllung.

II. In der bloßen Weiternutzung liegt auch kein Betrug durch schlüssiges Verhalten, da sie keinen Erklärungswert hat.

III. A könnte sich aber gemäß **§§ 263 Abs. 1, 13** wegen **Betrugs durch Unterlassen** gegenüber und zulasten des V strafbar gemacht haben, indem er den Pkw nach Ablauf der vertraglichen Mietzeit weiternutzte, ohne dies V rechtzeitig anzuzeigen. Dafür müsste A eine Aufklärungspflicht gehabt und verletzt haben. Ein Mietverhältnis begründet aber allein, weil es nach Treu und Glauben zu erfüllen ist, keine Aufklärungspflicht. Ein Betrug durch Unterlassen scheidet aus.

IV. Durch Weiternutzung des Pkw nach Ablauf der Vertragszeit könnte sich A wegen **Unterschlagung** gemäß **§ 246** strafbar gemacht haben. Erforderlich hierfür wäre eine Manifestation der Zueignung, mithin des Willens zumindest vorübergehenden Gebrauchs bei gleichzeitig dauernder Enteignung des Eigentümers bzgl. einer fremden beweglichen Sache. Das Benutzen einer Sache manifestiert jedoch nur einen (vorübergehenden) Aneignungswillen, nicht jedoch gleichzeitig den Willen, den Berechtigten dauerhaft aus der Eigentümerposition zu verdrängen. Eine Unterschlagung scheidet aus.

V. Eine Strafbarkeit wegen **Unterschlagung durch Unterlassen** gemäß **§§ 246, 13** scheitert ebenfalls an einer fehlenden Manifestation der Zueignung durch Unterlassen der Rückgabe.

VI. A könnte sich aber durch Weiterbenutzung des Pkw über den Ablauf der Mietzeit hinaus wegen **unbefugter Ingebrauchnahme eines Kraftfahrzeugs** gemäß **§ 248 b** strafbar gemacht haben.

1. Bei dem SUV handelte es sich um ein **Kraftfahrzeug** gemäß § 248 b Abs. 4.

2. Fraglich ist, ob A den Pkw **in Gebrauch genommen** hat. Unter dem Gebrauch eines Fahrzeugs ist dessen vorübergehende Nutzung – seinem bestimmungsgemäßen Zweck entsprechend – als Fortbewegungsmittel zu verstehen.

Die durch A nach Ablauf der vertraglichen Mietzeit erfolgte Weiternutzung des Fahrzeugs als Schlafplatz stellt mangels Fortbewegung des Fahrzeugs kein Ingebrauchnehmen i.S.d. § 248 b dar.

Fraglich erscheint, ob die unbefugte Fortsetzung eines zunächst befugten Gebrauchs tatbestandsmäßig ist. Dagegen spricht der Wortlaut, der nur das Ingebrauchnehmen erfasst. Andererseits stellt § 248 b ein Dauerdelikt dar und ein Gewahrsamsbruch ist regelmäßig nicht erforderlich. Daher ist dem Ingebrauchnehmen das unbefugte Ingebrauchhalten gleichzustellen.[44] Es ist daher ausreichend, wenn – wie bei der Benutzung eines Mietwagens nach Ablauf der Mietzeit – die Berechtigung des Täters nachträglich wegfällt und er die Sache somit als „Nicht-mehr-Berechtigter" nutzt. Ein Ingebrauchnehmen des Fahrzeugs liegt danach vor, soweit A den Pkw nach Ablauf der Mietzeit am 10.04. auf das Gelände der Autovermietung zurückbrachte und dort abstellte.

3. Fraglich ist allerdings, ob die allein zum Zwecke der Rückführung erfolgte Ingebrauchnahme **gegen den Willen** des berechtigten V erfolgte.

Ist die Nutzung eines Fahrzeugs als Fortbewegungsmittel – wie hier – gerade nicht auf die Verletzung der uneingeschränkten Verfügungsmöglichkeiten des Berechtigten gerichtet, sondern vielmehr auf deren Wiedereinräumung, liegt die Vermutung nahe, dass die Ingebrauchnahme des Fahrzeugs insoweit im Einverständnis des Berechtigten erfolgte. Die Rückführung eines Fahrzeugs durch einen an sich Unberechtigten erfolgt daher regelmäßig nicht gegen den Willen des Berechtigten, sondern ist von dessen mutmaßlichem Interesse gedeckt.[45] Fraglich erscheint jedoch, ob dies als tatbestandsausschließendes Einverständnis zu berücksichtigen ist. Dann müsste auch ein mutmaßliches tatbestandsausschließendes Einverständnis anzuerkennen sein. Dies wird jedoch von der h.M. abgelehnt.[46] Auch der Wortlaut des § 248 b lässt nicht darauf schließen, dass die Tatbestandsmäßigkeit der Handlung von einem mutmaßlich entgegenstehenden Willen abhängig ist. Dieser kann daher nur auf Rechtfertigungsebene von Bedeutung sein.

4. A handelte in Kenntnis und Billigung der Umstände und daher **vorsätzlich**.

---

44 BGHSt 11, 47, 50; a.A. AG München NStZ 1986, 458.

45 OLG Düsseldorf NStZ 1985, 413; a.A. Fischer § 248 b Rn. 6.

46 Kudlich JA 2014, 873, 875.

5. Die **Rechtswidrigkeit** könnte jedoch durch eine **mutmaßliche Einwilligung** des V ausgeschlossen sein.

a) Die Gebrauchsberechtigung als Schutzgut des § 248 b steht grundsätzlich zur Disposition des V. Auch war V einwilligungsfähig.

b) Aus den o.g. Gründen lag die Rückführung des SUV auch im Interesse des V.

Möglicherweise ist die Annahme eines mutmaßlichen Einverständnisses aufgrund des nachträglichen Stellens eines Strafantrags ausgeschlossen. Für die Beurteilung einer mutmaßlichen Einwilligung kommt es jedoch allein auf das ex post zu beurteilende Vorliegen der Voraussetzungen zum maßgeblichen Zeitpunkt, hier also dem der Rückfahrt zur Autovermietung, an. Zu diesem Zeitpunkt lag die Rückführung im Interesse des V. Der Strafantrag sollte dagegen den von V vermuteten Gebrauch im Zeitraum vom Ablauf der Mietzeit bis zur Rückführung umfassen, sodass eine mutmaßliche Einwilligung nicht ausgeschlossen ist.

c) A handelte auch in Kenntnis der Interessenlage und daher mit dem nötigen subjektiven Rechtfertigungselement.

Eine Strafbarkeit gemäß § 248 b scheidet aus.

VII. Eine Strafbarkeit wegen Unterschlagung des Fahrzeugtreibstoffs gemäß **§ 246 Abs. 1** scheitert, soweit es sich dabei um eine fremde bewegliche Sache gehandelt haben sollte, ebenfalls an der mutmaßlichen Einwilligung des V, sodass die Zueignung nicht rechtswidrig war.

Ergebnis: A hat sich nicht strafbar gemacht.

Fall 12: Hypothetische Einwilligung
(nach BGH NJW 2013, 1688)

G war nach langjährigem Alkoholmissbrauch an Leberzirrhose erkrankt und hatte bereits mehrere lebensbedrohliche Krankheitsschübe mit komatösen Phasen durchlitten. Die bei dieser Diagnose als Standardmethode übliche Lebertransplantation lehnte er ab: Zum einen missfiel ihm die Aussicht, ein fremdes Organ in sich tragen zu müssen; zum anderen wollte er nicht auf ein Spenderorgan warten und einem erneuten, möglicherweise tödlichen Schub seiner Erkrankung durch eine rasche Behandlung vorbeugen. Schließlich war ihm bei einem nur kurz zurückliegenden Krankenhausaufenthalt wegen seines reduzierten Allgemeinzustandes von einer Lebertransplantation abgeraten worden.

Auf der Suche nach alternativen Behandlungsmethoden stieß G auf das Verfahren der Leberzelltransplantation, das unter Leitung des Dr. S im Klinikum L angewendet wurde, und übersandte diesem seine Befunde. G erhielt schriftliches Informationsmaterial zum Verfahren der Leberzelltransplantation. Bei zwei Aufklärungsgesprächen berichtete G von seiner Krankengeschichte und seiner Einstellung zur Lebertransplantation, bezeichnete die Leberzelltransplantation als seinen „letzten Rettungsanker" und betonte, dass er „es trotz der geringen Erfahrungswerte versuchen wolle". Letztlich war er über Diagnose und Risiken der Behandlungsmethode in Kenntnis gesetzt, während ihr medizinischer Nutzen nicht in ausreichender Tiefe erörtert worden war. Subjektiv hielt Dr. S jedoch irrig seine Aufklärungsbemühungen für ausreichend.

Schließlich erteilte G die Einwilligung in die Operation, die durch Dr. S lege artis vorgenommen wurde. Kurz danach verschlechterte sich infolge der OP der Zustand des G, der schließlich an einem Multiorganversagen verstarb.

Strafbarkeit des Dr. S?

I. Durch die OP könnte sich Dr. S wegen **Körperverletzung mit Todesfolge** gemäß **§ 227** strafbar gemacht haben.

1. Das setzt als **Grundtatbestand** eine Körperverletzung gemäß § 223 Abs. 1 voraus. Ob der ärztliche Eingriff eine körperliche Misshandlung oder Gesundheitsbeschädigung darstellt, ist jedoch umstritten.

a) Zum Teil wird der Tatbestand bei einem ärztlichen Heileingriff verneint, wenn dieser indiziert, lege artis ausgeführt und gelungen ist. Danach ist der Tatbestand hier erfüllt, da der Eingriff keine nach den Regeln der ärztlichen Kunst anerkannte Heilmethode darstellte und im Ergebnis auch misslang.

b) Nach a.A. liegt schon aufgrund der mit dem Eingriff verbundenen Substanzverletzung eine Gesundheitsschädigung vor, die der rechtfertigenden Einwilligung bedarf. Auch danach ist hier der Tatbestand erfüllt.

c) Dr. S handelte in Kenntnis und Billigung der hierfür maßgeblichen Umstände und daher vorsätzlich.

2. Durch die Körperverletzung wurde der **Tod des G verursacht**. Dr. S handelte auch **fahrlässig** gemäß **§ 18**, da sich die Verletzung der gebotenen

Sorgfalt bereits aus der Erfüllung des Grundtatbestandes ergibt und die Folgen vorhersehbar waren. Schließlich hat sich im Tode des G auch das spezifische Risiko der OP realisiert.

Der Tatbestand ist damit erfüllt.

3. Die Rechtswidrigkeit könnte jedoch durch die **Einwilligung** des G ausgeschlossen sein.

a) Die rechtliche Zulässigkeit der Einwilligung in einen ärztlichen Eingriff ist grundsätzlich allgemein anerkannt.

b) G müsste einwilligungsfähig gewesen sein. Das setzt die Fähigkeit voraus, Bedeutung und Tragweite des Eingriffs und des Verzichts auf den strafrechtlichen Schutz des Rechtsguts zu beurteilen. Daran bestehen hier keine Zweifel.

c) Die Einwilligung muss vor der Tat erteilt worden sein, bei der Begehung noch fortbestehen und frei von rechtsgutbezogenen Willensmängeln zustande gekommen sein. Hier war G vor dem Eingriff zwar über die Risiken, nicht aber über die Chancen der Behandlungsmethode aufgeklärt worden. Nach dem sich aus § 630 e BGB ergebenden Maßstab hätte G aber auch hierüber aufgeklärt werden müssen. Danach liegt eine wirksame Einwilligung nicht vor.

Möglicherweise kommt eine Rechtfertigung aber aufgrund einer **hypothetischen Einwilligung** in Betracht.[47]

Zum Aufbau: Hier wird die hypothetische Einwilligung als Ausnahme zu dem Grundsatz verstanden, dass Willensmängel zur Unwirksamkeit der Einwilligung führen. Zum Teil wird sie auch nach rechtfertigender und mutmaßlicher Einwilligung als selbstständiges Rechtsinstitut geprüft.

aa) Nach neuerer Rspr. und Teilen der Lit. entfällt die Rechtswidrigkeit, wenn der Patient bei wahrheitsgemäßer Aufklärung in die durchgeführte Operation eingewilligt hätte. Der Aufklärungsmangel könne nur dann zur Strafbarkeit wegen Körperverletzung führen, wenn bei ordnungsgemäßer Aufklärung die Einwilligung unterblieben wäre. Bleibt dies offen, so sei nach dem Zweifelssatz zugunsten des Arztes davon auszugehen, dass die Einwilligung auch bei ordnungsgemäßer Aufklärung erteilt worden wäre.

Hier hatte G eine Lebertransplantation nicht mehr gewollt, weil ihm hiervon abgeraten worden war, weil er das Tragen fremder Organe grundsätzlich ablehnte und weil er weitere lebensbedrohliche Schübe seiner Erkrankung befürchtete. Seine Bereitschaft, sich „trotz der geringen Erfahrungswerte" der neuartigen Behandlungsmethode zu unterziehen („letzter Rettungsanker"), hatte G deutlich geäußert. Trotz verbleibender Zweifel ist hiernach von den Voraussetzungen einer mutmaßlichen Einwilligung auszugehen.

bb) Nach a.A. kann es sich nicht um einen Rechtfertigungsgrund handeln, da auf diese Weise der Vorrang der rechtfertigenden Einwilligung und der diese sichernden Subsidiarität der mutmaßlichen Einwilligung beseitigt werden würde. Vielmehr handele es sich um einen auf der Rechtswidrigkeitsebene zu prüfenden Ausschluss normativer Zurechnung des Unrechtserfolgs. Dies schließe allerdings in Fällen der durch Täuschung erschlichenen Einwilligung eine Strafbarkeit wegen versuchter Körperverletzung nicht aus. Nach dieser Ansicht ist ein Zurechnungsausschluss anzunehmen, da G bei vollständiger Aufklärung eingewilligt hätte.

---

47 AS-Skript Strafrecht AT 1 (2020), Rn. 289.

cc) Nach a.A. ist die hypothetische Einwilligung ganz abzulehnen. Durch sie hätte der Arzt die Möglichkeit, dem Patienten im Rahmen noch kunstgerechter Eingriffe jedes Risiko aufzudrängen, indem er ihn unvollständig aufklärt. Die Frage, ob der Patient eingewilligt hätte, lasse sich auch nicht beantworten und sei daher unsinnig. Die Übertragung der Regeln pflichtgemäßen Alternativverhaltens auf die Rechtswidrigkeitsebene sei unzulässig, weil die Voraussetzungen eines Rechtfertigungsgrundes mit dem tatbestandsmäßigen Erfolg nicht kausal verknüpft seien. So wenig wie die nachträgliche Genehmigung der Wegnahme einer fremden Sache durch den Eigentümer rechtfertigende Wirkung habe, könne die nachträgliche Erklärung des Patienten, er hätte bei vollständiger Aufklärung dem Eingriff zugestimmt, die Tat rechtfertigen.

dd) Gegen diese Kritik sprechen folgende Überlegungen: Ob der Patient nach dem Eingriff bekundet, er hätte diesem bei vollständiger Aufklärung zugestimmt, ist nur als Beweismittel für die richterliche Überzeugungsbildung von Bedeutung und nicht mit einer nachträglichen Genehmigung gleichzustellen. Der hypothetische Charakter der Umstände steht einer rechtfertigenden Wirkung nicht entgegen, da sonst der Pflichtwidrigkeitszusammenhang beim fahrlässigen Erfolgsdelikt ebenfalls keine Rolle spielen dürfte. Die Gefahr des Missbrauchs besteht ebenfalls nicht, da ggf. das subjektive Rechtfertigungselement entfallen würde. Schließlich ist für das Zivilrecht die mutmaßliche Einwilligung durch § 630 h Abs. 2 S. 2 BGB anerkannt. Ein Handeln, das bürgerlichrechtlich erlaubt ist, kann aber nicht strafbar sein.[48] Wenn die Aufklärung des G über die Heilungschancen für seine Willensbildung nicht von Bedeutung waren, so kann ein Wissensdefizit in dieser Hinsicht auch nicht zur Unwirksamkeit der Einwilligung führen.

Letztlich würde ein Ausschluss der Einwilligung zu einer Strafbarkeit wegen eines bloßen Aufklärungsmangels, also einer fahrlässigen Missachtung des Selbstbestimmungsrechts des Patienten, führen. Das entspricht aber nicht dem Normzweck der Körperverletzungsdelikte. Danach ist der durch die unvollständige Aufklärung bedingte Willensmangel des G hier rechtlich ohne Bedeutung.

d) Dr. S handelte auch in der Annahme der Voraussetzungen rechtfertigender Einwilligung und daher mit dem erforderlichen subjektiven Rechtfertigungselement.

Danach scheidet eine Strafbarkeit wegen Körperverletzung mit Todesfolge aus.

II. Eine Strafbarkeit wegen fahrlässiger Körperverletzung gemäß **§ 229** im Hinblick auf die unterbliebene Aufklärung scheitert daran, dass die Einwilligung auch im Fall vollständiger Aufklärung erteilt worden wäre und die objektive Zurechnung mangels Pflichtwidrigkeitszusammenhangs daher ausgeschlossen ist.

Ergebnis: Dr. S hat sich nicht strafbar gemacht.

---

48 Paul/Schubert JuS 2013, 1007, 1009; a.A. Conrad/Koranyi JuS 2013, 979.

Fall 13: Festnahmerecht und Selbsthilfe
(nach AG Grevenbroich NJW 2002, 1060)

Nach einer durchzechten Nacht fuhr A mit dem Taxi nach Hause. Am Fahrtziel verlangte der Taxifahrer T den am Taxameter angezeigten Betrag von 40 €. A war jedoch der Meinung, vor Fahrtantritt mit dem Fahrer einen Pauschalpreis von 20 € vereinbart zu haben. Es kam zum Streit. A hinterließ schließlich den angeblich vereinbarten Betrag, stieg aus und suchte das Weite. T verfolgte ihn, um ihn zur Zahlung des vermeintlich geschuldeten Betrages anzuhalten oder notfalls seine Personalien festzustellen; als er den A zu fassen bekam, kam es zu einem Handgemenge. A versetzte dem T einen Faustschlag, der ihm die Flucht bis zu seiner Festnahme ermöglichte. Ob eine Pauschalpreisvereinbarung tatsächlich getroffen worden war, konnte auch später nicht geklärt werden.

Strafbarkeit des A? (Erforderliche Strafanträge sind gestellt.)

§ 265 a kommt hier mangels „Erschleichens" nicht in Betracht.

I. Durch die Inanspruchnahme der Beförderungsleistung könnte sich A wegen **Betruges** gemäß **§ 263 Abs. 1** strafbar gemacht haben.

Das setzt eine Täuschungshandlung voraus. Darunter ist eine ausdrückliche oder schlüssige unwahre Tatsachenerklärung zu verstehen. Mit dem Abschluss des Beförderungsvertrages ist im Regelfall die schlüssige Erklärung verbunden, zur Bezahlung willens und in der Lage zu sein. Da A jedoch zumindest der Meinung war, mit T einen Pauschalpreis vereinbart zu haben, bleibt offen, ob A auch erklärt hat, das übliche Beförderungsentgelt nach Taxameter zahlen zu wollen. Im Zweifel muss daher davon ausgegangen werden, dass A eine solche Erklärung weder ausdrücklich noch schlüssig abgegeben hat, zumindest aber nicht den Vorsatz hatte, T über seine Zahlungswilligkeit zu täuschen. Ein Betrug scheidet daher aus.

II. Durch den Faustschlag könnte sich A wegen **räuberischer Erpressung** gemäß **§§ 253, 255** strafbar gemacht haben.

1. Durch den Faustschlag hat A den T mit Gewalt gegen seine Person genötigt, von der weiteren Geltendmachung einer Forderung abzusehen.

2. Hierdurch müsste dem T ein Vermögensnachteil entstanden sein. Das wäre aber nur der Fall, wenn dem T ein über die bereits gezahlten 20 € hinausgehender durchsetzbarer Anspruch zugestanden hätte. Das ist hier nicht festzustellen, da möglicherweise eine Pauschalpreisvereinbarung getroffen worden war. Im Zweifel ist dem T daher kein Vermögensnachteil entstanden.

An dieser Stelle könnte auch § 240 geprüft werden, dessen Voraussetzungen ja bereits zuvor i.R.d. Prüfung des § 253 festgestellt wurden.

III. Durch den Faustschlag könnte sich A wegen **Körperverletzung** gemäß **§ 223 Abs. 1** strafbar gemacht haben.

1. Der Faustschlag stellt eine **vorsätzliche körperliche Misshandlung** dar.

2. Möglicherweise war A jedoch gerechtfertigt.

a) In Betracht kommt **Notwehr** gemäß § 32. Das setzt als Notwehrlage einen gegenwärtigen rechtswidrigen Angriff voraus.

Ein Angriff ist eine von menschlichem Verhalten drohende Beeinträchtigung rechtlich geschützter Interessen. Er ist gegenwärtig, wenn er unmittelbar bevorsteht oder noch andauert. Der Versuch des T, den A zur Zahlung weiteren Beförderungsentgelts oder zur Duldung der Personalienfeststellung anzuhalten, stellt hiernach einen gegenwärtigen Angriff auf die Handlungsfreiheit des A dar.

Der Angriff ist nach einer Ansicht rechtswidrig, wenn der Angegriffene ihn nicht zu dulden braucht, nach a.A., wenn er von der Rechtsordnung missbilligt wird. Unstreitig entfällt die Rechtswidrigkeit, wenn der Angriff seinerseits gerechtfertigt ist.

aa) T könnte durch das **Festnahmerecht** gemäß § 127 Abs. 1 S. 1 StPO gerechtfertigt sein. Das setzt voraus, dass T den A **auf frischer Tat betroffen** hat. Unter Tat ist nach dem Zweck des § 127 StPO nur eine Straftat zu verstehen. Umstritten ist, ob unter dem Begriff der Tat nur eine tatsächlich begangene rechtswidrige und schuldhafte Tat (materielle Theorie) oder bereits ein dringender Tatverdacht (prozessuale Theorie) zu verstehen ist.[49]

Setzt man eine tatsächlich begangene Tat voraus, so bestand hier kein Festnahmerecht, da A den T im Zweifel nicht betrogen hatte.

Ob ein zur Festnahme ausreichender Verdacht vorlag, erscheint zweifelhaft. Hierfür ist Voraussetzung, dass ein objektiver Dritter in der Lage des Festnehmenden aufgrund der gegebenen Umstände mit hoher Wahrscheinlichkeit von einer verfolgbaren Tat, hier einem Betrug, ausgehen durfte. Dagegen spricht, dass eine Pauschalpreisvereinbarung bei längeren Taxifahrten nicht ungewöhnlich ist und A einen Teil des Entgelts tatsächlich gezahlt hatte. Andererseits hatte A dem Einschalten des Taxameters, was bei einer solchen Vereinbarung sinnlos gewesen wäre, auch nicht widersprochen. Andere Gründe, die Zahlung des Entgelts zu verweigern, waren nicht ersichtlich.

Ein zur Festnahme ausreichender Verdacht des Betruges würde daher, wenn man dieser Ansicht folgt, vorliegen.

Für das Ausreichen dringenden Tatverdachts spricht, dass § 127 StPO eine Prozessnorm ist und die materiell-rechtliche Strafbarkeit des Festgenommenen erst im Prozess geprüft werden kann. Hierfür spricht auch, dass der Festnehmende bei seiner Handlung das öffentliche Interesse der Strafverfolgung wahrnimmt und von der Wahrnehmung dieses Interesses abgehalten würde, wenn er das Risiko der irrigen Annahme des Vorliegens einer Straftat trüge und der Notwehr des Festgenommenen ausgesetzt wäre.

Dagegen spricht jedoch der Wortlaut des § 127 Abs. 1 StPO, der – im Unterschied zu anderen Eingriffsnormen – an das tatsächliche Vorliegen einer Tat anknüpft. Ferner unterscheidet § 127 StPO hinsichtlich der Voraussetzungen der Festnahme in Abs. 1 und 2 danach, ob die Festnahme durch einen Privatmann oder durch einen Beamten erfolgt. Da der Privatmann im Unterschied zum Amtsträger zum Eingreifen nicht verpflichtet ist, besteht kein sachlicher Grund, das Risiko eines Irrtums über das Vorliegen einer tatsächlich begangenen Straftat dem Festgenommenen aufzubürden. An-

Wer dies anders beurteilt, müsste das subjektive Rechtfertigungselement des Handelns zum Zweck der Strafverfolgung infrage stellen, da T nur „sein Geld“ wollte.

49 AS-Skript Strafrecht AT 1 (2020), Rn. 250 ff.

dernfalls ginge die Festnahmebefugnis für jedermann nach Abs. 1 weiter als diejenige von Staatsanwaltschaft und Polizei nach Abs. 2, die vom Vorliegen einer Gefahr im Verzug abhängig ist. Infolgedessen ist unter dem Begriff der „Tat" i.S.d. § 127 Abs. 1 S. 1 StPO das Vorliegen der materiell-rechtlichen Voraussetzungen einer Straftat zu verstehen. Ein Festnahmerecht bestand für den T deshalb nicht.

bb) T könnte aber durch das **Selbsthilferecht** gemäß §§ 229, 230 BGB gerechtfertigt gewesen sein. Zwar setzt dies das Bestehen eines fälligen einredefreien Anspruchs voraus. Insoweit kommt jedoch nicht nur das Bestehen eines hier nicht beweisbaren Zahlungsanspruchs in Betracht. Vielmehr entspricht es der h.M., dass sich aus einem Schuldverhältnis auch ein Anspruch auf Angabe der Personalien ergibt, um für den Fall des Rechtsstreits die Voraussetzungen der sich aus dem Schuldverhältnis ergebenden Ansprüche gerichtlich feststellen lassen zu können. Dieses Recht auf Personalienangabe war hier gefährdet, weil A sich zu entfernen versuchte. Das Festhalten des A durch T war zur Erlangung der Personalien auch erforderlich, da obrigkeitliche Hilfe nicht rechtzeitig zu erlangen war, und verhältnismäßig. Ferner handelte T auch subjektiv zum Zweck der Selbsthilfe. Danach war das Verhalten des T durch Selbsthilfe gemäß § 229 BGB gerechtfertigt.

Deshalb stellt es keinen rechtswidrigen Angriff dar, sodass A nicht durch Notwehr gerechtfertigt war.

b) Eine Rechtfertigung durch **Notstand** gemäß **§ 34** scheidet ebenfalls aus, da aufgrund der Duldungspflicht des A keine angemessene Wahrnehmung wesentlich überwiegender Interessen vorlag.

3. Eine Strafbarkeit wegen vorsätzlicher Körperverletzung ist auch nicht durch einen **Erlaubnistatbestandsirrtum** des A ausgeschlossen, da nicht ersichtlich ist, dass er sich irrig Umstände vorgestellt hatte, die den Faustschlag gerechtfertigt hätten.

4. Möglicherweise handelte A nicht **schuldhaft**.

a) Ein entschuldigender Notstand gemäß § 35 scheidet aufgrund der Duldungspflicht des A gemäß Abs. 1 S. 2 Hs. 1 aus.

b) Ein Notwehrexzess gemäß § 33 scheitert bereits am Fehlen einer Notwehrlage.

c) Ein Verbotsirrtum gemäß § 17 war vermeidbar, sodass die Schuld nicht gemäß S. 1 ausgeschlossen ist.

5. Jedoch kann die Strafe gemäß § 17 S. 2 gemildert werden.

A hat sich wegen Körperverletzung strafbar gemacht.

IV. In Betracht kommt ferner eine **Nötigung** gemäß **§ 240**.

1. Durch den Faustschlag hat A den T gewaltsam genötigt, von der Geltendmachung einer weitergehenden Forderung abzusehen.

2. Er handelte auch vorsätzlich und, soweit dies zum Teil als Voraussetzung angesehen wird, absichtlich hinsichtlich des Nötigungserfolges.

Auf den Streit um das Absichtserfordernis ist daher nicht weiter einzugehen.

3. Die Nötigung ist gemäß Abs. 2 rechtswidrig, wenn das Mittel zur Erreichung des Zwecks als verwerflich anzusehen ist.

a) Rechtfertigungsgründe zugunsten des A lagen nicht vor.

b) Die Anwendung körperlicher Gewalt stellt eine Anmaßung des staatlichen Gewaltmonopols dar und ist daher, zumal zur Zurückweisung eines berechtigten Verlangens nach Personalienangabe, als verwerflich anzusehen.

4. A handelte auch schuldhaft.

Ergebnis: A hat sich strafbar gemacht gemäß §§ 223 Abs. 1, 240; 52.

Fall 14: Notwehrlage/Verteidigungshandlung/Notstand

Herr A führte bei Regenwetter seinen Kleinen Münsterländer vorschriftsmäßig angeleint spazieren, als ihm die Nachbarin N begegnete, die den Schäferhund ihrer Bekannten ausführte. Da diese ihr versichert hatte, der Hund höre aufs Wort, hatte N den Hund nicht angeleint. Als der Schäferhund den Münsterländer witterte, setzte er zum Sprung an. Als Herr A der N zurief, sie möge bitte ihren Hund zurückrufen, entgegnete N: „Der will nur spielen!" Der Schäferhund jedoch fiel über den Münsterländer her, der sich wegen der Leine nicht wehren konnte. Als alle Zurufe nichts halfen, nahm A den mitgeführten Regenschirm, der allerdings seiner Gattin gehörte, und drosch auf den Schäferhund ein, bis dieser humpelnd von seinem Opfer abließ. Dass dabei leider auch der Schirm entzweiging, nahm Herr A in Kauf.

Strafbarkeit des A nach dem StGB?

I. Indem er auf den Schäferhund einschlug, könnte sich A wegen **Sachbeschädigung** gemäß **§ 303 Abs. 1** strafbar gemacht haben.

Nach allg. Ansicht sind Tiere Sachen i.S.d. § 303; zum Teil wegen § 90 a S. 3 BGB, nach a.A. aufgrund eines eigenständigen strafrechtlichen Sachbegriffs.

1. Der der Bekannten der N gehörende Schäferhund war für A eine fremde Sache. Indem er ihn schlug, hat er diese vorsätzlich beschädigt.

2. Möglicherweise ist die Tat gerechtfertigt.

a) In Betracht kommt **Notwehr** gemäß § 32.

aa) Das setzt eine **Notwehrlage**, also einen gegenwärtigen rechtswidrigen Angriff voraus. Angriff ist jede von menschlichem Handeln drohende Rechtsgutbeeinträchtigung. Rechtswidrig ist er nach einer Ansicht, wenn er vom Angegriffenen nicht zu dulden ist, nach a.A., wenn er gegen die Rechtsordnung verstößt.

Danach stellt das Verhalten des Schäferhundes noch keinen **Angriff** dar. Jedoch ging die Gefahr für den Hund, also das Eigentum des A, davon aus, dass die N ihren Hund unangeleint führte. Allerdings handelte N hinsichtlich der Eigentumsverletzung des A nur fahrlässig. Ob auch fahrlässiges Handeln einen Angriff darstellt, ist umstritten. Zum Teil wird die Ansicht vertreten, ein Angriff setze eine bewusste und schuldhafte Rechtsgutbedrohung voraus. Nach h.M. kommt es hierauf nicht an. Hierfür spricht der Wortlaut des § 32. Ferner dient die Notwehr nicht nur dem Rechtsgüterschutz, sondern der Bewährung der Rechtsordnung insgesamt. Danach kann auch fahrlässiges Handeln eine Notwehr rechtfertigen. Das Führen des Hundes durch N stellt deshalb einen Angriff dar. Die Beißerei dauerte auch noch an. Daher war der Angriff **gegenwärtig**. Wenn A seinen Hund vorschriftsmäßig angeleint hatte, hätte auch die N am Tatort ihren Hund anleinen müssen. Ihr Verhalten war deshalb vorschriftswidrig, verstieß also gegen die Rechtsordnung. A hatte die Beeinträchtigung überdies nicht zu dulden. Der Angriff war daher **rechtswidrig**. Eine Notwehrlage lag danach vor.

bb) Das Handeln des A müsste als **Verteidigung** anzusehen sein. Das setzt voraus, dass sich die Verteidigungshandlung gegen den Angreifer richtet. Hier ging der Angriff von N aus. Der Schäferhund gehörte jedoch ihrer Bekannten. Das Einschlagen auf den Hund stellt daher keine Verteidigungshandlung dar. Notwehr scheidet aus.

b) In Betracht kommt jedoch **Defensivnotstand** gemäß § 228 BGB.

aa) Das setzt eine durch die beschädigte Sache drohende Gefahr voraus. Hier drohte der Schäferhund, der gemäß § 90 a S. 3 BGB als Sache zu behandeln ist, den Münsterländer, also das Eigentum des A, zu verletzen. Dass die Gefahr daneben auch daher drohte, dass N den Hund ohne Leine laufen ließ, steht dem nicht entgegen.

bb) Die Beschädigung der gefährdenden Sache ist gerechtfertigt, wenn sie erforderlich ist und der Schaden nicht außer Verhältnis zu der Gefahr steht. Hier waren keine anderen Möglichkeiten der Schadensabwendung ersichtlich. Auch steht das Schlagen des Schäferhundes nicht außer Verhältnis zu den drohenden Verletzungen des Münsterländers.

cc) Subjektive Voraussetzung ist ein Handeln zur Abwendung der drohenden Gefahr. A handelte zum Schutz seines Eigentums.

Die Sachbeschädigung ist danach gemäß § 228 BGB gerechtfertigt.

II. In Betracht kommt auch eine Sachbeschädigung gemäß **§ 303 Abs. 1** durch Beschädigung des Schirms.

1. Da Herr A in Kauf nahm, dass der Schirm entzweiging, hat er vorsätzlich eine fremde Sache zerstört.

2. Möglicherweise war auch dies gerechtfertigt.

a) Notwehr gemäß § 32 scheidet aus, da die Verletzung des Eigentums seiner Gattin keine Verteidigungshandlung war.

b) Defensivnotstand gemäß § 228 BGB scheidet aus, da von dem Schirm keine Gefahr drohte.

c) In Betracht kommt jedoch eine Rechtfertigung durch **Aggressivnotstand** gemäß § 904 BGB.

aa) Das setzt eine gegenwärtige Gefahr voraus. Hier drohte der Schäferhund weiter, den Münsterländer zu beißen. Daher lag eine gegenwärtige Gefahr vor.

bb) Die Sachbeschädigung stellt eine Einwirkung auf fremdes Eigentum dar.

cc) Die Einwirkung muss zur Gefahrenabwehr notwendig und der drohende Schaden gegenüber dem durch die Einwirkung entstehenden unverhältnismäßig sein. Hier kamen andere Möglichkeiten der Gefahrenabwehr nicht in Betracht. Hinsichtlich der Unverhältnismäßigkeit des drohenden Schadens ist zunächst der materielle Wert des Schirms einerseits und des Münsterländers andererseits zu berücksichtigen. Von Bedeutung ist aber auch der Grundgedanke der §§ 90 a, 251 Abs. 2 S. 2 BGB, nach denen der ideelle Wert des Hundes zu berücksichtigen ist. Hiernach stellt sich der drohende Schaden als unverhältnismäßig dar.

dd) A handelte auch zur Abwehr der Gefahr. Die Sachbeschädigung am Schirm ist daher gemäß § 904 BGB gerechtfertigt.

Ergebnis: A hat sich nicht strafbar gemacht.

Fall 15: Erforderlichkeit und Gebotenheit der Verteidigung
(nach BGH RÜ 2019, 573)

A, der mit seiner Frau F eine Gaststätte betrieb, hatte dem C dort Hausverbot erteilt, weil C die F respektlos behandelt hatte und verdächtig war, in der Gaststätte mit Drogen gehandelt zu haben. Gleichwohl erschien der alkoholisierte und unter Drogen stehende C in der Gaststätte und wurde auch von A bedient. Nach 15 Minuten fiel F auf, dass C wiederholt, dieses Mal in Begleitung des K, die Toilette aufsuchte. Sie informierte hierüber den A und forderte ihn auf, das Hausverbot durchzusetzen, weil sie immer noch über C verärgert war und beide vermuteten, dass C auf der Toilette wieder Drogengeschäfte abwickele.

A begab sich zur Herrentoilette und forderte C auf, das Lokal zu verlassen. Dieser begann stattdessen, in aggressivem Ton mit A zu diskutieren. A ließ sich darauf jedoch nicht ein, sondern kündigte an, die Polizei zu rufen. Er ging hinter die Theke, ergriff das dort liegende schnurlose Telefon und ging damit wieder zum Eingang des Thekenbereichs, wohin ihm C gefolgt und zwei Meter hinter die Theke getreten war. Verärgert forderte A den C auf, den Thekenbereich zu verlassen. Hieraus entwickelte sich eine verbale Auseinandersetzung, in deren Verlauf C den A als „Hurensohn" und die F als „Schlampe" beschimpfte. Als C dem A auch noch das Telefon aus der Hand schlug, kam es zu einem Gerangel, in dessen Verlauf C den A mit der Faust auf den Mund und den Rücken schlug, obgleich K mit Hilfe weiterer Personen versuchte, C zu beruhigen, während F einen Billardstock hochhielt, ohne aber einzugreifen.

A sorgte sich trotz seiner körperlichen Überlegenheit gegenüber dem C um das körperliche Wohl der F. Während C ihn durch Schubsen und Schläge bedrängte, ergriff er ein unter dem Tresen gelagertes Bowiemesser mit einer 16 cm langen und 2,7 cm breiten Klinge und stach mehrmals ohne Tötungsvorsatz in Richtung des Oberkörpers des C, um weitere Einwirkungen von ihm abzuwenden. C erlitt zwei nicht lebensbedrohliche Stichverletzungen im Bauch und der linken Flanke von 5 bzw. 7 cm Tiefe. K riss nunmehr den C mit Wucht an der Jacke aus dem Thekenbereich, sodass die Kontrahenten getrennt wurden. Erst nach Verlassen der Gaststätte bemerkte C, dass er verletzt war.

Strafbarkeit des A nach dem StGB?

I. Indem er dem C mit dem Messer zwei Stiche versetzte, könnt sich A wegen **gefährlicher Körperverletzung** gemäß **§§ 223, 224 Abs. 1 Nr. 2 und 5 StGB** strafbar gemacht haben.

1. Durch die Stichverletzungen hat A den C gemäß § 223 Abs. 1 StGB **vorsätzlich körperlich misshandelt** und **an der Gesundheit geschädigt**.

2. In Betracht kommt eine Qualifikation gemäß § 224 Abs. 1 Nr. 2 StGB durch die Begehung **mittels einer Waffe oder eines anderen gefährlichen Werkzeugs**. Eine Waffe als Unterfall des gefährlichen Werkzeugs ist jeder Gegenstand, der seiner Art nach dazu bestimmt ist, als Angriffs- oder Verteidigungsmittel Menschen zu verletzen.[50] Ein Bowiemesser ist ein

50 Fischer § 224 Rn. 19.

Kampf- und Jagdmesser, das auch als Werkzeug eingesetzt wird, also eine Waffe. A hat die Verletzung auch mittels der Waffe verursacht, also indem er sie unmittelbar gegen den Körper des C einsetzte und hierdurch die Verletzung verursachte. A handelte insoweit auch vorsätzlich.

3. Ferner könnte die Tat gemäß § 224 Abs. 1 Nr. 5 StGB durch eine **das Leben gefährdende Behandlung** qualifiziert sein. Nach st. Rspr. kommt es hierfür darauf an, ob die Behandlung nach den Umständen des Einzelfalles generell geeignet ist, das Leben des Opfers zu gefährden.[51] Nach a.A. wird dagegen eine konkret lebensgefährliche Behandlung vorausgesetzt.[52] Nicht erforderlich ist dagegen der Eintritt einer konkreten Lebensgefahr oder die Verursachung einer lebensgefährlichen Verletzung. Dass C nicht lebensgefährlich verletzt wurde, steht der Qualifikation danach nicht entgegen. Stiche in die Brust oder den Bauch stellen im Übrigen nach beiden Ansichten eine das Leben gefährdende Behandlung dar. A handelte auch insoweit vorsätzlich.

4. Die Tat könnte jedoch durch **Notwehr** gemäß **§ 32 StGB** gerechtfertigt gewesen sein.

a) Das setzt das Vorliegen einer **Notwehrlage**, also eines gegenwärtigen rechtswidrigen Angriffs voraus. **Angriff** ist jede von menschlichem Verhalten drohende Beeinträchtigung rechtlich geschützter Individualrechtsgüter. Er ist **gegenwärtig**, wenn er unmittelbar bevorsteht oder gerade andauert. Er ist **rechtswidrig**, wenn er von der Rechtsordnung missbilligt wird, bzw. nach a.A., wenn er vom Angegriffenen nicht zu dulden ist. Vorliegend bedrängte C den A fortwährend durch Schubsen und Schläge und beeinträchtigte damit gegenwärtig dessen körperliche Unversehrtheit. Da dieser Angriff nicht zu rechtfertigen war, war er auch nach vorgenannten Maßstäben rechtswidrig. Ferner war C der Aufforderung des A, die Gaststätte zu verlassen, nicht nachgekommen, und beeinträchtigte damit dessen Hausrecht. A befand sich daher in einer Notwehrlage.

b) Eine **Verteidigung** setzt voraus, dass sie sich gegen die Rechtsgüter des Angreifers richtet sowie erforderlich und geboten ist.

aa) Die **Erforderlichkeit** setzt voraus, dass die Verteidigung **geeignet** und das **mildeste Mittel** ist, um den Angriff abzuwehren. Dies ist auf der Grundlage der tatsächlichen Verhältnisse im Zeitpunkt der Verteidigungshandlung zu beurteilen. Wird eine Person rechtswidrig angegriffen, ist sie grundsätzlich berechtigt, dasjenige Abwehrmittel zu wählen, welches eine endgültige Beseitigung der Gefahr gewährleistet. Der Angegriffene muss auf weniger gefährliche Verteidigungsmittel nur zurückgreifen, wenn deren Abwehrwirkung unzweifelhaft ist und ihm genügend Zeit zur Abschätzung der Lage zur Verfügung steht. Gegenüber einem unbewaffneten Angreifer ist der Gebrauch eines Messers jedoch in der Regel anzudrohen, wenn die Drohung unter den konkreten Umständen eine so hohe Erfolgsaussicht hat, dass dem Angegriffenen das Risiko eines Fehlschlags und der damit verbundenen Verkürzung seiner Verteidigungsmöglichkeiten zugemutet werden kann. Angesichts der Unkalkulierbarkeit des Fehlschlagrisikos dürfen an die in einer zugespitzten Situation zu treffende Entschei-

51 Nachweise bei Fischer § 224 Rn. 27.

52 Sch/Sch/Sternberg-Lieben, StGB, 30. Aufl., 2019, § 224 Rn. 12.

dung für oder gegen eine weniger gefährliche Verteidigungshandlung keine überhöhten Anforderungen gestellt werden. Auch der sofortige, das Leben des Angreifers gefährdende Einsatz eines Messers kann danach durch Notwehr gerechtfertigt sein.

A hat den Einsatz des Messers nicht angedroht. C hatte die Bewaffnung des A auch nicht erkannt. Für die Annahme, dass eine Androhung des Messereinsatzes den Angriff des C sofort beendet hätte, spricht, dass C nicht bewaffnet war und die Intensität seines Angriffs nicht hochgradig war. A sah sich nur einem ihm körperlich unterlegenen Angreifer gegenüber und eine Gefahr für F bestand nach der Sachlage nicht. Anhaltspunkte für die Gefahr einer Eskalation im Fall der Androhung des Messereinsatzes bestanden nicht. Andererseits zog sich die Auseinandersetzung zur Zeit des Messereinsatzes bereits eine Zeit lang hin und konnte selbst durch den Einsatz des K und die Hilfe weiterer Personen nicht beendet werden. Zudem stand C unter Alkohol und Drogen, sodass sein Hemmungsvermögen eingeschränkt war. Tatsächlich wurde die Auseinandersetzung auch nicht durch die Messerstiche beendet, sondern erst durch den Einsatz körperlicher Gewalt durch den K. Dass der Angriff des C sich nicht gegen das Leben, sondern die körperliche Unversehrtheit und das Hausrecht des A richtete, ändert nichts an der Befugnis des A, ein sofort wirksames Mittel einzusetzen.

Dass ein Einsatz des Messers gegen weniger vitale Körperteile mit der gleichen erfolgversprechenden Wirkung möglich gewesen wäre, ist angesichts der konkreten Kampflage im Zweifel nicht anzunehmen. Danach war der Einsatz des Messers erforderlich.

bb) Die Verteidigung ist **geboten**, wenn sie nicht rechtsmissbräuchlich ist. Insoweit sind der Verteidigung sozialethische Schranken gesetzt.

(1) Danach ist die Verteidigung nicht geboten, wenn die von dem Angriff drohende und die durch die Verteidigung verursachte Rechtsgutverletzung in einem krassen Missverhältnis stehen. Da von dem Handeln des C weitere körperliche Misshandlungen des A drohten, ist das nicht der Fall.

(2) Für eine Einschränkung könnte sprechen, dass **C alkoholisiert war und unter Drogen** stand. Gegenüber vermindert schuldhaft handelnden Angreifern ist das Notwehrrecht insofern eingeschränkt, als der Angegriffene zunächst versuchen muss auszuweichen und sich auf Schutzwehr zu beschränken und erst zuletzt zur Trutzwehr übergehen darf. Gegenüber den nachhaltigen Aggressionen des C liefe das hier jedoch für A, der sich zunächst auf einfache körperliche Gegenwehr beschränkt hatte, auf einen Verzicht auf den Schutz seiner Rechte hinaus, der ihm auch gegenüber dem Betrunkenen nicht zuzumuten war.

(3) Eine Einschränkung unter dem Gesichtspunkt der **Notwehrprovokation** scheidet aus, da die der Auseinandersetzung vorausgehende Aufforderung des A an C, das Lokal zu verlassen, weder rechtswidrig noch auch nur sozial-ethisch missbilligenswert war.

c) A handelte auch in Kenntnis der Umstände und zum Zweck der Verteidigung, sodass auch das erforderliche **subjektive Rechtfertigungselement** gegeben ist. Die Tat war daher durch Notwehr gerechtfertigt.

Ergebnis: A hat sich nicht strafbar gemacht.

Fall 16: actio illicita in causa
(Nach BGH NStZ 2001, 416)

A wollte dem O aus Rache mit einer Schrotflinte ins Knie schießen. Unter einem Vorwand lockte er, die Flinte unter dem Mantel verborgen, den O an eine einsame Stelle, wo er plötzlich ausholte, um den O niederzuschlagen und sein Vorhaben in die Tat umzusetzen. O wehrte den Schlag jedoch mit einem Teleskoptotschläger ab. A wurde hiervon überrascht, kam zu Fall und blieb auf dem Rücken liegen. O stürzte sich auf ihn und drohte, mit dem Totschläger auf ihn einzuschlagen. In letzter Not gelang es A, die abgesägte Schrotflinte zu ziehen und O aus einer Entfernung von 30 cm zu erschießen.

Strafbarkeit des A nach dem StGB?

Vorüberlegung: *Eine chronologische Prüfungsreihenfolge müsste mit dem Ausholen zum Schlag beginnen. Das wirft jedoch möglicherweise schwierige Kausalitäts- und Zurechnungsfragen auf, da der Tod des O erst durch den Schrotschuss verursacht wurde. Es ist daher zweckmäßiger, mit dem Schrotschuss zu beginnen.*

I. Durch den Schrotschuss könnte sich A wegen **Totschlags** des O gemäß **§ 212** strafbar gemacht haben.

1. Durch den Schrotschuss hat A den O vorsätzlich getötet.

2. Möglicherweise handelte er dabei in **Notwehr** gemäß **§ 32.**

a) Das setzt als **Notwehrlage** einen gegenwärtigen rechtswidrigen Angriff voraus. Ein Angriff ist eine von menschlichem Handeln drohende Beeinträchtigung rechtlich geschützter Interessen. Er ist gegenwärtig, wenn er unmittelbar bevorsteht oder noch andauert. Er ist einer Ansicht nach rechtswidrig, wenn er von dem Angegriffenen nicht zu dulden ist, nach a.A., wenn er gegen die Rechtsordnung verstößt.

Da O mit dem Totschläger auf A einzuschlagen drohte, lag ein gegenwärtiger Angriff vor. Nachdem der Angriff des A seinerseits abgewehrt war, wäre die drohende Verletzung des A auch nicht mehr zu rechtfertigen gewesen, sondern von der Rechtsordnung missbilligt und von A nicht zu dulden. A befand sich daher in einer Notwehrlage.

b) Der Schuss stellt auch eine **Verteidigungshandlung** dar.

c) Diese müsste **erforderlich** und **geboten** gewesen sein.

aa) An der Eignung besteht kein Zweifel. Der tödliche Schuss war auch das mildeste Mittel, da die vorherige Androhung die Gefahr mit sich gebracht hätte, dass O dem A die Waffe entwenden könnte und ein weniger gefährlicher Einsatz der Waffe situationsbedingt nicht möglich war.

bb) Im Hinblick auf die Provokation der Notwehrlage durch den A erscheint jedoch zweifelhaft, ob die Verteidigung geboten war. Ein Ausschluss des Notwehrrechts kommt jedoch lediglich in Fällen der Absichtprovokation in Betracht, deren Voraussetzungen hier nicht vorlagen. In Fällen der sonst schuldhaft verursachten Notwehrlage ist der Verteidiger vielmehr auf den Versuch des Ausweichens und die Beschränkung auf

Schutzwehr verwiesen. Auch das kam jedoch hier nicht in Betracht, sodass der tödliche Schuss durch Notwehr gerechtfertigt war.

d) A handelte auch in **Kenntnis der Umstände** und zum **Zweck der Verteidigung**.

Daher war der tödliche Schuss durch Notwehr gerechtfertigt.

Das Fehlen des Vorsatzes ist offensichtlich, sodass das Überspringen des objektiven Tatbestandes zulässig erscheint.

II. Indem er ausholte, um den O niederzuschlagen, könnte sich A wegen Totschlags gemäß **§ 212 Abs. 1** strafbar gemacht haben. Jedoch hatte A zu diesem Zeitpunkt noch nicht den Vorsatz, den O zu töten.

III. Aus demselben Grund scheidet eine Strafbarkeit wegen versuchten Totschlags gemäß **§§ 212, 22, 23 Abs. 1** durch Ausholen zum Schlag mangels Tatentschlusses zur Tötung des O aus.

IV. In Betracht kommt jedoch eine Strafbarkeit wegen versuchter Körperverletzung mit Todesfolge gemäß **§§ 227, 22, 23 Abs. 1**.

Eine vollendete Körperverletzung mit Todesfolge scheidet aus, da O den Schlag des A abwehren konnte und daher eine vollendete Körperverletzung als Grundtatbestand nicht vorliegt.

Man könnte diese Frage auch später bei der Prüfung des gefahrspezifischen Zusammenhangs erörtern.

Ob der Versuch einer Körperverletzung mit Todesfolge mit Strafe bedroht ist, ist umstritten. Grundsätzlich ergibt sich dies aus den §§ 23 Abs. 1 und 12 Abs. 1, da § 227 ein Verbrechen darstellt. Jedoch ist nach der sogenannten Letalitätstheorie Voraussetzung des § 227, dass sich der Tod des Opfers aus einer ihm vorsätzlich zugefügten tödlichen Verletzung ergeben haben muss. Ist der Grundtatbestand nicht vollendet, scheidet danach die Annahme eines sogenannten erfolgsqualifizierten Versuchs aus.

Nach der herrschenden Kausalitätstheorie kann der Tod des Opfers jedoch auch Folge der Verletzungshandlung und damit auch einer Versuchshandlung sein. Danach kommt ein erfolgsqualifizierter Versuch in Betracht.

Hierfür spricht, dass der Wortlaut des § 227 als Grundtatbestand auch auf die Versuchsregeln der §§ 223 Abs. 2 und 224 Abs. 2 verweist. Schon deshalb ergibt sich daraus auch die Strafbarkeit eines solchen erfolgsqualifizierten Versuchs.

1. Als **Grundtatbestand** kommt hier der Versuch einer gefährlichen Körperverletzung gemäß §§ 224 Abs. 1 Nr. 2, Abs. 2, 22 in Betracht.

A hatte den Tatentschluss, den O durch Niederschlagen und den anschließenden Schrotschuss mittels einer Waffe körperlich zu misshandeln und an der Gesundheit zu schädigen.

Insoweit wäre mit entsprechender Begründung wohl auch eine andere Ansicht vertretbar.

Indem er zum Schlag ausholte, hat A zur Erfüllung des Tatbestandes auch unmittelbar angesetzt. Dies gilt auch für die Begehung mittels einer Waffe durch den Schrotschuss, da das Niederschlagen dem Schrotschuss bereits unmittelbar vorgelagert war und der Beseitigung des Widerstandes gegen den beabsichtigten Schrotschuss dienen sollte.

2. Hätte A nicht versucht, den O niederzuschlagen, so wäre es zu der zum Tode des O führenden Eskalation nicht gekommen. A hat daher durch den Grundtatbestand den Tod des O verursacht.

3. A handelte auch fahrlässig gemäß § 18, da der Versuch einer gefährlichen Körperverletzung eine Verletzung der objektiv gebotenen Sorgfalt darstellt und eine Eskalation der Auseinandersetzung mit tödlichem Ausgang vorhersehbar war.

4. Fraglich erscheint, ob der die Höhe der angedrohten Freiheitsstrafe rechtfertigende gefahrspezifische Zusammenhang zwischen Grunddelikt und schwerer Folge vorliegt.

a) Nach der Letalitätstheorie besteht ein solcher Zusammenhang nicht. Aus den oben angeführten Gründen kann dieser Auffassung jedoch nicht gefolgt werden.

b) Auch nach der Kausalitätstheorie bedarf es aber der Realisierung eines dem Grunddelikt spezifisch anhaftenden Risikos. Dies ist zwar nach heutiger Rspr. und h.Lit. nicht allein deshalb ausgeschlossen, weil der Tod des Opfers sich nicht unmittelbar, sondern erst aus dem Hinzutreten weiteren Handelns ergab. Erforderlich ist danach jedoch, dass das Risiko des weiteren Handelns in der Erfüllung des Grundtatbestandes zumindest bereits angelegt war. Hier mag dem Angriff des A auf den O ein gewisses Eskalationsrisiko angehaftet haben. Die Erforderlichkeit eines tödlichen Schusswaffeneinsatzes beruhte hier jedoch auf dem vorsätzlichen und rechtswidrigen Gegenangriff des O auf das Leben des A. Der Tod des O kann danach nicht mehr als Realisierung des dem Körperverletzungsversuch anhaftenden typischen Risikos angesehen werden.

Eine versuchte Körperverletzung mit Todesfolge scheidet daher aus.

V. In Betracht kommt aber der Versuch einer schweren Körperverletzung gemäß **§§ 226 Abs. 1 Nr. 2 Alt. 2, Abs. 2, 22, 23 Abs. 1**, indem A zum Schlag ausholte.

Eine Vollendungsstrafbarkeit scheidet aus, da O nicht verletzt wurde. Der Versuch ist gemäß §§ 23 Abs. 1, 12 Abs. 1 mit Strafe bedroht.

1. A hatte den Tatentschluss, den O durch das Niederschlagen und den Schrotschuss mittels einer Waffe körperlich zu misshandeln und an der Gesundheit zu schädigen. Durch den Schuss in das Knie beabsichtigte A zu verursachen, dass O sein Bein, das ein wichtiges Körperglied darstellt, nicht mehr würde gebrauchen können.

2. Indem er zum Schlag ausholte, hat A auch zur Erfüllung des Tatbestandes unmittelbar angesetzt.

3. A handelte auch rechtswidrig und schuldhaft.

VI. Die **§§ 223 Abs. 2, 224 Abs. 1 Nr. 2, Abs. 2, 22** treten dahinter zurück.

VII. Indem er zum Schlag ausholte, könnte sich A wegen fahrlässiger Tötung gemäß **§ 222** strafbar gemacht haben.

1. Indem er versuchte, den O niederzuschlagen, hat A den Tod des O verursacht.

2. A handelte auch fahrlässig, da der Versuch einer gefährlichen Körperverletzung eine Verletzung der objektiv gebotenen Sorgfalt darstellt und eine Eskalation der körperlichen Auseinandersetzung mit tödlichen Folgen generell vorhersehbar ist.

3. Fraglich erscheint jedoch, ob die tödliche Folge der Provokationshandlung objektiv zuzurechnen ist.

Manche beschränken die Anwendung der a.i.i.c. auch auf das Ingangsetzen eines zwangsläufigen Kausalverlaufs, was wegen des willkürlichen Angriffs des O hier nicht anzunehmen wäre.

a) Nach den Vertretern der Rechtsfigur der **actio illicita in causa** begründet die Verursachung der Notwehrlage eine Strafbarkeit für den durch die Verteidigungshandlung verursachten Erfolg. Der Strafbarkeitsmaßstab wird jedoch durch das Vorverschulden begründet. Danach haftet wegen fahrlässiger Begehung, wer die Notwehrsituation fahrlässig verursacht hat, wegen vorsätzlicher Begehung, wer die Situation mit dem Vorsatz herbeigeführt hat, den Erfolg durch die „Verteidigungshandlung" zu verursachen. Hier hatte A zwar nicht den Vorsatz, den O zu töten, als er zum Schlag ausholte. Dieser Angriff auf O stellt jedoch eine Sorgfaltspflichtverletzung dar. Nach den Umständen hätte A auch damit rechnen können und müssen, dass sich aus seiner Provokation eine Lage ergeben würde, in der der Einsatz der Flinte mit tödlichen Folgen notwendig werden würde. Danach hätte sich A gemäß § 222 strafbar gemacht.

b) Die h.M. lehnt die Rechtsfigur der a.i.i.c. ab. Dafür spricht, dass diese Rechtsfigur mit tragenden Grundsätzen der Notwehr unvereinbar ist. Da Notwehr der Bewährung der Rechtsordnung dient, muss der Angreifer grundsätzlich die Folgen einer erforderlichen und gebotenen Verteidigungshandlung tragen. Auch mit dem Präventivzweck der Notwehr, potenzielle Angreifer durch das Risiko einer u.U. auch tödlichen Verteidigungshandlung abzuschrecken, wäre die Annahme einer Strafbarkeit wegen der Folgen der Verteidigungshandlung nicht zu vereinbaren. Die a.i.i.c. wird daher zu Recht überwiegend abgelehnt.

c) Der BGH[53] hat dagegen trotz Ablehnung der a.i.i.c. die Ansicht vertreten, die fahrlässige Verursachung der Notwehrlage begründe eine Strafbarkeit nach allgemeinen Regeln des fahrlässigen Erfolgsdelikts. Da der provozierte Angriff den Kausalzusammenhang zwischen der Provokationshandlung und der durch die Verteidigungshandlung verursachten Rechtsgutverletzung nicht unterbreche, seien die Voraussetzungen eines fahrlässigen Erfolgsdelikts erfüllt.

d) Gegen diese Auffassung sprechen zunächst dieselben Gründe, die auch gegen die Rechtsfigur der a.i.i.c. geltend gemacht werden. Außerdem ist zu bedenken, dass in dem provozierten, aber vorsätzlichen Angriff des O eine eigenverantwortliche Selbstgefährdung liegt. Zwar mag O nicht bewusst gewesen sein, dass A bewaffnet war. Jedoch geht der Angreifer unter den Voraussetzungen des § 32 stets das Risiko einer auch lebensgefährlichen Verteidigungshandlung ein. Mit welchen Mitteln der Angegriffene sich verteidigen wird, braucht ihm dabei nicht bewusst zu sein. Daher fehlt es am erforderlichen Zurechnungszusammenhang zwischen der Provokation und dem späteren Erfolg. Schließlich begründet die durch eine erforderliche und gebotene Verteidigungshandlung in Notwehr verursachte Rechtsgutverletzung keinen Erfolgsunwert. Mangels Erfolgsunwerts könnte die Provokationshandlung daher bei Vorsatz allenfalls als Versuch, bei Fahrlässigkeit folgerichtig nicht strafbar sein. Danach scheidet auch hier eine Fahrlässigkeitsstrafbarkeit aus.

Ergebnis: A hat sich wegen versuchter schwerer Körperverletzung strafbar gemacht.

---

53 BGH NStZ 2001, 416; anders BGH RÜ 2010, 779.

Fall 17: Notwehrlage und -schranken
(nach AG Erfurt RÜ 2014, 710)

In einer Diskothek bemerkte die dort beschäftigte K, dass der T gegen das bestehende Rauchverbot verstieß. K forderte ihn auf, mit dem Rauchen aufzuhören oder dies draußen zu tun. T ignorierte die Aufforderung. K informierte die Sicherheitsmitarbeiter der Diskothek, die jedoch nicht einschreiten konnten oder wollten. Wenig später tauchte T auf der Tanzfläche auf. Die 1,68 m große K forderte den deutlich größeren T erneut auf, das Rauchen einzustellen. Daraufhin kam er aggressiv auf die K zu, blies ihr aus einer Entfernung von weniger als einem Meter den Zigarettenqualm mit spürbar feuchter, d.h. mit Speichelpartikeln versetzter Atemluft ins Gesicht und fragte, was sie jetzt machen wolle.

Das Anpusten mit dem Zigarettenqualm rief bei K Ekel hervor. Zudem wurden die Atemwege der K merklich gereizt. Als T sich ihr wieder näherte und an seiner Zigarette zog, warf sie, um ein nochmaliges Anpusten mit Zigarettenqualm zu verhindern, mit Verletzungsvorsatz ein Bierglas, welches sie gerade in der Hand gehalten hatte, aus ca. zwei Metern Entfernung in Richtung des angetrunkenen T, das diesen oberhalb der rechten Augenbraue traf. T verließ daraufhin die Diskothek. Er trug eine Prellung sowie eine Beule davon, die ca. zwei Tage sichtbar war.

Strafbarkeit der K? § 240 ist nicht zu prüfen.

K könnte sich wegen **gefährlicher Körperverletzung** gemäß **§§ 223 Abs. 1, 224 Abs. 1** strafbar gemacht haben, indem sie T mit dem Glas bewarf.

Da bei der Notwehrprüfung im Rahmen der Erforderlichkeit und Gebotenheit die Gefährlichkeit eine besondere Rolle spielt, sollte man in der gutachtlichen Prüfung von vornherein auf die Qualifikation abstellen.

1. Eine **körperliche Misshandlung** ist eine üble und unangemessene Behandlung, die die körperliche Unversehrtheit oder das körperliche Wohlbefinden nicht nur unerheblich beeinträchtigt. Die Verursachung der Prellung und der Beule stellt danach eine körperliche Misshandlung i.S.d. § 223 Abs. 1 Alt. 1 dar. Die Beule und die Prellung sind auch ein krankhafter Zustand i.S. einer **Gesundheitsschädigung** gemäß § 223 Abs. 1 Alt. 2.

2. Das geworfene Glas war als Tatmittel nach seiner Beschaffenheit und in seiner konkreten Anwendung geeignet, erhebliche Verletzungen herbeizuführen. Es ist daher ein **gefährliches Werkzeug** i.S.d. § 224 Abs. 1 Nr. 2.

3. Ein **hinterlistiger Überfall** gemäß § 224 Abs. 1 Nr. 3 setzt ein planmäßiges Vorgehen unter Verdeckung der wahren Absichten voraus, um dem Angegriffenen die Verteidigung zu erschweren. Hier fehlt es jedoch an der für die Hinterlist erforderlichen planmäßigen Verdeckung der Verletzungsabsicht.

4. Eine **das Leben gefährdende Behandlung** gemäß § 224 Abs. 1 Nr. 5 setzt nach einer Ansicht eine konkrete Lebensgefahr, nach h.M. die generelle Eignung zur Gefährdung des Lebens voraus. Auch wenn der Wurf aus nächster Nähe geführt wurde, hatte er dieses Gefahrenpotential nicht.

5. Hinsichtlich der Körperverletzung handelte K **vorsätzlich**. Sie kannte und billigte auch die Umstände, die das Glas in der konkreten Verwendung zu einem gefährlichen Werkzeug machten.

6. Die Tat könnte gerechtfertigt sein.

a) In Betracht kommt **Notwehr** nach § 32.

aa) Das setzt als **Notwehrlage** einen gegenwärtigen und rechtswidrigen Angriff voraus. Diese Voraussetzungen sind nach h.M. objektiv ex post festzustellen.

(1) Ein **Angriff** ist jede Bedrohung rechtlich geschützter Interessen durch menschliches Verhalten. Der Angriff könnte hier in einem erneuten Anpusten mit Zigarettenqualm liegen. Das Anpusten mit dem angefeuchteten Zigarettenrauch war eklig und beeinträchtigte das körperliche Wohlbefinden der K. Darüber hinaus stellt das Handeln des T eine Kundgabe seiner Missachtung gegenüber der K und damit einen Angriff auf deren Ehre dar. Ob das Anpusten mit Zigarettenqualm die Grenze der Erheblichkeit zu einer körperlichen Misshandlung gemäß § 223 Abs. 1 überschreitet,[54] erscheint dagegen fraglich. Darauf kommt es jedoch nicht an. Da ein Angriff i.S.d. § 32 keine Straftat sein muss, sondern nur rechtlich geschützte Interessen bedrohen muss, liegt vorliegend ein Angriff des T auf K vor.

(2) Der Angriff ist **gegenwärtig**, wenn er unmittelbar bevorsteht oder gerade andauert. Nachdem T sich der K erneut näherte und an der Zigarette zog, war objektiv von der Gefahr weiteren Anrauchens auszugehen, sodass eine weitere Beeinträchtigung drohte. Der Angriff war daher gegenwärtig.

(3) Er ist **rechtswidrig**, wenn er von dem Angegriffenen nicht zu dulden ist, bzw. – nach a.A. – wenn er von der Rechtsordnung missbilligt wird. Das gezielte Anrauchen des T geht über sozialadäquates Verhalten wie Anhusten im Bus hinaus. K musste diesen Angriff daher nicht dulden. Stellt man für die Rechtswidrigkeit des Angriffs auf die rechtliche Missbilligung durch die Rechtsordnung ab, so ergibt sich diese bereits daraus, dass jedermann gegen seine Mitmenschen aus Art. 2 Abs. 1 GG einen Anspruch auf Achtung seiner körperlichen Unversehrtheit und seiner Persönlichkeitswerte hat. Auch insoweit kommt es also auf eine Straftatbestandsmäßigkeit des Angriffs nicht an. Daher war der Angriff des T auf K auch rechtswidrig.

bb) Die Notwehrhandlung der K, der Wurf mit dem Glas als gefährliche Körperverletzung, müsste als **Verteidigungshandlung** erforderlich und geboten gewesen sein.

(1) Erforderlich ist die Verteidigung, wenn sie **geeignet** ist, den Angriff sofort, sicher und endgültig zu beseitigen. Wenn dem Angegriffenen mehrere, gleich wirksame Verteidigungsmittel zur Verfügung stehen, ist er verpflichtet, das **relativ mildeste Mittel** zu wählen, also dasjenige, das den Angreifer am wenigsten verletzt. Da der Angegriffene sich und das Recht verteidigt, ist er nicht gehalten, sich auf riskante Verteidigungsmaßnahmen einzulassen. Es ist der Angreifer, der das Recht verletzt und die Folgen zu tragen hat. Daher kommt es bei der Notwehr prinzipiell auch nicht auf eine Güterproportionalität zwischen dem verteidigten und dem beeinträchtigten Rechtsgut an.

---

54 So AG Erfurt, a.a.O.; ebenso LG Bonn, Urt. v. 09.12.2011 – 25 Ns 555 Js 131/09 – 148/11, BeckRS 2012, 3545.

Vorliegend war bereits das vorherige Ansprechen nicht erfolgreich. Dass der T durch ein erneutes Ansprechen durch die K sein Verhalten geändert hätte, liegt fern. Ein Schubsen des T oder ein Wegschlagen der Zigarette barg die Gefahr der Eskalation, zumal T der K körperlich überlegen war. Die Angegriffene musste sich nicht auf ein riskantes Verteidigungsverhalten einlassen. Der Wurf mit dem Glas war daher geeignet und erforderlich, den Angriff des T endgültig zu beenden.

(2) Nach § 32 Abs. 1 muss die Verteidigungshandlung auch **geboten** sein. Daraus ergeben sich Einschränkungen des Notwehrrechts durch den Gedanken des Rechtsmissbrauchs.

(a) Eine anerkannte Fallgruppe der Notwehrbeschränkungen ist der Bagatellangriff. Denn bei einer Belästigung besteht auch kein Bedürfnis für eine schrankenlose Rechtsbewährung.[55] Das Anblasen mit Zigarettenqualm versetzt mit Speichelpartikeln nimmt bereits nur schwer die Hürde eines notwehrfähigen Angriffs. Es ist nicht mehr als nur eine – wenn auch aggressive – Belästigung. Gefährliche Körperverletzungen nach § 224 zur Zurückweisung einer Belästigung sind rechtsmissbräuchlich.

(b) Eine weitere Beschränkung könnte sich daraus ergeben, dass T angetrunken war. Es ist anerkannt, dass Notwehr gegen Angriffe vermindert schuldhaft Handelnder nur eingeschränkt zulässig ist. Hier hätte K dem Angriff des T auch ausweichen können.

(c) Ferner scheidet Notwehr aus, wenn zwischen der drohenden und der durch die Verteidigung verursachten Rechtsgutverletzung ein krasses Missverhältnis besteht. Ein solches mit einer die Notwehr ausschließenden Wirkung dürfte hier jedoch noch nicht anzunehmen sein.

Das Werfen mit dem Glas als gefährliche Körperverletzung mit unkalkulierbaren Gefahren war in der konkreten Situation als Verteidigungshandlung danach ausnahmsweise nicht geboten. Im Rahmen der nur bagatellhaften Auseinandersetzung war die Verteidigung durch K gegen das Anpusten mit dem Zigarettenrauch eine Überreaktion und eine Überschreitung des Notwehrrechts, mag K auch mit Verteidigungswillen gehandelt haben.[56]

b) Eine Nothilfe gemäß § 32 zur Durchsetzung des generellen Rauchverbots in der Diskothek scheitert an denselben Gründen sowie daran, dass K nicht mit dem erforderlichen Nothilfewillen handelte.

c) Eine Rechtfertigung durch **Notstand** gemäß § 34 scheidet aus, da eine rechtsmissbräuchliche Verteidigung keine angemessene Wahrnehmung wesentlich überwiegender eigener Interessen sein kann.

7. Eine Entschuldigung nach § 33 scheidet aus, da die Überschreitung der Grenzen des Gebotenen nicht auf einem asthenischen Affekt beruhte.

8. Sollte K ihr Verhalten für erlaubt gehalten haben, so wäre dieser Verbotsirrtum gemäß § 17 S. 2 als vermeidbar anzusehen.

Ergebnis: K ist wegen gefährlicher Körperverletzung strafbar.

---

55 Sch/Sch/Perron/Eisele § 32 Rn. 49.

56 So auch Jahn JuS 2014, 176; Jäger JA 2014, 472; A.A. AG Erfurt, a.a.O., das zu Unrecht die Erforderlichkeit mit der Gebotenheit gleichsetzt.

Fall 18: Rechtfertigende Pflichtenkollision

Hausarzt A wird in seiner Praxis alarmiert: Beim Spielen an einem Teich sind die Kinder des L ins Wasser gefallen und konnten noch gerade bewusstlos aus dem Wasser gezogen werden. Als A seinen Wagen starten will, springt der Motor nicht an. Daraufhin greift sich A den Schlüssel des Autos seiner Sprechstundenhilfe und eilt mit deren Wagen zum Einsatzort. Als er unterwegs eine Unfallstelle passiert, sieht er einen offenbar schwer Verletzten am Straßenrand liegen, hält es jedoch für dringender, die Kinder zu retten. Auf dem Hof angekommen, stellt er fest, das sowohl der Junge als auch das Mädchen medizinischer Erstversorgung bedürfen, in der verfügbaren Zeit jedoch nur eines der Kinder zu retten ist. Während sich A erfolgreich um das Mädchen bemüht, stirbt der Junge. Hätte sich A zunächst um diesen bemüht, wäre er gerettet worden. Auch das Unfallopfer stirbt infolge mangelnder Hilfeleistung.

Strafbarkeit des A?

I. Indem A eine medizinische Erstversorgung des Jungen unterließ, könnte er sich wegen **Totschlags durch Unterlassen** gemäß **§§ 212, 13** strafbar gemacht haben.

1. Da das Leben des Jungen im Falle der dem A möglichen medizinischen Erstversorgung mit an Sicherheit grenzender Wahrscheinlichkeit gerettet worden wäre, hat A durch Unterlassen den tatbestandlichen Erfolg nach der modifizierten Bedingungstheorie verursacht.

2. Nachdem A aufgrund seiner Alarmierung die Leistung medizinischer Hilfe tatsächlich übernommen hatte, befand er sich auch in einer Garantenstellung gemäß § 13 Abs. 1. Da § 212 ein reines Erfolgsdelikt darstellt, kommt es auf die Entsprechungsklausel des § 13 Abs. 1 nicht an.

3. Der Tod des Jungen ist dem Unterlassen der Hilfeleistung auch objektiv zuzurechnen.

4. A handelte in Kenntnis und Billigung der Umstände und daher vorsätzlich.

5. In Betracht kommt jedoch eine **rechtfertigende Pflichtenkollision**, da A unter den gegebenen Umständen beiden Kindern aus dem gleichen Grund zur Rettung verpflichtet war. Ob eine Pflichtenkollision rechtfertigende oder nur entschuldigende Wirkung hat, ist umstritten. Für die Annahme eines Entschuldigungsgrundes wird geltend gemacht, dass die Annahme eines Rechtfertigungsgrundes dem durch das Unterlassen der Rettung Gefährdeten das Notwehrrecht versage.[57] Die Zubilligung eines Notwehrrechts würde jedoch zu einer Blockade der Rettung führen, weil es beiden gefährdeten Rechtsgutträgern zuzubilligen wäre. Zudem wäre das Handeln des Rettungspflichtigen immer rechtswidrig, gleich welche Pflicht er erfüllt. Ferner stellt auch § 323 c Abs. 1 bereits im Tatbestand auf die Vereinbarkeit mit kollidierenden Pflichten ab. Danach hat die Pflichtenkollision richtigerweise rechtfertigende Wirkung.

---

57 Fischer Vor § 32 Rn. 11 a.

a) Voraussetzung ist nach h.M. die **Kollision von Handlungspflichten**, deren Erfüllung jeweils nur auf Kosten der anderen möglich ist. Im vorliegenden Fall konnte A nur eines der Kinder retten.

b) Zu rechtfertigen ist die **Nichterfüllung einer solchen Pflicht** nur im Fall der **Erfüllung der anderen**, soweit dies möglich und die erfüllte Pflicht wenigstens gleichrangig ist. Dies richtet sich nach dem Gewicht der gefährdeten Rechtsgüter, dem Grad der Gefahr, dem Umfang des drohenden Schadens sowie der Nähe zum gefährdeten Rechtsgutträger. Hier war A beiden Kindern gegenüber in gleicher Weise garantenpflichtig. Beiden drohte unmittelbare Lebensgefahr. Danach hat A eine gleichrangige Pflicht erfüllt.

Die rechtfertigende Pflichtenkollision gilt daher nur für Unterlassungsdelikte, nicht für Begehungsdelikte. Erfüllt der Verpflichtete keine der kollidierenden Pflichten, ist er nach h.M. nur für die Nichterfüllung der geringerwertigen Pflicht verantwortlich.

c) Als **subjektives Rechtfertigungselement** ist die Kenntnis der rechtfertigenden Lage erforderlich. Das war hier der Fall.

Das Unterlassen der Rettung des Jungen war daher gerechtfertigt.

II. A könnte sich bzgl. des Unfallopfers wegen Totschlags durch Unterlassen gemäß **§§ 212, 13** strafbar gemacht haben.

Ob das Unfallopfer durch eine sofortige Hilfeleistung des A hätte gerettet werden können, erscheint bereits zweifelhaft. Jedenfalls aber hatte A dessen Behandlung nicht tatsächlich übernommen. Allein die Ausübung des Arztberufes als solche begründet aber noch keine Garantenstellung gegenüber jedermann, der sich in Gefahr befindet.

Danach scheidet ein Totschlag durch Unterlassen aus.

III. Eine Strafbarkeit wegen Aussetzung, ggf. mit Todesfolge gemäß **§ 221 Abs. 1 Nr. 2, Abs. 3**, scheitert demzufolge an dem Fehlen einer Obhuts- oder Beistandsverpflichtung des A, die eine Garantenstellung voraussetzt.

IV. A könnte sich jedoch bzgl. des Unfallopfers wegen unterlassener Hilfeleistung gemäß **§ 323 c Abs. 1** strafbar gemacht haben.

1. A hat die bei einem Unglücksfall erforderliche Hilfe nicht geleistet.

2. Die Leistung der Hilfe müsste A jedoch ohne die Verletzung anderer wichtiger Pflichten zumutbar gewesen sein. Hier war A bereits aufgrund der Übernahme der Notfallrettung gegenüber den Kindern verpflichtet, diesen die schnellstmögliche Hilfe zukommen zu lassen. Die Hilfe am Unfallort wäre ihm nicht ohne Verletzung dieser gemäß § 13 gewichtigeren Pflicht möglich gewesen. Das schließt den Tatbestand des § 323 c Abs. 1 aus.

Bei § 323 c Abs. 1 ist die Pflichtenkollision bereits im Tatbestand zu prüfen!

V. Durch Nutzung des Kfz der Sprechstundenhilfe könnte sich A gemäß **§ 248 b** wegen Gebrauchsanmaßung strafbar gemacht haben.

1. Indem er den Wagen benutzte, hat A vorsätzlich ein Kraftfahrzeug i.S.d. § 248 b Abs. 4 in Gebrauch genommen.

2. Die Tat könnte jedoch gerechtfertigt sein.

a) Auch insoweit könnte eine **Pflichtenkollision** in Betracht kommen, da A das Fahrzeug einerseits nicht nutzen durfte, andererseits zur Erfüllung seiner Garantenpflichten brauchte. Damit kollidierte jedoch eine Handlungs- mit einer Unterlassungspflicht. Nach einer Ansicht soll auch eine derartige Pflichtenkollision rechtfertigende Wirkung haben. Die rechtfertigende Pflichtenkollision setzt dagegen nach h.M. eine Kollision von Handlungspflichten voraus und rechtfertigt daher nur die Begehung von Unterlassungsdelikten. Dies folgt daraus, dass die Erfüllung einer Handlungspflicht unter Verletzung einer Unterlassungspflicht als Notstandshandlung nur gemäß § 34 zu rechtfertigen ist, da dieser insoweit abschließende Wirkung hat. Der Rückgriff auf die rechtfertigende Pflichtenkollision würde die Schranken des Notstandes gemäß § 34 unterlaufen. Eine rechtfertigende Pflichtenkollision scheidet daher hier aus.

Man könnte auch § 904 BGB prüfen. Jedoch schützt § 248 b nicht das Eigentum, sondern das davon abgeleitete Gebrauchsrecht.

b) In Betracht kommt danach rechtfertigender **Notstand** gemäß § 34.

aa) A handelte in gegenwärtiger Gefahr für das Leben der Kinder.

bb) Da ein anderes Fortbewegungsmittel nicht zur Verfügung stand, war die Gefahr auch nicht anders abwendbar.

cc) Bei Abwägung der kollidierenden Rechtsgüter handelte es sich auch um eine angemessene Wahrnehmung wesentlich überwiegender Interessen.

dd) A handelte auch in Kenntnis der Lage und zur Gefahrenabwehr.

Die Ingebrauchnahme des Fahrzeugs war daher gerechtfertigt.

Ergebnis: A hat sich nicht strafbar gemacht.

Fall 19: Einverständnis, Fehlen subjektiver Rechtfertigungselemente
(nach BGH RÜ 2017, 236)

Auf Autobahnparkplätzen und an Autobahnraststätten war es zu zahlreichen Einbruchsdiebstählen aus geparkten Kraftfahrzeugen gekommen. Um den oder die Täter zu überführen, parkte die ermittelnde Polizei einen landeseigenen Pkw mit Zustimmung der zuständigen Behörde über Nacht auf einem Autobahnparkplatz, legte eine Geldbörse mit 50 € Inhalt sichtbar unter die Windschutzscheibe und ließ das Fahrzeug durch vier Beamte aus sicherer Entfernung überwachen.

Als A die Geldbörse sah, konnte er der Versuchung nicht widerstehen. Als er sich unbeobachtet fühlte, brach er die Beifahrertür mit einem Stahlwerkzeug auf, wodurch ein erheblicher Sachschaden entstand, und steckte die Geldbörse ein, um diese und den Inhalt für sich zu verwenden. Noch bevor er den Parkplatz verlassen konnte, wurde er jedoch von den Beamten verhaftet.

Strafbarkeit des A? Erforderliche Strafanträge sind gestellt.

I. Indem A den Pkw aufbrach und die Geldbörse einsteckte, könnte er sich wegen **Diebstahls in einem besonders schweren Fall** gemäß **§§ 242 Abs. 1, 243 Abs. 1 S. 2 Nr. 1** strafbar gemacht haben.

1. Bei der Geldbörse handelte es sich um eine für A **fremde bewegliche Sache**.

2. Diese müsste A weggenommen haben. **Wegnahme** ist der Bruch fremden und die Begründung neuen Gewahrsams.

a) Die Geldbörse stand ursprünglich im Gewahrsam der Beamten, die das Fahrzeug mit der Geldbörse abgestellt hatten. Indem er die Börse einsteckte, begründete er neuen eigenen Gewahrsam daran. Der Umstand, dass dies von den Beamten beobachtet wurde, steht dem nicht entgegen. Denn Diebstahl ist keine heimliche Tat. Allenfalls dann, wenn eine Sicherung der Beute von vornherein nach den Umständen ausgeschlossen erscheint, kann nicht von einem Gewahrsamswechsel ausgegangen werden. Da der Vorgang durch die Beamten nur aus sicherer Entfernung beobachtet wurde, war aber ein Entkommen mit der Beute aber nicht von vornherein ausgeschlossen.

b) Fraglich erscheint jedoch, ob A den Gewahrsam gebrochen hat. Das setzt einen Gewahrsamswechsel gegen oder ohne den Willen des bisherigen Inhabers voraus. Danach schließt ein **Einverständnis** des bisherigen Gewahrsamsinhabers eine Wegnahme aus. Vorliegend war die Geldbörse gerade in dem Fahrzeug abgelegt worden, um den Täter zu deren Wegnahme zu verleiten. Es handelte sich also um eine polizeilich gestellte Diebesfalle. In diesem Fall aber bezieht sich das Einverständnis des bisherigen Gewahrsamsinhabers gerade auf den Gewahrsamswechsel, um den Täter überführen zu können. Danach ist vorliegend ein Gewahrsamsbruch ausgeschlossen. Dass A sich unbeobachtet fühlte und das Einverständnis nicht kannte, steht dem nicht entgegen, da das Einverständnis seine tatbestandsausschließende Wirkung auch dann entfaltet, wenn der Täter es nicht kennt.

II. A könnte sich jedoch durch dieselbe Handlung wegen **versuchten Diebstahls im besonders schweren Fall** gemäß **§§ 242 Abs. 2, 22, 243 Abs. 1 S. 2 Nr. 1** strafbar gemacht haben.

Eine Vollendungstrafbarkeit scheidet wegen des Einverständnisses aus. Der Versuch des Diebstahls ist in § 242 Abs. 2 mit Strafe bedroht.

1. Da A das Einverständnis nicht kannte, hatte er den **Tatentschluss**, eine fremde bewegliche Sache wegzunehmen. Er handelte auch in der Absicht, sich diese rechtswidrig zuzueignen.

2. Indem er die Geldbörse einsteckte, hat A auch gemäß § 22 nach seiner Vorstellung von der Tat **unmittelbar** zur Erfüllung des Tatbestandes **angesetzt**. Die Untauglichkeit des Versuchs ist dafür ohne Belang.

3. A handelte auch **rechtswidrig** und **schuldhaft**.

Dass § 243 auch für den Versuch des Diebstahls gilt, folgt aus § 23 Abs. 2.

4. Da er zur Ausführung der Tat in den Pkw, also einen umschlossenen Raum, einbrach, handelt es sich gemäß § 243 Abs. 1 S. 1 Nr. 1 um einen Versuch **in einem besonders schweren Fall**.

A hat sich gemäß **§§ 242 Abs. 2, 22, 243 Abs. 1 S. 2 Nr. 1** strafbar gemacht.

III. In Betracht kommt zudem eine Strafbarkeit wegen **Unterschlagung** gemäß **§ 246 Abs. 1**.

1. Fraglich erscheint zunächst, ob A sich die Geldbörse – eine für ihn fremde bewegliche Sache – **rechtswidrig zugeeignet** hat.

a) Die **Zueignung** setzt hier nach h.M., der sog. Manifestationstheorie, die erkennbare Betätigung eines auf dauernde Enteignung und vorübergehende Aneignung gerichteten Willens voraus. Darüber hinaus wird in der h.Lit. die Begründung einer nicht nur untergeordneten Herrschaftsposition über die Sache verlangt. Hiernach liegt in der Wegnahme der Geldbörse auch deren Zueignung.

b) Diese ist **rechtswidrig**, wenn sie im Widerspruch zur Eigentumsordnung steht. Ein Einverständnis des Eigentümers schließt daher die Rechtswidrigkeit der Zueignung aus. Danach fragt sich, ob das Einverständnis des Eigentümers, hier der vertretungsberechtigten Organe des Landes, sich auch auf die Zueignung der Geldbörse bezog. Dagegen spricht jedoch, dass die gestellte Falle nur den Sinn hatte, den Täter bei oder nach der Wegnahme zu stellen. Dagegen wird der Wille der zuständigen Organe nicht darauf gerichtet gewesen sein, dass der Täter auch Börse und Geld für sich verwenden sollte.

2. A handelte auch **vorsätzlich** und mit dem **Willen dauernder Enteignung und vorübergehender Aneignung**, sowie **rechtswidrig** und **schuldhaft**.

3. Fraglich erscheint weiter das **Konkurrenzverhältnis** zu dem versuchten Diebstahl. Nach früherer Rspr. und Teilen der Lit. soll insoweit Tateinheit anzunehmen sein. Dagegen spricht jedoch heute der eindeutige Wortlaut des § 246 Abs. 1, wonach die Tat gemäß § 246 nur strafbar ist, wenn sie nicht in anderen Vorschriften mit schwererer Strafe bedroht ist. Danach tritt § 246 auch hinter dem Versuch des Diebstahls zurück.

IV. A könnte sich, indem er die Tür aufbrach, weiter wegen **Sachbeschädigung** gemäß **§ 303 Abs. 1** strafbar gemacht haben.

1. Indem er die Beifahrertür aufbrach, hat A den Pkw, eine **fremde Sache**, **vorsätzlich beschädigt**.

2. Möglicherweise war aber die Tat durch eine **Einwilligung** der zuständigen Organe des Landes als Eigentümer des Pkw gerechtfertigt.

a) Die Zustimmung der zuständigen Behörden zum Einsatz des Pkw für eine Diebesfalle beinhaltete hier notwendigerweise auch die Zustimmung in eine Beschädigung des Pkw, da nur im Fall eines Aufbruchs des Pkw der Täter nach der Wegnahme der Beute überführt werden konnte. Sie war zulässig, vor der Tat frei von Willensmängeln erteilt und bestand bei der Tat auch noch fort. Damit liegen die objektiven Voraussetzungen rechtfertigender Einwilligung vor.

b) Allerdings kannte A die Einwilligung nicht, sodass ihm das nach h.M. erforderliche **subjektive Rechtfertigungselement** fehlte. Die Folgen des Fehlens subjektiver Rechtfertigungselemente sind umstritten.[58]

aa) Lässt man zur Rechtfertigung einer Tat das Vorliegen der objektiven Voraussetzungen eines Rechtfertigungsgrundes genügen, hat die fehlende Kenntnis der Umstände keine Konsequenzen. Die Tat ist daher gerechtfertigt. Dies gilt auch für den vorliegenden Fall.

bb) Innerhalb der h.M. ist die Lösung wiederum streitig. Nach einer Ansicht führt die fehlende Kenntnis dazu, dass die Rechtfertigung entfällt. Die Tat ist demzufolge nach Maßgabe des erfüllten Tatbestandes strafbar. Danach ist A hier strafbar wegen Sachbeschädigung, soweit er auch schuldhaft handelte.

cc) Nach a.A. beseitigt bereits das objektive Vorliegen der Voraussetzungen eines Rechtfertigungsgrundes den Erfolgsunwert der Tat, sodass der verbleibende Handlungsunwert nur noch nach Versuchsregeln gemäß oder analog §§ 22 ff. strafbar ist. Eine vollendete Sachbeschädigung scheidet danach hier aus.

dd) Für eine Vollendungsstrafbarkeit wird angeführt, dass die Gegenansicht dem strafrechtlichen Deliktsaufbau widerspreche. Fehle es an der Rechtfertigung wegen mangelnder Kenntnis der Umstände, bleibe die Tat tatbestandsmäßig und rechtswidrig. Dem durch die objektive Rechtfertigung geminderten Unrecht könne durch Strafmilderung Rechnung getragen werden.

Gegen eine Vollendungsstrafbarkeit sprechen folgende Überlegungen: Die Unkenntnis des Täters vom Vorliegen eines tatbestandsausschließenden Einverständnisses lässt dessen Wirkungen unberührt. Eine Vollendungsstrafbarkeit scheidet also trotz fehlender Kenntnis aus; es kommt allenfalls Versuch in Betracht. Es ist aber nicht einleuchtend, die Unkenntnis des Vorliegens einer rechtfertigenden Einwilligung oder anderer Rechtfertigungsvoraussetzungen anders zu behandeln als die Unkenntnis eines tatbestandsausschließenden Einverständnisses. Auch in Notwehrfällen begründet eine erforderliche und gebotene Verteidigung gegen einen ge-

58 AS-Skript Strafrecht AT 2 (2019), Rn. 360 ff.

genwärtigen rechtswidrigen Angriff keinen Erfolgsunwert. Eine Vollendungsstrafbarkeit wäre daher nicht einsichtig. Eine Handlung kann auch schwerlich gemäß § 32 Abs. 1 geboten und zugleich wegen fehlender Kenntnis der rechtfertigenden Umstände strafbar sein.

Aus diesen Gründen scheidet hier eine Strafbarkeit wegen Sachbeschädigung aus.

V. In Betracht kommt aber eine **versuchte Sachbeschädigung** gemäß **§§ 303 Abs. 1 und 3, 22.**

Eine vollendete Sachbeschädigung scheidet aus den o.g. Gründen aus. Der Versuch der Sachbeschädigung ist in § 303 Abs. 3 mit Strafe bedroht.

1. A hatte den **Tatentschluss**, eine fremde Sache zu beschädigen. Durch den Einbruch in das Fahrzeug hat er auch gemäß § 22 **unmittelbar** zur Erfüllung des Tatbestandes **angesetzt.**

2. A handelte auch **rechtswidrig**, weil er das Vorliegen der Einwilligung nicht kannte. Die objektiven Voraussetzungen der rechtfertigenden Einwilligung beseitigen nur den Erfolgsunwert, nicht aber auch den Handlungsunwert des Versuchs.

3. A handelte auch **schuldhaft.**

4. Der gemäß **§ 303 c** erforderliche **Strafantrag** ist gestellt.

VI. Das **Konkurrenzverhältnis** zwischen Einbruchsdiebstahl und Sachbeschädigung ist umstritten. Während z.T. eine Konsumtion der Sachbeschädigung durch den Einbruchsdiebstahl angenommen wird, gehen neuere Lit. und Rspr. des BGH[59] von Tateinheit aus. Hierfür spricht vor allem, dass das Vorliegen eines besonders schweren Falles nicht in die Urteilsformel aufzunehmen ist und daher das Vorliegen einer Sachbeschädigung zur Klarstellung in die Urteilsformel aufgenommen werden muss. Das gilt auch, wenn beide Delikte nur versucht wurden.

A hat sich wegen versuchten Diebstahls in einem besonders schweren Fall in Tateinheit mit versuchter Sachbeschädigung gemäß **§§ 242 Abs. 2, 22, 243 Abs. 1 S. 1 Nr. 1; 303 Abs. 1 und 3, 22; 52** strafbar gemacht.

---

59 BGH RÜ 2018, 716.

3. Teil: Schuld

Fall 20: actio libera in causa/Vollrausch
(nach BGH NStZ 2002, 28)

A hatte sich über seinen Nachbarn N geärgert und beschlossen, aus Rache dessen mit Stroh gefüllte Feldscheune anzuzünden. Nachdem er seinen Ärger mit Antidepressiva halbwegs gemildert hatte, genehmigte er sich noch einige Schnäpse, bis seine Stimmung schließlich derart gut war, dass er beschloss, sein Vorhaben in die Tat umzusetzen. In der Nacht schlich er sich zum Hof des N und legte Feuer an die Scheune, die vollständig abbrannte. Dabei war A aufgrund des Zusammenwirkens der Medikamente mit dem Alkohol schuldunfähig. Damit hatte er gerechnet, da er die Medikamenteninformation aus der Verpackung gelesen hatte. Das war ihm jedoch gleich gewesen.

Strafbarkeit des A?

I. In Betracht kommt eine Strafbarkeit wegen **Brandstiftung** gemäß **§ 306 Abs. 1 Nr. 1 und 6** durch Inbrandsetzen der Scheune.

1. Bei der Scheune des N handelt es sich um ein für A fremdes Gebäude und bei dem Stroh um ein für ihn fremdes landwirtschaftliches Erzeugnis. Eine Sache ist in Brand gesetzt, wenn sie so vom Feuer erfasst ist, dass sie unabhängig vom Zündstoff weiterbrennen kann. Da die Scheune abgebrannt und das Stroh damit verbrannt ist, hat A diese in Brand gesetzt.

2. A handelte auch rechtswidrig.

3. A war jedoch bei Begehung der Tat gemäß **§ 20** infolge einer krankhaften seelischen Störung **schuldunfähig**. Möglicherweise lässt sich eine Strafbarkeit wegen Brandstiftung jedoch über die Rechtsfigur der **actio libera in causa** begründen. Hiernach kann sich auf seine Schuldunfähigkeit nicht berufen, wer diese selbst schuldhaft verursacht hat und in diesem Zustand eine rechtswidrige Tat begeht. Die Strafbarkeit bestimmt sich jedoch nach dem Grad des Vorverschuldens. Danach wird wegen vorsätzlicher Begehung bestraft, wer sich vorsätzlich in den Zustand der Schuldunfähigkeit versetzt hat mit dem Vorsatz, die in diesem Zustand begangene rechtswidrige Tat zu begehen (vorsätzliche a.l.i.c.). Handelt der Täter hinsichtlich der Verursachung der Schuldunfähigkeit oder der später begangenen Tat nur fahrlässig, so kommt eine Strafbarkeit wegen fahrlässiger Begehung in Betracht, wo dies mit Strafe bedroht ist (fahrlässige a.l.i.c.).

a) Im vorliegenden Fall hatte A den Vorsatz zur Begehung der Brandstiftung bereits gefasst, als er begann, sich zu betrinken. Hinsichtlich seiner Schuldunfähigkeit handelte er mit bedingtem Vorsatz, da er mit dieser Möglichkeit rechnete und dies aus Gleichgültigkeit billigend in Kauf nahm. Dass der Täter sich mit dem Ziel berauscht, hierdurch seine Hemmungen vor der Begehung der Tat zu beseitigen, setzt die actio libera in causa nicht voraus. Schließlich hat A auch den Tatbestand des § 306 Abs. 1 Nr. 1 u. 6 rechtswidrig erfüllt. Danach wäre er demgemäß zu bestrafen.

b) Es fragt sich jedoch, ob die actio libera in causa mit dem Gesetz zu vereinbaren ist, da § 20 die Schuldfähigkeit bei Begehung der Tat, also bei Vornahme der tatbestandsmäßigen Handlung voraussetzt. Dies ist umstritten.[60]

aa) Nach der **Schuldausnahmetheorie** handelt es sich bei der a.l.i.c. um eine gewohnheitsrechtlich oder richterrechtlich begründete Ausnahme von dem durch § 20 geregelten Grundsatz, dass der Täter bei der Begehung der Tat schuldfähig sein muss. Hierfür spricht, dass es rechtsmissbräuchlich erscheint, sich auf einen die Straflosigkeit begründenden Umstand zu berufen, den man schuldhaft selbst verursacht hat. Dagegen ist jedoch einzuwenden, dass der Gedanke des Rechtsmissbrauchs in den §§ 32 Abs. 1, 35 Abs. 1 S. 2 und 17 S. 2 gesetzlich Anklang gefunden hat. Daher kann das Vorverschulden dort im Wege der Gesetzesauslegung oder -anwendung Berücksichtigung finden. § 20 enthält jedoch keinen Ansatzpunkt für eine solche Auslegung. Damit handelt es sich bei dieser Begründung um eine dem Art. 103 Abs. 2 GG widersprechende Analogie. Die Schuldausnahmetheorie ist deshalb verfassungswidrig.

bb) Nach der **Ausdehnungstheorie** ist der Begriff der Begehung der Tat in § 20 dahingehend zu verstehen, dass er die Verursachung der eigenen Schuldunfähigkeit als Verursachung des späteren Erfolgs mitumfasst. Die Herbeiführung der eigenen Schuldunfähigkeit ist danach Teil der Begehung im Sinne des § 20. Da nach allg. Ansicht für eine Vollendungsstrafbarkeit genügt, wenn der Täter bei Beginn der Begehung schuldfähig war, falls die spätere Ausführung keine wesentliche Kausalabweichung darstellt, sind damit die Voraussetzungen des § 20 erfüllt. Gegen diese Ansicht spricht, dass der Begriff der Begehung der Tat auch in den §§ 16, 17 und 19 sowie weiteren Vorschriften verwendet und allgemein im Sinne der tatbestandsmäßigen Handlung verstanden wird (vgl. § 8). Es gibt aber keinen sachlichen Grund, ihn in § 20 anders zu verstehen als dort. Damit verstößt die Annahme schuldhaften Handelns durch das Inbrandsetzen der Scheune gegen § 20.

Da hier eine andere Handlung als Ansatz für die Tatbestandserfüllung herangezogen wird, bedarf es eines neuen Prüfungsansatzes.

II. Eine Strafbarkeit gemäß **§ 306 Abs. 1 Nr. 1 und 6** könnte jedoch durch Einbeziehung der Herbeiführung der eigenen Schuldunfähigkeit in den Tatbestand begründet werden. Voraussetzung hierfür ist, dass die Herbeiführung der eigenen Schuldunfähigkeit den zur Rechtsgutverletzung führenden Kausalverlauf in Gang gesetzt hat.[61] Hier hat sich A durch Alkoholgenuss erst in die Stimmung versetzt, die zur Realisierung seines Tatentschlusses führte. Der Alkoholgenuss war danach ursächlich im Sinne der Bedingungstheorie für die Ausführung der Tat. Ob dies die Tatbestandsmäßigkeit der Handlung begründen kann, ist umstritten.

1. Von den Vertretern der **Vorverlegungstheorie** wird dies generell bejaht, während andere dies allenfalls für reine Erfolgsdelikte annehmen, jedoch für verhaltensgebundene Delikte ablehnen. Die Rspr. lehnt dementsprechend die Anwendung der a.l.i.c. auf Verkehrsstraftaten, deren Begehung das Führen eines Fahrzeugs voraussetzt, ab. Denn die Verursachung eigener Schuldunfähigkeit stellt nicht das Führen eines Fahrzeugs dar.[62]

---

60 AS-Skript Strafrecht AT 1 (2020), Rn. 330 ff.

61 Satzger Jura 2006, 513, 514.

62 BGH NStZ 1997, 228, 229.

Dagegen lässt der BGH die Anwendung auf andere Deliktsgruppen zu.[63] Hiernach kommt es darauf an, ob § 306 Abs. 1 ein verhaltensgebundenes Delikt darstellt. Der Begriff des Inbrandsetzens umschreibt jedoch lediglich die zurechenbare Verursachung eines Erfolgs, nämlich dass ein wesentlicher Teil des Gebäudes derart vom Feuer erfasst ist, dass er selbstständig weiterzubrennen in der Lage ist. Danach käme mit der Vorverlegungstheorie die Anwendung der a.l.i.c. hier in Betracht.

Gegen diese Theorie spricht jedoch, dass sie mit Versuchsgrundsätzen nicht zu vereinbaren ist. Die Begehung der Tat beginnt nach allg. Ansicht frühestens mit dem unmittelbaren Ansetzen gemäß § 22. Das setzt ein Handeln voraus, das aufgrund seiner zeitlich-räumlichen Nähe zur Tat ohne wesentliche Zwischenakte in die Tatbestandserfüllung münden sollte, sodass der Täter die Schwelle zum „Jetzt geht's los" überschreitet. Das trifft im Regelfall auf die Herbeiführung der eigenen Schuldunfähigkeit, so auch in diesem Fall, nicht zu. Es wäre auch nicht zu erklären, dass und warum der Täter, falls es zur Ausführung der Tat nicht kommt, strafbefreiend zurückgetreten sein oder wegen Versuchs strafbar sein sollte. Da es sich also um eine bloße Vorbereitungshandlung handelt, ist die Verursachung der Schuldunfähigkeit nicht Teil der Tatbestandserfüllung.

2. Dem versucht die **Werkzeugtheorie** dadurch zu entgehen, dass sie eine Parallele zur mittelbaren Täterschaft zieht. Bei der a.l.i.c. missbrauche der Täter sich selbst als schuldunfähig handelndes Werkzeug. Im Fall der mittelbaren Täterschaft liege das unmittelbare Ansetzen auch im Regelfall bereits in der Veranlassung der Begehung der Tat. Dagegen spricht jedoch, dass mittelbare Täterschaft gemäß § 25 Abs. 1 Alt. 2 die Begehung durch einen anderen voraussetzt. Das ist hier eindeutig nicht der Fall. Zudem wäre die Anwendung der a.l.i.c. auf eigenhändige oder Fahrlässigkeitsdelikte, bei denen mittelbare Täterschaft ausgeschlossen ist, damit nicht zu erklären. Danach lässt sich auch nicht begründen, dass die Verursachung der eigenen Schuldunfähigkeit Teil der Tatbestandserfüllung wäre. Da die a.l.i.c. somit zwar kriminalpolitisch berechtigt, aber mit dem Gesetz nicht zu vereinbaren ist, ist sie abzulehnen.

A hat sich nicht wegen Brandstiftung strafbar gemacht.

III. In Betracht kommt aber eine Strafbarkeit wegen Vollrausches gemäß **§ 323 a i.V.m. § 306 Abs. 1.**

1. Ein Rausch ist ein im Ganzen rauschmittelbedingter Zustand erheblicher Intoxikation mit der Folge nicht ausschließbarer Schuldunfähigkeit. Ob darüber hinaus ein bestimmter Mindestrauschgrad erheblich verminderter Schuldunfähigkeit erforderlich ist, ist umstritten. Hier war A schuldunfähig. A hat sich durch Alkohol und Medikamente in einen Rausch versetzt.

2. Insoweit handelte er auch vorsätzlich.

3. In diesem Zustand hat er rechtswidrig den Tatbestand des § 306 Abs. 1 Nr. 1 und 6 erfüllt, kann aber wegen Schuldunfähigkeit nicht bestraft werden.

4. A handelte hinsichtlich des Rausches rechtswidrig und schuldhaft.

Ergebnis: A ist strafbar gemäß § 323 a i.V.m. § 306 Abs. 1 Nr. 1 und 6.

---

63 BGH NStZ 2000, 584.

Fall 21: Notwehrexzess gemäß § 33, einverständliche Prügelei
(nach BGH StV 2006, 688)

Nach einer Auseinandersetzung mit K, durch die er sich blamiert fühlte, verabredete sich A mit K am Stadttheater, um die Angelegenheit „unter Männern" zu regeln. Mit einem Springmesser bewaffnet begab sich A zum vereinbarten Treffpunkt. Als er die Treppe zur Tiefgarage des Theaters hinunterging, riss ihm der plötzlich von hinten kommende K die Beine weg, brachte ihn zu Fall und trat ihm mehrmals in den Brust- und Bauchbereich. A konnte zunächst davonrennen, musste sich dann aber wegen eines Asthmaanfalls auf einer kleinen Mauer niedersetzen. Er zog das Messer, ließ die Klinge herausspringen und legte es griffbereit neben sich.

K holte ihn ein, setzte sich neben den A und erklärte: „Du weißt gar nicht, was ich mit dir machen kann, bis jemand kommt." Als K ausholte, um dem A einen Faustschlag zu versetzen, packte den A die Angst. Obwohl er sich bewusst war, dass K unbewaffnet und nur auf eine Schlägerei aus war, stach er dem K das Messer mit bedingtem Tötungsvorsatz in die Brust. K verstarb an der Stichverletzung.

Strafbarkeit des A wegen Totschlags?

Indem er dem K das Messer in die Brust stieß, könnte sich A wegen **Totschlags** gemäß **§ 212** strafbar gemacht haben.

1. Durch den Messerstich hat A den K vorsätzlich getötet.

2. Die Tat könnte jedoch gerechtfertigt gewesen sein.

a) In Betracht kommt **Notwehr** gemäß **§ 32**.

Man könnte auch hier bereits an eine rechtfertigende Einwilligung des K denken; jedoch war der Einsatz von Waffen von der vorherigen Abrede offensichtlich nicht gedeckt.

aa) Das setzt als **Notwehrlage** einen gegenwärtigen rechtswidrigen Angriff voraus.

(1) Angriff ist eine von menschlichem Verhalten drohende Beeinträchtigung rechtlich geschützter Interessen. Er ist gegenwärtig, wenn er unmittelbar bevorsteht oder noch andauert. Der drohende Faustschlag des K stellt danach einen gegenwärtigen Angriff auf die körperliche Unversehrtheit des A dar.

Die Feststellung einer Notwehrlage erfordert ggf. die Inzidenterprüfung einer Rechtfertigung des Angriffs.

(2) Der Angriff ist rechtswidrig, wenn er von dem Angegriffenen nicht zu dulden ist bzw. nach a.A., wenn er von der Rechtsordnung missbilligt wird. Hier könnte das Handeln des K durch eine rechtfertigende Einwilligung des A als sogenannte „einverständliche Prügelei" gerechtfertigt gewesen sein. Dann müsste in der vorherigen Verabredung von A und K, die Angelegenheit „unter Männern" zu regeln, eine **rechtfertigende Einwilligung** des A zu sehen sein.

(a) Die **Zulässigkeit** der Einwilligung in eine Körperverletzung folgt bereits aus § 228. Eine Ausnahme gilt hiernach jedoch für den Fall, dass die Tat trotz der Einwilligung gegen die guten Sitten verstößt, also mit dem Anstandsgefühl aller billig und gerecht Denkenden unvereinbar ist. Hierfür kommt es auf das der Tat nach den Umständen und der Art der Verletzung anhaftende Gefahren- und Eskalationspotential an. Darüber hinaus soll nach neuerer Rspr. auch die Erfüllung des Tatbestandes des § 231 zur Unzulässigkeit der Einwilligung führen.[64] Hier war Gegenstand der Verabredung weder eine Massenschlägerei noch der Einsatz von Waffen, was jeweils mit einem nicht mehr tolerierbaren Gefahrenpotential verbunden und daher sittenwidrig gewesen wäre.[65] Danach war die Einwilligung zulässig.

(b) A hatte auch die nötige sittliche und geistige Reife, um die Folgen des in einer Einwilligung liegenden Rechtsschutzverzichts überschauen zu können, und war daher **einwilligungsfähig**.

(c) Ferner setzt die Einwilligung ihre **Erklärung vor** und ihren **Fortbestand bei der Tat** sowie die **mangelfreie Willensbildung** voraus. Hier erscheint zweifelhaft, ob das Handeln des K von der vorherigen Verabredung überhaupt gedeckt war. Der unerwartete Angriff des K war nicht Gegenstand der Verabredung und damit der Einwilligung des A gewesen. Hierdurch hatte K den A wiederum in eine Lage gebracht, in der dieser aufgrund seines Asthmaanfalls erheblich in seinen Verteidigungsmöglichkeiten eingeschränkt war. Als K zu dem Faustschlag ausholte, war daher der Boden der beiderseitigen Verabredung bereits verlassen.

Da der Faustschlag des K von einer Einwilligung des A nicht gedeckt war, handelte es sich um einen gegenwärtigen rechtswidrigen Angriff.

bb) Der Messerstich stellt auch eine Verteidigungshandlung dar.

cc) Die **Erforderlichkeit** setzt voraus, dass die Verteidigung zur Abwehr des Angriffs **geeignet** und das relativ mildeste Mittel war. An der Eignung bestehen hier keine Zweifel. Um das **relativ mildeste Mittel** handelt es sich, wenn dem Angegriffenen keine Alternative zur Verfügung steht, die ex ante gleich sicher, sofort und endgültig zur Beendigung des Angriffs geeignet ist und die Rechtsgüter des Angreifers weniger schwer beeinträchtigt. Dies kann auch bei einem tödlichen Einsatz eines Messers der Fall sein, wenn ein weniger gefährlicher Einsatz in seiner Wirkung zweifelhaft bleibt. Auf einen Kampf mit ungewissem Ausgang braucht der Angegriffene sich nicht einzulassen. Allerdings ist der Angegriffene grundsätzlich gehalten, den Gebrauch eines lebensgefährlichen Werkzeugs zunächst anzudrohen oder dieses in weniger gefährlicher Weise einzusetzen, soweit dies zur Beseitigung der Gefahrenlage genügt.

Hier ist nicht ersichtlich, warum eine Drohung mit dem Messer oder ein weniger gefährlicher Einsatz nicht ausreichend gewesen wären, um den drohenden Faustschlag zu unterbinden. K war dem A weder körperlich überlegen noch seinerseits bewaffnet, sodass der tödliche Einsatz des Messers nur das allerletzte Mittel zur Beseitigung des Angriffs hätte sein dürfen. Daher war der tödliche Messerstich nicht erforderlich.

Notwehr scheidet danach aus.

b) Eine Rechtfertigung durch **Notstand** gemäß **§ 34** scheitert danach daran, dass die Gefahr anders abwendbar gewesen wäre.

3. Ein die Vorsatzstrafbarkeit ausschließender Erlaubnistatbestandsirrtum liegt nicht vor, da A in Kenntnis der Umstände handelte.

---

64 BGH RÜ 2015, 305.

65 BGH RÜ 2013, 302; BGH RÜ 2018, 707, 708.

4. Die Tat könnte jedoch als **Notwehrexzess** gemäß **§ 33** entschuldigt sein.

a) Das setzt nach h.M. das Bestehen einer **Notwehrlage** voraus, da § 33 nur den intensiven Notwehrexzess, also die Überschreitung der Grenzen des Erforderlichen oder des Gebotenen erfasst. Nach a.A. soll dagegen auch der extensive Exzess, also die Überschreitung der Grenzen der Gegenwärtigkeit des Angriffs, erfasst werden. Da hier eine Notwehrlage bestand, kann die Frage offen bleiben.

b) Der tödliche Messerstich überschritt die Grenzen des Erforderlichen (s.o.).

c) A müsste **aus Verwirrung, Furcht oder Schrecken** die Grenzen des Erforderlichen überschritten haben. Dabei handelt es sich um sogenannte „asthenische" Affekte, die im Gegensatz zu „sthenischen" Affekten wie Wut, Hass und Rache nicht auf Stärke und Überlegenheit, sondern auf einem Gefühl von Schwäche und Unterlegenheit beruhen. Darunter ist eine den Willen beherrschende Gefühlserregung als Folge einer subjektiv als ernsthaft empfundenen Bedrohung zu verstehen, die die Urteilsfähigkeit erheblich beeinträchtigt. Dies setzt nicht notwendig Todesangst voraus. Der Affekt muss ursächlich für das Überschreiten der Notwehrgrenzen gewesen sein. Hier kommt ein Handeln aus Furcht in Betracht. Den A hatte nach der Drohung des K und dem Ausholen zum Schlag die Angst gepackt. Danach muss im Zweifel vom Vorliegen eines solchen Affekts ausgegangen werden.

d) Nach bestrittener Rspr. setzt der Notwehrexzess ferner als subjektives Element ein Handeln mit Verteidigungswillen voraus.[66] Ob die Überschreitung der Grenzen bewusst oder unbewusst erfolgte, ist dagegen nach allg. Meinung ohne Bedeutung. Hier handelte A, um den Angriff des K abzuwehren. Der Streit um das Erfordernis des Verteidigungswillens kann daher offen bleiben.

Ergebnis: A hat sich daher gemäß § 33 nicht wegen Totschlags strafbar gemacht.

66 BGH NJW 2013, 2133; a.A. Brüning, ZJS 2013, 511; Jäger JA 2013, 708.

4. Teil: Täterschaft und Teilnahme

Fall 22: Mittäterschaft, Mittäterexzess
(nach BGH RÜ 2020, 372)

A und B gewannen den C für den Plan, gemeinschaftlich mit ihnen den Juwelier D auszurauben. Dieser hatte, wie die Beteiligten wussten, bei früheren Überfällen auf sein Geschäft die Täter durch Gegenwehr in die Flucht geschlagen. A besorgte daher eine Rolle Panzerklebeband zur Fesselung des D und – unter Verstoß gegen § 2 WaffG – einen geladenen Revolver, der ausschließlich zur Bedrohung des D eingesetzt werden sollte. Weil A und B mit D bekannt waren, betrat C mit dem Revolver das Lokal, während B vor dem Geschäft blieb und A in unmittelbarer Nähe auf einem Parkplatz mit einen Fluchtfahrzeug wartete. C bot D zunächst zum Schein Schmuckstücke zum Verkauf an. Hieraus entwickelte sich ein Streit, in dessen Verlauf C den D zunächst bedrohte und dann erschoss, um keinen Zeugen für seine Tat zurückzulassen. Mit dem Schmuck aus den Schaufensterauslagen verließ C das Geschäft und ergriff mit B und A die Flucht, auf der A vom Tod des D erfuhr. A veräußerte später die Beute und teilte den Erlös absprachegemäß mit B und C, bevor er gefasst werden konnte. B und C sind flüchtig.

Strafbarkeit des A nach dem StGB?

I. Indem er die Tat plante, die Tatmittel besorgte und das Fluchtfahrzeug fuhr, könnte sich A wegen **gemeinschaftlichen Raubes** gemäß **§§ 249 Abs. 1, 25 Abs. 2 StGB** strafbar gemacht haben.

1. Indem C den D mit dem Revolver bedrohte und erschoss, wendete er **Gewalt gegen die Person** des D an.

Bei dem Schmuck, mit dem C das Geschäft verließ, handelte es sich um auch für A **fremde bewegliche Sachen**.

Ob das Verlassen des Geschäfts mit dem Schmuck eine **Wegnahme**, also den Bruch fremden und die Begründung neuen Gewahrsams darstellt, könnte zweifelhaft erscheinen, weil D zu diesem Zeitpunkt bereits den Tod gefunden hatte. Jedoch setzt die Vollendung des Raubtatbestandes nicht voraus, dass das Opfer die Tat auch überlebt. Maßgeblich ist vielmehr, ob bei Versuchsbeginn an der Beute fremder Gewahrsam bestand, der unter Anwendung von qualifizierten Nötigungsmittel gebrochen und neu begründet wurde. Das ist hier der Fall.

Der Streit um die Frage, ob für die Wegnahme mit der Rspr. auf das äußere Erscheinungsbild oder mit der h.Lit. auf die subjektive Willensrichtung des Opfers abzustellen ist, kann dahingestellt bleiben, weil nach beiden Ansichten hier eine Wegnahme vorliegt.

2. Auch der von Teilen der Rspr. und Lit. vorausgesetzte **raubspezifische Zusammenhang** liegt vor, weil die Wegnahme durch die Anwendung des Nötigungsmittels ermöglicht wurde.

3. Das tatbestandsmäßige Handeln des C müsste sich A als **Mittäter** gemäß **§ 25 Abs. 2 StGB** zurechnen lassen. Die Beteiligten handelten auf der

Grundlage eines **gemeinsamen Tatplans**. Durch sein Handeln hat A zur Erfüllung des objektiven Tatbestandes **mitursächlich beigetragen**. Fraglich erscheint, ob seine Tatbeiträge auch seine Täterschaft begründen.

a) Nach der Lit. setzt das die **Tatherrschaft**, also das steuernde in-den-Händen-Halten des Geschehensablaufs voraus, sodass der Beteiligte die Tatbestandserfüllung nach eigenem Willen gestalten, fördern oder hemmen kann. Umstritten ist allerdings, in welcher Phase des Geschehens der Beteiligte seine Beiträge geleistet haben muss.

aa) Nach einem **engen** Tatherrschaftsverständnis begründet nur das arbeitsteilige Zusammenwirken bei der Ausführung der tatbestandsmäßigen Handlung die Tatherrschaft. Nur vorbereitende Tatbeiträge vermögen daher eine Täterschaft nicht zu begründen. A hatte hier nur die Tatmittel beschafft und war als Fahrer des Fluchtfahrzeugs an der Beutesicherung beteiligt, nicht aber an der unmittelbaren Ausführung der Tat. Hiernach scheidet eine täterschaftliche Beteiligung hier aus.

bb) Nach dem vorherrschenden **funktionalen** Tatherrschaftsverständnis ist eine Beteiligung an der unmittelbaren Ausführung jedoch nicht erforderlich, um Tatherrschaft zu begründen, wenn die Tatbeiträge im Übrigen bei wertender Betrachtung einen tatbeherrschenden Einfluss begründeten. Indem er die Tat plante, die Tatmittel besorgte und das Fluchtfahrzeug fuhr, nahm A einen beherrschenden Einfluss auf die Begehung des Überfalls, der das Fehlen einer unmittelbaren Beteiligung ausgleicht. Hiernach war A objektiv Mittäter.

b) Nach der von der heutigen Rspr. vertretenen **normativen Kombinationslehre** ist Mittäter, wer einen eigenen Tatbeitrag leistet und diesen so in die Tat einfügt, dass er als Teil der Handlung eines anderen Beteiligten und umgekehrt dessen Handeln als Ergänzung des eigenen Tatanteils erscheint. Mittäterschaft erfordert nicht zwingend eine Mitwirkung am Kerngeschehen selbst; vielmehr kann ein die Tatbestandsverwirklichung fördernder Beitrag, der sich auf eine Vorbereitungs- oder Unterstützungshandlung beschränkt, genügen. Maßgebliche Kriterien sind der Grad des eigenen Interesses an der Tat, der Umfang der Tatbeteiligung und die Tatherrschaft oder wenigstens der Wille zur Tatherrschaft, sodass Durchführung und Ausgang der Tat maßgeblich auch vom Willen des Tatbeteiligten abhängen.[67] Da die Beute geteilt werden sollte, hatte A auch den hiernach erforderlichen **Täterwillen**.

c) Gegen das enge Tatherrschaftsverständnis spricht, dass sie im Bereich organisierter und bandenmäßiger Kriminalität nicht in der Lage ist, die Beteiligtenrolle der maßgeblichen Beteiligten sachgerecht zu erfassen. In Fällen des Versuchs führt sie wegen der nur eingeschränkten Strafbarkeit versuchter Teilnahme (§ 30 Abs. 1 StGB) zu Strafbarkeitslücken, die weder vom Wortlaut noch von der Systematik des Gesetzes erzwungen werden.

A muss sich daher das Handeln des C wie eigenes zurechnen lassen.

4. Fraglich erscheint in subjektiver Hinsicht, ob das gesamte Geschehen auch von dem gemeinsamen Tatplan, also dem **Vorsatz** des A umfasst war.

---

67 BGH NStZ 2020, 730.

Der Revolver sollte hiernach nur zur Bedrohung des D eingesetzt werden. Ob der Gebrauch als Schusswaffe und die Tötung des D von dem gemeinsamen Tatplan umfasst waren, erscheint dagegen fraglich. Die qualifizierte Nötigung des D lag jedoch bereits in der Androhung des Schusswaffengebrauchs, sodass A auch Vorsatz hinsichtlich dieses Handelns hatte. Der Tatplan umfasste ferner den **Einsatz zu dem Zweck, die Wegnahme zu ermöglichen** und A hatte auch die Absicht rechtswidriger Zueignung durch die Veräußerung der Beute. Damit ist für A auch der subjektive Tatbestand erfüllt.

5. A handelte auch **rechtswidrig** und **schuldhaft**.

II. Darüber hinaus kommt eine Qualifikation als **gemeinschaftlicher besonders schwerer Raub** gemäß **§§ 250 Abs. 2 Nr. 1 Alt. 1, 25 Abs. 2 StGB** in Betracht.

1. Indem C den D mit dem Revolver bedrohte und erschoss, hat er als Beteiligter am Raub **eine Waffe bei der Tat verwendet**.

Da es für den Tatbestand ausreicht, dass ein anderer Beteiligter die Waffe verwendet, kommt es auf eine Zurechnung des Verwendens gemäß § 25 Abs. 2 StGB nicht an.[68]

2. Zwar war das Erschießen des D möglicherweise nicht vom gemeinsamen Tatplan umfasst, wohl aber die Bedrohung mit dem Revolver. A handelte daher auch insoweit **vorsätzlich** sowie **rechtswidrig** und **schuldhaft**.

III. Ferner könnte eine Qualifikation als **gemeinschaftlicher Raub mit Todesfolge** gemäß **§§ 251, 25 Abs. 2 StGB** vorliegen.

1. C hat, indem er den D erschoss, durch den Grundtatbestand des Raubes die **schwere Folge verursacht**. In dem Tod des D realisierte sich auch das der Verwirklichung des Grundtatbestandes anhaftende **spezifische Risiko**.

Ob C leichtfertig handelte, ist für die Strafbarkeit des A ohne Belang, da es für jeden Beteiligten nur darauf ankommt, ob er selbst leichtfertig handelte, § 18 StGB.

2. Als Mittäter ist A hierfür jedoch nur dann verantwortlich, wenn die für den Tod des Opfers ursächliche Handlung auch vom gemeinsamen Tatplan, also dem **Vorsatz** des A gedeckt war. Ein Beteiligter kann gemäß § 251 StGB als Mittäter des Raubes nur für die Folgen derjenigen Handlungen des den Tod des Opfers unmittelbar herbeiführenden Täters bestraft werden, die er in seine Vorstellungen von dem Tatgeschehen einbezogen hatte und ihm zumindest gleichgültig waren.

Ob von dem gemeinsamen Tatplan der Beteiligten umfasst war, den D zu erschießen, erscheint fraglich. Ausdrücklich war dies nicht verabredet. Vom gemeinsamen Tatplan sind aber auch solche Handlungen der anderen Beteiligten umfasst, mit denen nach den Umständen des Einzelfalles gerechnet werden muss.[69] Nach der getroffenen Vereinbarung sollte der Revolver jedoch ausschließlich zur Bedrohung des D eingesetzt werden und der Widerstand des D durch Fesselung beseitigt werden. Zwar zählt zu den sich aufdrängenden deliktstypischen Risiken auch, dass das Opfer eines unter Verwendung einer Waffe begangenen Raubes um Hilfe ruft oder sich zur Wehr setzt, und der (Mit-)Täter das Tatwerkzeug daraufhin in tödlicher Weise einsetzt, um eine Entdeckung der Tat zu verhindern. Ein solcher Geschehensablauf war jedoch von der Vorstellung des A nicht umfasst, auch wenn er wusste, dass D frühere Täter von Überfällen bereits in die Flucht geschla-

---

68 Fischer § 244 Rn. 28; BGH NStZ 2004, 263.

69 Fischer § 25 Rn. 36.

gen hatte. Danach handelt es sich bei der Tötung des D um einen Mittäterexzess, für den A nicht einzustehen hat.

IV. Die §§ 240, 242, 250 Abs. 1 Nr. 1 a) Alt. 1 StGB sowie die nach der Rspr. mitverwirklichte besonders schwere räuberische Erpressung gemäß §§ 255, 250 Abs. 2 Nr. 1 StGB treten hinter dem besonders schweren Raub zurück.

V. Weiter kommt eine Strafbarkeit wegen **gemeinschaftlichen Mordes** gemäß **§ 211 StGB** zur Verdeckung einer anderen Straftat in Betracht.

1. Indem C den D erschoss, hat er ihn **vorsätzlich getötet**.

2. Fraglich erscheint, ob A sich dies als **Mittäter** gemäß **§ 25 Abs. 2 StGB** zurechnen lassen muss. Zwar waren die Tatbeiträge mitursächlich für den Tod des D. Jedoch haftet jeder Mittäter für das Handeln der anderen nur im Rahmen seines zumindest bedingten Vorsatzes, sodass ihm ein Exzess der anderen nicht zur Last fällt.

Da, wie festgestellt, der gemeinsame Tatplan und der Vorsatz des A sich nicht auf die Tötung des D bezogen, stellt dieses Handeln einen Mittäterexzess dar, für den A auch unter dem Gesichtspunkt des Mordes nicht verantwortlich ist.

VI. Jedoch kommt danach eine Strafbarkeit wegen **fahrlässiger Tötung** des D gemäß **§ 222 StGB** infrage.

1. Durch seine Tatbeiträge hat A den **Tod des D mitverursacht**.

2. Sein Handeln müsste **fahrlässig** gewesen sein.

a) Die Planung des Überfalls und die Beschaffung des Revolvers stellen wegen der damit verbundenen Gefahr seines tödlichen Einsatzes bei der Tat und des Verstoßes gegen § 2 WaffG eine **Verletzung der objektiv gebotenen Sorgfalt** dar.

b) Angesichts der Wehrhaftigkeit des D war der tödliche Ausgang als Folge einer Eskalation auch **objektiv vorhersehbar**.

3. Der Tod des D müsste dem fahrlässigen Handeln auch **objektiv zuzurechnen** sein. Dagegen könnte sprechen, dass der Erfolg hier unmittelbar erst durch das vorsätzliche, der Verdeckung seiner Tat dienende Handeln des C verursacht wurde und deshalb möglicherweise ausschließlich in dessen Verantwortung fällt.[70] Für die objektive Zurechnung trotz des vorsätzlichen Handelns des C spricht jedoch, dass der Schutzzweck der verletzten Sorgfaltsregeln gerade darin liegt, auch die vorsätzliche Verwendung von Waffen durch Dritte zu verhindern, und in dem Einsatz des Revolvers durch C sich gerade das durch die Beschaffung der Waffe und deren Überlassung an ihn geschaffene Risiko realisiert hat.[71]

4. A handelte auch **rechtswidrig** und **fahrlässig-schuldhaft.**

Konkurrenzen und Ergebnis: Der gemeinschaftliche besonders schwere Raub und die fahrlässige Tötung wurden durch dieselbe Handlung begangen und konkurrieren daher tateinheitlich gemäß § 52 StGB.

---

70 Vgl. Sch/Sch/Eisele, StGB, 30. Aufl., vor § 13 Rn. 101 ff., 101j.

71 Vgl. AS-Skript Strafrecht AT 1 (2020), Rn. 437; BGH RÜ 2012, 438 [Fall Winnenden]).

Fall 23: Mittäterschaft bei Mord und Totschlag
(nach BGHSt 47, 128; BGH NStZ 2009, 627)

Im Laufe einer Auseinandersetzung erstach A den Obdachlosen O, weil er ihn als „nutzlos für die Gesellschaft" ansah. B, ebenfalls obdachlos, ermöglichte die Tötung, indem er O festhielt. Er kannte zwar die Gesinnung des A, handelte aber nur aus Angst, nicht später selbst von A attackiert zu werden.

Strafbarkeit von A und B?

A. Strafbarkeit des A

I. Infrage kommt **Mord** gemäß **§ 211** durch die Messerstiche.

1. Indem A den O erstach, hat er ihn vorsätzlich getötet.

2. Das objektive Mordmerkmal der **Heimtücke** setzt bewusstes Ausnutzen der Arg- und Wehrlosigkeit in feindlicher Willensrichtung voraus. Arglosigkeit liegt dabei nur dann vor, wenn das Opfer im Zeitpunkt des Versuchsbeginns der Tötung nicht mit einem Angriff auf sein Leben oder einem erheblichen Angriff auf die körperliche Unversehrtheit rechnet. Bei O war das nicht der Fall, weil die Tötung aus einer laufenden Auseinandersetzung heraus geschah.

3. Verwirklicht sein könnte jedoch das Mordmerkmal der niedrigen Beweggründe. „Niedrig" sind solche Handlungsantriebe, die nach allgemeiner sittlicher Wertung auf tiefster Stufe stehen, durch hemmungslose triebhafte Eigensucht bestimmt und deshalb besonders verwerflich, ja verachtenswert sind.[72] Wer einen anderen Menschen allein deshalb tötet, weil er in seiner Wertvorstellung als geringer eingeordnet wird, zeigt damit, dass er den **personalen Eigenwert** des Opfers völlig missachtet und sich aus reiner Willkür zum Herrn über Leben und Tod anderer aufspielt.[73] Die Tötung des O beruhte damit auf niedrigen Beweggründen.

4. In subjektiver Hinsicht müssen dem Täter auch die Umstände bewusst gewesen sein, die die Niedrigkeit seiner Beweggründe ausmachten, ohne dass er sie selbst so eingestuft haben muss.[74] Auch das ist bei A nicht in Zweifel zu ziehen.

5. Er handelte auch rechtswidrig und schuldhaft.

A hat demzufolge einen Mord aus niedrigen Beweggründen begangen.

II. Mitverwirklicht ist ein **Totschlag** gemäß **§ 212 Abs. 1**, der jedoch sowohl nach der Lit. als auch nach der Rspr. – trotz ihrer unterschiedlichen Konzeption dieser beiden Delikte – hinter § 211 im Wege der Gesetzeskonkurrenz infolge Spezialität zurücktritt.

III. Materiell subsidiär sind ferner die Körperverletzungsdelikte gemäß §§ 223, 224 als notwendiges Durchgangsstadium der Tötung.

Ergebnis: A ist strafbar wegen Mordes.

---

72 BGHSt 3, 132.

73 BGHSt 47, 128, 132.

74 BGH NJW 1994, 395, 396.

B. Strafbarkeit des B

I. Infrage kommt **gemeinschaftlicher Mord** gemäß **§§ 211, 25 Abs. 2** durch das Festhalten des O.

1. B hat durch das Festhalten des Tatopfers einen Verursachungsbeitrag für die Tötungshandlung des A geleistet.

2. Dies geschah aufgrund eines – wenn auch spontan gefassten – gemeinschaftlichen Tatentschlusses.

3. Auch wenn B nicht selbst auf sein Opfer einwirkte, war sein Tatbeitrag für das Gelingen der Tat entscheidend, weil dem O damit die Flucht vereitelt wurde. B hatte damit die Mitherrschaft über das Tatgeschehen, sodass nach objektiver Täterlehre, die hierauf entscheidend abstellt, aber auch nach subjektiver Täterlehre, die die Tatherrschaft als indiziell für den Täterwillen ansieht, Mittäterschaft zu bejahen ist.

4. B wollte dem A bei der Tatausführung helfen, und er wusste auch, dass O getötet werden würde, der Vorsatz zur mittäterschaftlichen Tötung lag also vor. Ob B wusste, dass A die Tat aus Verachtung gegenüber O und damit aus niedrigen Beweggründen beging, ist dagegen ohne Belang. Dies ergibt sich – unabhängig von dem umstrittenen Verhältnis der Tötungsdelikte – für die Rspr. aus dem subjektiven Charakter dieses Merkmals, das folglich nur für den Beteiligten gelten kann, der es auch aufweist, nach der h.Lit. aus § 28 Abs. 2, wonach es ebenfalls nur auf das Vorliegen in der Person des jeweiligen Beteiligten ankommt.

5. Fraglich ist jedoch, wie es sich auswirkt, dass B selbst nur aus Angst handelte, anderenfalls von A später selbst attackiert zu werden, also nicht aus derselben Gesinnung wie A.

a) Für die Rspr. sind alle Mordmerkmale strafbegründender Art. Bei den tatbezogenen Mordmerkmalen genügt für die Begründung der Mittäterschaft die bloße Kenntnis in der Person des anderen Mittäters gemäß § 16 Abs. 1 S. 1. Bei persönlichen Mordmerkmalen ist diese Kenntnis dagegen belanglos. Hier muss die fragliche Person selbst die Eigenschaft oder Einstellung zum Rechtsgut besitzen, um Täter sein zu können. Da B selbst nicht aus niedrigen Beweggründen handelte, scheidet danach seine Mittäterschaft zum Mord aus.[75]

b) Für die Lit., die in allen Mordmerkmalen qualifizierende Tatbestands- bzw. Schuldmerkmale erblickt, folgt die Lösung unmittelbar aus § 28 Abs. 2: Diese Vorschrift ordnet für Mittäter die Wahl der Strafnorm an, die mit bzw. ohne das jeweilige persönliche Merkmale in ihrer Person erfüllt sind. Das bedeutet im vorliegenden Fall, dass B unabhängig von der Strafbarkeit des A jedenfalls nicht als Mittäter eines Mordes strafbar ist.

II. Nach allen Ansichten ist B **Mittäter zum Totschlag, §§ 212, 25 Abs. 2**. Ein Schuldausschluss wegen entschuldigenden Notstandes nach § 35 Abs. 1 scheidet dabei aus, da die bloße Angst vor späteren Attacken ohne entsprechende Drohung des A nicht ausreicht, um als „gegenwärtige" Gefahr für Leib und Leben des B angesehen werden zu können.

---

75 BGH NStZ 2009, 627.

III. Die mitverwirklichte **Mittäterschaft zur gefährlichen Körperverletzung gemäß §§ 223, 224, 25 Abs. 2** tritt auch hier im Wege der Gesetzeskonkurrenz zurück.

IV. Fraglich ist allerdings, ob die Mitwirkung des B bei dem Erstechen zusätzlich noch den Vorwurf einer **Beihilfe zum Mord** gemäß **§§ 211, 27** auslöst.

1. A hat einen Mord verübt, sodass eine vorsätzlich begangene rechtswidrige Haupttat vorliegt. Diese Tat hat B durch das Festhalten des Opfers objektiv gefördert, also Hilfe geleistet.

2. B wollte die Tötung des O durch A fördern und handelte danach insoweit vorsätzlich. B kannte darüber hinaus die niedrigen Beweggründe in der Person des A, also die Umstände, die den Mord als Haupttat ausmachten. Fraglich ist jedoch, ob es hierauf ankommt und wie es sich auswirkt, dass B selbst nicht die persönlichen niedrigen Beweggründe besessen hat.

a) Nach der Rspr. steht dies einer akzessorischen Teilnahmebestrafung nicht entgegen. Da die Mordmerkmale keine strafschärfende Wirkung haben, wird die Akzessorietät der Teilnahme nicht durch § 28 Abs. 2 durchbrochen. Vielmehr muss die Beihilfe zum Mord aus Gründen der Klarstellung des unterschiedlichen Unrechtsgehalts in Tateinheit zum mittäterschaftlichen Totschlag im Schuldspruch erscheinen. Der Strafrahmen werde jedoch dem § 212 entnommen. Dieser entfalte – ungeachtet einer möglichen einfachen oder mehrfachen Strafmilderung (§§ 27 Abs. 2 S. 2, 28 Abs. 1) – eine Unterbegrenzung des Strafrahmens.[76]

b) Die Lit. wendet hier wiederum § 28 Abs. 2 an. Danach findet eine Akzessorietätsdurchbrechung unter Berücksichtigung der persönlichen Merkmale beim Teilnehmer statt. Die Kenntnis der niedrigen Beweggründe des A ist dagegen ohne Bedeutung. Das bedeutet, dass B, weil bei ihm das persönliche Mordmerkmal der niedrigen Beweggründe fehlte, auch nur der Beihilfe zum Totschlag schuldig wäre. Als minderschwere Form der Beteiligung wird diese jedoch von der Mittäterschaft zum Totschlag verdrängt.

c) Stellungnahme: Für die Rspr. können Entstehungsgeschichte, Wortlaut und Systematik des Gesetzes angeführt werden. Jedoch würde die Rspr. zur Vermeidung unbilliger Ergebnisse dem Gehilfen des Mordes keine Strafmilderung gemäß § 28 Abs. 1 gewähren, wenn er statt des fehlenden Mordmerkmals des Täters ein anderes gleichwertiges, etwa Habgier, aufweist. Sowohl diese Regeln der „gekreuzten Mordmerkmale" als auch die „Rechtsschöpfung" einer Strafrahmenuntergrenze des Totschlags bei doppelter Strafmilderung eines Mordteilnehmers zeigen, dass die Konstruktion der Rspr. des § 211 als eigenständiges Delikt neben § 212 nicht tragfähig ist. Der Sache nach stellt § 211 vielmehr eine Qualifikation des Totschlags dar, wodurch derartige gesetzwidrige Korrekturen zu vermeiden sind. Der Lit. ist daher zu folgen.

V. Als Beihilfe zum Totschlag tritt die Teilnahme des B an der Tat des A hinter der täterschaftlichen Beteiligung zurück.

Ergebnis: B ist strafbar wegen mittäterschaftlichen Totschlags.

---

76 BGH NStZ 2006, 288.

Fall 24: Mittelbare Täterschaft bei tatbestandslos-dolosem Werkzeug
(nach OLG Karlsruhe RÜ 2004, 656)

Der Vorstand der Krankenkasse K hatte eine neue Firmenphilosophie beschlossen, nach der alle Mitarbeiter der K auch bei dieser selbst versichert sein sollten. Geschäftsführer G wies deshalb den ihm unterstellten Abteilungsleiter A an, in seinem Zuständigkeitsbereich privat versicherte Angestellte in Einzelgesprächen zu veranlassen, aus ihrer bisher bestehenden Versicherung in die K zu wechseln. Sollten sie nicht bereit sein, der neuen „Leitlinie" der K zu folgen, so seien sie im lukrativeren kundennahen Außendienst untragbar und würden in den Innendienst versetzt. A führte daraufhin ein Vier-Augen-Gespräch mit Mitarbeiter M, in dem er ihm die „ihm von oben diktierte und von ihm nicht beeinflussbare Firmendoktrin" erläuterte. M kündigte daraufhin seine andere Versicherung und wechselte zur K.

Strafbarkeit der Beteiligten?

Vorüberlegung: *Wo eine mittelbare Täterschaft in Betracht kommt, ist – sofern dies von der Fragestellung umfasst ist – immer mit der Strafbarkeit des möglichen Tatmittlers zu beginnen, da hier die Vorfragen für die mittelbare Täterschaft des anderen Beteiligten geklärt werden.*

A. Strafbarkeit des A

A könnte sich wegen **Nötigung** des M zum Wechsel der Krankenkasse gemäß **§ 240** strafbar gemacht haben.

Als Nötigungsmittel kommt hier die **Drohung mit einem empfindlichen Übel** in Betracht.

1. Ein empfindliches Übel setzt einen Nachteil von solcher Erheblichkeit voraus, dass seine Ankündigung geeignet erscheint, den Bedrohten im Sinne des Täterverlangens zu motivieren. Die angekündigte Versetzung in den Innendienst stellte für den M ein solches Übel dar.

2. Eine Drohung ist das Inaussichtstellen eines Nachteils für den Fall, dass sich der Bedrohte nicht beugt und auf dessen Eintritt der Drohende Einfluss zu haben vorgibt. A stellte aber in dem Vier-Augen-Gespräch mit dem M das Übel gerade nicht als von seinem Willen abhängig dar, sondern wies vielmehr auf die Unternehmensphilosophie der K hin. A gab gegenüber dem M zu erkennen, dass es sich bei der Versetzung um eine „von oben" diktierte, im Fall der Verweigerung des verlangten Wechsels zu vollziehende Maßnahme handele. In der Person des A beinhaltete die Mitteilung der gegebenenfalls drohenden Nachteile demnach lediglich eine von der Drohung zu unterscheidende bloße Warnung.

Mangels tatbestandsmäßiger Handlung hat sich A nicht wegen Nötigung strafbar gemacht.

B. Strafbarkeit des G

G könnte sich wegen **Nötigung** des M **in mittelbarer Täterschaft** durch den A gemäß **§§ 240, 25 Abs. 1, Alt. 2** strafbar gemacht haben.

1. G müsste dem M durch den A ein empfindliches Übel angedroht haben.

a) Die angekündigte Versetzung in den Innendienst stellte für M ein empfindliches Übel dar.

b) Fraglich ist, ob G dem M durch den A damit gedroht hat.

aa) Das Inaussichtstellen der Versetzung durch den A stellt zwar in dessen Person keine **Drohung** im o.a. Sinne dar. Ließe sich die Ankündigung jedoch gemäß § 25 Abs. 1, Alt. 2 dem G zurechnen, so wäre der Eintritt des Nachteils als von dessen Willen abhängig anzusehen. Damit handelt es sich für den G nicht nur um eine Warnung, sondern um eine Drohung.

Das zuzurechnende Handeln braucht also nicht in der Person des Tatmittlers, sondern nur in der Person des Hintermannes tatbestandsmäßig zu sein.

bb) Voraussetzung der **Zurechnung gemäß § 25 Abs. 1, Alt. 2** ist zunächst ein **eigener Veranlassungs- oder Förderungsbeitrag** des Hintermannes. Hier wies G den A an, mit den Mitarbeitern Einzelgespräche zu führen. Damit liegt ein eigener Verursachungsbeitrag des G vor.

cc) Unter welchen Voraussetzungen der eigene Tatbeitrag eine **täterschaftliche Zurechnung** begründet, ist umstritten.

(1) Nach der in der Lit. vertretenen **materiell-objektiven Theorie** müsste G die Tatherrschaft besessen haben. Diese ergibt sich i.d.R. nach dem Verantwortungsprinzip als Wissens- oder Willensherrschaft aus einem strafrechtlichen Verantwortungsdefizit des Tatmittlers, verbunden mit einer überlegenen Stellung des Veranlassers.

Hier handelte A in seiner Person nicht tatbestandsmäßig gemäß § 240. Er war daher **tauglicher Tatmittler**. In der Person des G stellt die Ankündigung der Versetzung dagegen eine tatbestandsmäßige Handlung dar. Ob dies allein ausreicht, um die Täterschaft des G zu begründen, erscheint jedoch zweifelhaft, weil A selbst in voller Kenntnis der strafrechtlich relevanten Umstände handelte.[77]

Nach einer Ansicht innerhalb der Tatherrschaftslehre folgt die **Tatherrschaft bei normativem Verständnis** bereits aus der Tatsache, dass die Ankündigung der Versetzung nur in der Person des G eine Drohung darstellt. Ein derartiger rechtlich beherrschender Einfluss begründe die mittelbare Täterschaft.

Man spricht in diesen Fällen auch von mittelbarer Täterschaft durch ein tatbestandslos-doloses Werkzeug.

Nach a.A. genügt dies noch nicht; vielmehr bedarf es zur Begründung mittelbarer Täterschaft einer tatsächlichen Möglichkeit des Hintermannes, **steuernden Einfluss auf das Handeln des Tatmittlers** zu nehmen. Hier war G der Vorgesetzte des A und hatte in dieser Eigenschaft die Möglichkeit, Druck auf den A auszuüben. Hätte A die Ausführung der Weisung verweigert, so hätte er seinerseits mit Nachteilen in seiner Berufsausübung rechnen müssen. Auch hiernach lag die Tatherrschaft bei G.

(2) Nach der von der Rspr. zugrunde gelegten **normativen Kombinationslehre** kommt es auf den **Täterwillen** an, der im Wege wertender Betrachtung aus den Gesamtumständen, insbesondere dem Umfang der Beteiligung, dem Eigeninteresse am Erfolg der Tat, der Tatherrschaft oder dem Willen zur Tatherrschaft zu entnehmen ist. Hier war G seinerseits den Vorgesetzten für die Durchsetzung der neuen Linie verantwortlich und verfolgte deshalb auch eigene Interessen. Da er auch die Tatherrschaft besaß, handelte er mit Täterwillen.

---

77 AS-Skript Strafrecht AT 2 (2019), Rn. 75.

Hiernach muss sich G das Handeln des A gemäß § 25 Abs. 1, Alt. 2 zurechnen lassen.

2. Der Wechsel der Krankenkasse stellt einen tatbestandsmäßigen Nötigungserfolg dar.

3. Da M handelte, um die ihm drohenden Nachteile zu vermeiden, besteht auch der erforderliche Motivationszusammenhang zwischen Nötigungshandlung und -erfolg.

4. G handelte auch vorsätzlich.

5. Gemäß § 240 Abs. 2 ist die Nötigung nur dann rechtswidrig, wenn das Mittel zur Erreichung des Zwecks verwerflich ist.

a) Rechtfertigungsgründe für den G liegen nicht vor.

b) Wegen Verstoßes gegen das Maßregelungsverbot des § 612 a BGB und mangels Deckung durch das Direktionsrecht des Arbeitgebers war die Drohung als Mittel zur Veranlassung eines Wechsels der Krankenkasse auch verwerflich.

6. G handelte auch schuldhaft.

G hat sich wegen Nötigung in mittelbarer Täterschaft strafbar gemacht.

C. Durch seine Mitwirkung an der Nötigung des M könnte sich **A** als **Gehilfe** gemäß **§§ 240, 27** strafbar gemacht haben.

Der tatbestandslos-dolos handelnde Tatmittler kann auch Gehilfe sein!

I. Vorsätzliche rechtswidrige Tat des G war dessen in mittelbarer Täterschaft begangene Nötigung gemäß §§ 240, 25 Abs. 1 Alt. 2

II. Durch Ausführung der Tathandlung hat A dem G die Nötigung ermöglicht und dadurch Hilfe geleistet.

III. A handelte in Kenntnis und Billigung der Umstände und daher vorsätzlich.

IV. A handelte auch rechtswidrig gemäß § 240 Abs. 2 und schuldhaft.

Ergebnis: G hat sich wegen Nötigung in mittelbarer Täterschaft, A wegen Beihilfe dazu strafbar gemacht.

Fall 25: Beteiligung am Unterlassungsdelikt

Nachbar N hat für den O während dessen Urlaubsabwesenheit das Gießen der Blumen in der Wohnung übernommen. Als der andere Nachbar A hiervon hört, sieht er die Gelegenheit gekommen, beiden eins auszuwischen. Er erklärt dem überraschten N, dass man eine bestimmte wertvolle Zimmerpflanze, wie sie auch Blumenliebhaber O besitzt, auf keinen Fall „übergießen" dürfe. Selbst bei dem derzeit herrschenden Hochsommerwetter vertrage die Blume allenfalls alle zwei Wochen einen Guss, da sie andernfalls verfaule. N sieht daraufhin vom weiteren Begießen der Pflanze des O ab. Als dieser nach drei Wochen aus dem Urlaub zurückkehrt, ist die Pflanze vertrocknet.

Strafbarkeit des A?

Indem A den N veranlasste, die Blume des O nicht mehr zu gießen, könnte er sich wegen **Sachbeschädigung** gemäß **§ 303 Abs. 1** strafbar gemacht haben.

1. Die Pflanze stellte für A eine fremde Sache dar. Da die Pflanze vertrocknet ist, ist der tatbestandsmäßige Erfolg eingetreten. Da die Blume ohne Einwirkung auf N gegossen worden und mit an Sicherheit grenzender Wahrscheinlichkeit nicht vertrocknet wäre, hat A durch sein Handeln den Erfolg verursacht.

2. Im Hinblick darauf, dass erst das Unterlassen weiteren Gießens der Blume durch N den Erfolg verursacht hat, könnte in Betracht kommen, die Tat als Unterlassungsdelikt anzusehen, sodass die Tatbestandserfüllung eine Garantenstellung des A voraussetzen würde.[78] Die Kriterien für die Abgrenzung von Tun und Unterlassen sind umstritten.

s.o. Fall 3

a) Legt man die Energieeinsatzformel zugrunde, so handelt es sich vorliegend um ein Begehungsdelikt, weil A durch aktives Tun den Kausalverlauf in Gang gesetzt hat.

b) Nach der Schwerpunktformel kommt es auf den Schwerpunkt der Vorwerfbarkeit und des sozialen Sinngehalts des Verhaltens des A an. Hier hatte A nicht etwa gegenüber O die Pflicht übernommen, die Blumen gießen zu lassen. Dann nämlich wäre in der Nichterfüllung dieser Einstandspflicht der Schwerpunkt der Vorwerfbarkeit zu sehen. Es ist auch nicht ersichtlich, aus welchem sonstigen Grunde A dem O zur Erhaltung seiner Blumen verpflichtet gewesen sein sollte. Danach liegt der Schwerpunkt des Sinngehalts seines Verhaltens in der aktiven Einwirkung auf den N. Einer Garantenpflicht bedarf es daher nicht.

Fehlt eine besondere Handlungspflicht, liegt der Schwerpunkt der Vorwerfbarkeit stets im aktiven Tun.

3. Da der Kausalzusammenhang erst durch das Unterlassen des N vermittelt wird, erscheint jedoch zweifelhaft, ob dem A die Verursachung des tatbestandlichen Erfolgs als **täterschaftliche Begehung** zuzurechnen ist. Nach h.M. ist bei der Förderung oder Veranlassung fremden Unterlassens nach den eingesetzten Mitteln zu differenzieren.[79] Bedient sich der Veranlasser solcher Mittel, die bei Veranlassung fremden Tuns seine mittelbare

Die Frage, ob es sich um unmittelbare oder mittelbare Täterschaft handelt, ist eher terminologischer Art und bedarf keiner Erörterung.

---

78 So BGH NJW 1995, 204.

79 Vgl. AS-Skript Strafrecht AT 1 (2020), Rn. 504; Strafrecht AT 2 (2019), Rn. 86.

Täterschaft begründen würden, haftet er als Täter, wobei hier zum Teil unmittelbare, zum Teil mittelbare Täterschaft angenommen wird. Andernfalls kann die Veranlassung oder Förderung der durch Unterlassen verursachten Rechtsgutverletzung nur als Teilnahme an dem Unterlassungsdelikt des anderen Beteiligten geahndet werden.

Als Fälle mittelbarer Täterschaft sind vor allem diejenigen anzusehen, in denen der Veranlasser durch Täuschung oder Ausübung von Zwang die Wissensherrschaft bzw. Willensherrschaft über das Handeln des anderen Beteiligten hat. Hier täuschte A den N über die Notwendigkeit weiteren Gießens der Pflanze, was zur Folge hatte, dass N selbst die Pflanze nur fahrlässig verderben ließ. Da N folglich für den Schaden nicht vorsätzlich verantwortlich war, hatte A die Wissensherrschaft hinsichtlich der Tatbestandserfüllung. Danach ist dem A die Erfolgsverursachung als täterschaftlich bewirkt zuzurechnen.

4. Gründe für den Ausschluss der objektiven Zurechnung sind nicht ersichtlich.

5. A handelte auch **vorsätzlich**, **rechtswidrig** und **schuldhaft**.

6. Gemäß § 303 c setzt die Verfolgung einen Strafantrag oder die Annahme eines besonderen öffentlichen Interesses durch die Staatsanwaltschaft voraus.

Ergebnis: A hat sich wegen Sachbeschädigung strafbar gemacht.

Fall 26: Beteiligung durch Unterlassen, Nebentäterschaft
(nach BGH NStZ 2009, 321; BGH RÜ 2009, 302)

A, B und C verbüßten eine Freiheitsstrafe in der JVA Dortmund, wo sie zusammen in einem Haftraum untergebracht waren. Der schüchterne und zurückhaltende C wurde dort von A und B in einer „Atmosphäre der Gewalt" gequält und gedemütigt. So wurde er von ihnen u.a. gezwungen, Purzelbäume zu schlagen, eine Heringszubereitung zu essen, bis er sich erbrach, und mit heruntergelassener Hose in gebückter Haltung sexuelle Handlungen an sich zu dulden. Eines Tages zwang B den C unter Androhung von Schlägen, auf einen Stuhl zu steigen und den Kopf in eine von B an einem Heizungsrohr angebrachte Schlinge zu stecken. Als B, der den C nicht töten wollte, den Stuhl wegzuziehen begann und C in Luftnot geriet, schritt der anwesende, aber bis dahin unbeteiligte A ein, worauf B von C abließ.

Strafbarkeit des A wegen der Misshandlung des C mit der Schlinge?

I. In Betracht kommt eine Strafbarkeit wegen **gemeinschaftlicher Nötigung** gemäß **§§ 240, 25 Abs. 2**. Dann müsste A zu dem Handeln des B einen aktiven Tatbeitrag geleistet haben. Die bloße Anwesenheit und die Kenntnis des Handelns des B stellen jedoch keinen für die Beeinträchtigung des C kausalen Tatbeitrag dar. Danach scheidet die Annahme eines Begehungsdelikts aus.

II. In Betracht kommt jedoch eine Strafbarkeit gemäß **§§ 240, 25 Abs. 2, 13** wegen **gemeinschaftlicher Nötigung durch Unterlassen**.

1. Indem B den C unter Androhung von Schlägen zwang, den Kopf in die Schlinge zu stecken, hat er ihn durch Drohung mit einem empfindlichen Übel zu einem Tun genötigt.

2. Dies muss sich A als Mittäter gemäß § 25 Abs. 2 zurechnen lassen, wenn er aufgrund eines gemeinsamen Tatplans mit B dagegen nicht eingeschritten ist, obwohl ihm dies möglich war und er gemäß § 13 hierzu verpflichtet war. Fraglich erscheint jedoch bereits das Vorliegen eines gemeinsamen Tatplans. Zwar kann die dafür erforderliche Willensübereinstimmung auch spontan während der Begehung einer Tat hergestellt werden. Jedoch begründet die einseitige Duldung des Handelns eines Anderen noch keine Willensübereinstimmung mit diesem. Zwar hatte sich A an den früheren Misshandlungen des C durch B gemeinschaftlich beteiligt. Dies spricht jedoch noch nicht dafür, dass auch in diesem Fall das erforderliche Einvernehmen zwischen B und A bestanden hätte. Danach scheidet eine Mittäterschaft aus.

III. Jedoch kann sich A als **Nebentäter** durch Unterlassen an der Misshandlung des C gemäß **§§ 240, 13** beteiligt haben.

Um Nebentäterschaft handelt es sich, wenn an derselben Tat mehrere als Täter beteiligt sind, ohne Mittäter zu sein.

1. A hätte die Möglichkeit gehabt, die von B verübte Nötigung des C zu unterbinden. Hätte er diese genutzt, wäre die Nötigung des C mit an Sicherheit grenzender Wahrscheinlichkeit unterblieben. Daher hat A den tatbestandsmäßigen Erfolg durch Unterlassen verursacht.

2. Fraglich erscheint, ob A die gemäß § 13 erforderliche Garantenstellung hatte. Diese könnte sich hier aus Ingerenz wegen der Beteiligung des A an den vorausgegangenen Misshandlungen des C ergeben. Dafür ist Voraussetzung, dass hierdurch die nahe Gefahr des Eintritts des tatbestandsmäßigen Erfolges verursacht wurde. Durch sein Vorverhalten hatte A dem B zu verstehen gegeben, dass dieser sich bei weiteren Demütigungen und Misshandlungen vergleichbarer Art keine Hemmungen aufzuerlegen brauche, und die Gefahr weiterer Straftaten – zumal angesichts der Zellensituation – für den C deutlich erhöht. Daher traf den A die Pflicht, weitere Straftaten des B zum Nachteil des C zu verhindern.

3. Zweifelhaft erscheint, ob das Unterlassen seines Einschreitens eine Strafbarkeit wegen nebentäterschaftlicher Nötigung durch Unterlassen oder lediglich eine Strafbarkeit wegen Beihilfe durch Unterlassen zu der Nötigung durch den B begründet.

Bei der Abgrenzung von Täterschaft und Teilnahme scheidet eine täterschaftliche Begehung unstreitig aus, wenn es sich bei der Tat um ein Sonderdelikt handelt und dem Beteiligten die Tätertauglichkeit fehlt. Das ist jedoch bei Nötigung nicht der Fall.

Ebenso unstreitig handelt es sich um einen Fall täterschaftlicher Beteiligung, wenn die Tatherrschaft nach den Grundsätzen mittelbarer Täterschaft bei dem unterlassenden Garanten liegt, weil der aktiv Beteiligte für sein Handeln die strafrechtliche Verantwortung nicht trägt. Auch das ist hier nicht der Fall, da B selbst in voller Verantwortung handelte.

Im Übrigen ist die **Abgrenzung von Täterschaft und Teilnahme** im Fall der Beteiligung durch Unterlassen an fremdem Tun in Rspr. und Lit. umstritten.[80]

a) In der Lit. wird überwiegend nach **Tatherrschaftsgrundsätzen** entschieden. Hiernach stellt im Verhältnis zu dem durch aktives Tun Beteiligten der durch Unterlassen Beteiligte allenfalls eine Randfigur des Geschehens dar, sodass er regelmäßig lediglich als Gehilfe anzusehen ist. Erst wenn der durch aktives Tun Beteiligte die Tatherrschaft verliert oder aus der Hand gibt, kann der durch Unterlassen Beteiligte zum Täter werden.

B hatte aufgrund seiner aktiven Beteiligung die Tatherrschaft. Danach ist die Nötigung des C dem A hier nicht als täterschaftlich verursacht zuzurechnen.

b) Die Rspr. folgt insoweit der **normativen Kombinationslehre** und entscheidet aufgrund einer wertenden Betrachtung nach den Gesamtumständen der Tat über den Täter- oder Teilnehmerwillen. Verfolgt der Beteiligte ein eigenes Interesse am Taterfolg, so handelt es sich um eine täterschaftliche Beteiligung. Lässt er dem Geschehen dagegen ohne innere Beteiligung nur freien Lauf, so kommt nur Beihilfe in Betracht.[81]

Danach handelte A hier nicht als Täter. Maßgeblich gesteuert wurde das Nötigungsgeschehen von B, der die Tatbestandsverwirklichung in den Händen hielt, während A sie bis zu seinem Eingreifen lediglich ablaufen ließ. Auch unter Berücksichtigung seiner Beteiligung an den vorherigen Misshandlungen war A nur Randfigur des Geschehens ohne eigenes Interesse.

---

80 AS-Skript Strafrecht AT 2 (2019), Rn. 88.

81 BGH RÜ 2018, 638, 640.

c) Ein Teil der Lit. will demgegenüber nach **Art der Garantenpflichten** differenzieren. Der Inhaber einer Obhutsgarantenstellung sei regelmäßig Täter, der Aufsichtsgarant dagegen lediglich Teilnehmer.

Hier traf den A eine Aufsichtsgarantenpflicht aus Ingerenz. Danach scheidet ebenfalls die Annahme von Täterschaft aus.

d) Nach anderer Auffassung stellen Unterlassungsdelikte **Pflichtdelikte** dar, deren Tatbestandserfüllung stets eine Strafbarkeit wegen täterschaftlicher Beteiligung auslöse. Hiernach ist das Unterlassen der Erfolgsverhinderung durch A als täterschaftliches Unterlassen anzusehen.

e) Gegen diese Ansicht spricht, dass die Kategorie der Pflichtdelikte unergiebig ist für die Abgrenzung der Teilnahmeformen. Jede Strafbarkeit setzt die Verletzung eigener Pflichten voraus, daher wäre danach stets von einer Art Einheitstäterschaft auszugehen. Zudem widerspricht die Annahme einer regelhaften Täterschaft bei Garantenpflichtverletzungen der Gleichstellungsklausel des § 13. Es ist nicht einleuchtend, warum bei der Beteiligung durch aktives Tun zwischen Täterschaft und Teilnahme zu unterscheiden, bei derjenigen durch Unterlassen aber stets Täterschaft anzunehmen sein soll. Dieser Ansicht kann daher nicht gefolgt werden. Danach ist hier eine täterschaftliche Zurechnung ausgeschlossen.

Da die übrigen Ansichten zu derselben Lösung kommen, bedarf es insoweit keiner Stellungnahme.

IV. Danach kommt eine Beihilfe durch Unterlassen zur Nötigung des C durch B gemäß **§§ 240, 27, 13** in Betracht.

1. Das setzt eine vorsätzliche und rechtswidrige Tat des B gemäß § 240 voraus. Wie bereits oben festgestellt, hat B den objektiven Tatbestand der Nötigung erfüllt. B handelte auch vorsätzlich. Die Drohung mit Schlägen war auch zur Erreichung des Zwecks schon wegen der Gefährlichkeit verwerflich.

Da die Fragestellung die Strafbarkeit des B nicht umfasste, kann dies erst hier inzidenter geprüft werden.

2. A hatte auch die tatsächliche Möglichkeit und die rechtliche Pflicht gemäß § 13, gegen das Handeln des B einzuschreiten. In diesem Falle wäre die Nötigung des C unterblieben oder zumindest erschwert worden. Danach hat A auch gemäß § 27 Hilfe geleistet.

3. A handelte auch vorsätzlich, rechtswidrig und schuldhaft.

4. Seine Strafe ist jedoch gemäß § 27 Abs. 2 und kann darüber hinaus gemäß § 13 Abs. 2 gemildert werden.

V. In Betracht kommt auch eine Beihilfe durch Unterlassen zur gefährlichen Körperverletzung gemäß **§§ 223, 224 Abs. 1 Nr. 2 und 5, 27, 13**.

1. Indem B den C zwang, den Kopf in die Schlinge zu stecken, sodass dieser in Luftnot geriet, hat er ihn mittels eines gefährlichen Werkzeugs und einer das Leben gefährdenden Behandlung vorsätzlich und rechtswidrig körperlich misshandelt.

2. Auch hierzu hat A, wie vorher ausgeführt, durch Unterlassen vorsätzlich, rechtswidrig und schuldhaft Hilfe geleistet.

3. Jedoch sind auch insoweit §§ 27 Abs. 2, 13 Abs. 2 anzuwenden.

Ergebnis: A ist strafbar gemäß §§ 223, 224 Abs. 1 Nr. 2 und 5, 27, 13; 240, 27, 13; 52.

Fall 27: Anstiftung/Aufstiftung bei Qualifikation und Erfolgsqualifikation
(nach BGHSt 19, 339)

Der 16-jährige A machte im Sportartikelgeschäft der M eine kaufmännische Lehre. Als er von seinem gleichaltrigen Freund B erfuhr, dass dieser mal wieder pleite sei, schlug er ihm vor, die M in ihrem Laden zu überfallen und die Beute zu teilen. M solle aber nicht verletzt werden und er selbst wolle zur Tatzeit nicht anwesend sein, um seinen Lehrabschluss nicht zu gefährden. B ging darauf ein. Da A mit Widerstand der resoluten M rechnete, platzierte er später ohne Wissen des B einen Baseballschläger in der Nähe des Kassentresens, damit B sich dessen bedienen könne. Während A die Berufsschule besuchte, führte B die Tat aus. Tatsächlich benutzte er dabei aufgrund eines spontanen Entschlusses den vorgefundenen Schläger, um die M durch einen Schlag auf den Kopf niederzuschlagen und das Geld aus der Ladenkasse zu entwenden. Hierdurch wurde M tödlich verletzt. Dies hatten weder A noch B gewollt.

Strafbarkeit der (strafrechtlich verantwortlichen) Beteiligten?

A. Strafbarkeit des B

I. Eine Strafbarkeit wegen **Totschlags** oder **Mordes** gemäß **§§ 212, 211** scheidet mangels Tötungsvorsatzes aus.

II. In Betracht kommt jedoch eine Strafbarkeit wegen **Körperverletzung mit Todesfolge** gemäß **§ 227**.

1. Indem er die M mit dem Baseballschläger niederschlug, hat B die M gemäß §§ 223 Abs. 1, 224 Abs. 1 Nr. 2 und 5 vorsätzlich mittels eines gefährlichen Werkzeugs und einer das Leben gefährdenden Behandlung körperlich misshandelt und an der Gesundheit geschädigt. Der Grundtatbestand ist damit erfüllt.

2. Hierdurch hat B auch den Tod der M verursacht.

3. B müsste gemäß § 18 fahrlässig gehandelt haben. Die Verletzung der gebotenen Sorgfalt liegt bereits in der vorsätzlichen gefährlichen Körperverletzung. Dass ein Schlag mit einem Baseballschläger auf den Kopf zu tödlichen Verletzungen führen kann, ist auch vorhersehbar. Daher handelte B fahrlässig.

4. Der Tod der M ist dem Handeln des B auch nach allgemeinen Regeln objektiv zuzurechnen. Darüber hinaus hat sich in dem Tod der M auch das dem Schlag spezifisch anhaftende Risiko tödlicher Verletzung realisiert.

5. B handelte rechtswidrig und fahrlässig-schuldhaft.

B hat sich wegen Körperverletzung mit Todesfolge strafbar gemacht.

III. Die mitverwirklichten **§§ 222, 223, 224 Abs. 1 Nr. 2 und 5** treten dahinter zurück.

IV. Darüber hinaus kommt eine Strafbarkeit wegen **Raubes mit Todesfolge** gemäß **§§ 249, 251** in Betracht.

1. Indem B die M niederschlug, um das Geld aus der Kasse zu entwenden, hat er vorsätzlich mit Gewalt gegen die Person der M fremde bewegliche Sachen weggenommen, um sich diese rechtswidrig zuzueignen. Damit ist der Grundtatbestand des Raubes gemäß § 249 erfüllt.

2. Durch die Gewaltanwendung hat B auch den Tod der M verursacht.

3. B müsste leichtfertig gehandelt haben. Das setzt eine gesteigerte Form von Fahrlässigkeit voraus. Ein Schlag mit einem Baseballschläger auf den Kopf ist mit einem besonders hohen Risiko tödlicher Verletzungen verbunden. Daher handelte B leichtfertig.

4. In dem Tod der M hat sich auch das der Gewaltanwendung und damit dem Raub spezifisch anhaftende Risiko realisiert.

5. B handelte rechtswidrig und leichtfertig-schuldhaft.

V. Die durch das Verwenden des Schlägers und die lebensgefährliche Misshandlung der M mitverwirklichten **§§ 249, 250 Abs. 1 Nr. 1 lit. a) und Abs. 2 Nr. 1 und Nr. 3 lit. a) und lit. b)** treten dahinter zurück.

B hat sich gemäß §§ 251, 227, 52 strafbar gemacht.

B. Strafbarkeit des A

Da gerade fraglich erscheint, inwieweit A für die Qualifikation einzustehen hat, empfiehlt sich, zunächst mit dem Grunddelikt zu beginnen.

↳ hier der § 251

I. Eine Strafbarkeit wegen **gemeinschaftlichen Raubes** gemäß **§§ 249, 25 Abs. 2** setzt voraus, das sich A das Handeln des B als Mittäter zurechnen lassen muss. Zwar bestand zwischen A und B ein gemeinsamer Tatplan. Auch hat A durch den Vorschlag und das Hinterlassen des Baseballschlägers eigene objektive Tatbeiträge geleistet. Fraglich erscheint jedoch, ob diese seine Täterschaft begründen. Gegen die nach h.Lit. erforderliche Tatherrschaft spricht, dass A nicht am Tatort war und deshalb auf die Tatbestandserfüllung keinen entscheidenden Einfluss nehmen konnte. Seine vorbereitenden Tatbeiträge hatten auch kein solches Gewicht, dass die Tatbestandserfüllung dadurch vorgezeichnet gewesen wäre. Denn ob B den Schläger tatsächlich benutzen würde, war nur von diesem abhängig. Der nach der Rspr. erforderliche Täterwille wäre daher nur durch sein Eigeninteresse an seinem Beuteanteil zu begründen. Ein solches Interesse ist aber auch bei Teilnehmern u.U. vorhanden und kann daher die Täterschaft allein nicht begründen. Damit scheidet eine Mittäterschaft aus.

II. In Betracht kommt aber eine Strafbarkeit wegen **Anstiftung zum Raub** gemäß **§§ 249, 26**.

1. B hat den Tatbestand des Raubes vorsätzlich und rechtswidrig erfüllt.

→ vorsätzliche rechtswidrige Haupttat

2. Gemäß § 26 muss A den B **zur Tat bestimmt** haben. Das setzt das Hervorrufen des Tatentschlusses voraus. Danach kann zwar der zur Tat Geneigte, nicht aber der bereits fest Entschlossene (omnimodo facturus) angestiftet werden. Umstritten ist, welcher Mittel sich der Anstifter hierzu bedienen kann. Zum Teil wird jedes Mittel bis hin zur Schaffung einer günstigen Tatgelegenheit für ausreichend gehalten. Andere verlangen eine Einflussnahme auf geistiger Ebene im Wege kommunikativen Kontakts. Unter diesen ist umstritten, ob jede kommunikative Einflussnahme genügt oder eine als Aufforderung erkennbare Beeinflussung des Täters durch den Anstifter oder sogar ein „Unrechtspakt" der Beteiligten erforderlich ist.

Hier hat A bei B durch den Vorschlag, die M zu überfallen, den Tatentschluss zu dem Raub hervorgerufen. B hat sich darauf eingelassen. Insofern handelt es sich nach allen vorgenannten Ansichten um eine Anstiftung zum Raub.

3. A müsste auch vorsätzlich gehandelt haben. Das erscheint insoweit fraglich, als zunächst von dem Einsatz des Baseballschlägers noch nicht die Rede war. Da andererseits aber auch nur von einem „Überfall" gesprochen wurde und dies auch die Anwendung von Gewalt impliziert, liegt die tatsächliche Ausführung der Tat im Bereich dessen, womit zu rechnen gewesen wäre und stellt daher jedenfalls keine wesentliche Abweichung von der Vorstellung des A dar. Daher handelte A auch vorsätzlich.

4. A handelte auch rechtswidrig und schuldhaft.

Damit liegt eine Anstiftung zum Raub vor.

Qualifikation extra nach GrTB

III. Fraglich erscheint, ob es sich auch um eine **Anstiftung zum Raub mit Todesfolge** gemäß **§§ 251, 26** handelt.

1. Das setzt eine **vorsätzliche rechtswidrige Tat** des B gemäß § 251 voraus. B hat den Tatbestand des § 251 rechtswidrig erfüllt. Zwar hat B hinsichtlich der tödlichen Folgen für M nicht vorsätzlich gehandelt. Jedoch ist die Tat gemäß § 11 Abs. 2 als vorsätzlich anzusehen, wenn sie einen Tatbestand erfüllt, der hinsichtlich der besonderen Tatfolgen Fahrlässigkeit ausreichen lässt. Das ist bei § 251, der hinsichtlich des Todes des Opfers ein wenigstens leichtfertiges Handeln voraussetzt, der Fall.

2. Gemäß § 26 muss A den B **zur Tat bestimmt** haben. Dies bezieht sich bei der Teilnahme an einer Erfolgsqualifikation nur auf die Verwirklichung des Grundtatbestandes, da der Täter nur insoweit vorsätzlich gehandelt haben muss. Hier hat A den B zum Raub angestiftet.

3. Insoweit handelte A vorsätzlich.

4. Gemäß § 18 i.V.m. § 251 müsste A selbst leichtfertig hinsichtlich der schweren Folgen gehandelt haben. Dagegen spricht jedoch, dass A darauf bestanden hatte, dass M nicht verletzt werden sollte, und die Abrede eines Überfalls unter diesen Voraussetzungen nicht mit einem gesteigerten Risiko tödlicher Folgen verbunden war.

Da A selbst nicht leichtfertig handelte, scheiden §§ 251, 26 aus.

IV. Dies wäre möglicherweise anders zu beurteilen, wenn in dem Bereitstellen des Schlägers eine selbstständige Anstiftung zum Raub zu sehen wäre. Jedoch war B zur Begehung des Raubes zu dieser Zeit bereits entschlossen und konnte daher auch nicht mehr angestiftet werden. Die Verwendung des Schlägers stellt auch für sich keinen für den Tatbestand des § 251 maßgeblichen Umstand dar, sodass eine Anstiftung insoweit ausscheidet.

V. In Betracht kommen jedoch **§§ 251, 27** durch das Bereitstellen des Schlägers.

1. B hat den Tatbestand seinerseits, soweit erforderlich, vorsätzlich und rechtswidrig erfüllt.

2. Das Bereitstellen des Schlägers hat die Verwirklichung des Tatbestandes auch gefördert, da der Raub mithilfe des Schlägers verübt wurde.

3. A handelte insoweit auch vorsätzlich.

4. Schließlich handelte A auch leichtfertig hinsichtlich der Verursachung des Todes der M, da das Bereitstellen des Schlägers ein besonders hohes Risiko seiner Verwendung und damit eines tödlichen Ausgangs mit sich brachte.

A handelte auch rechtswidrig und leichtfertig-schuldhaft.

A hat sich daher wegen Beihilfe zum Raub mit Todesfolge strafbar gemacht.

VI. Das Bereitstellen des Schlägers könnte darüber hinaus als **Anstiftung zum besonders schweren Raub** gemäß **§§ 250 Abs. 2 Nr. 1 und 3 lit. a) und lit. b), 26** anzusehen sein.

1. B hat diesen Tatbestand vorsätzlich und rechtswidrig erfüllt.

2. Der Tatentschluss hierzu wurde erst dadurch hervorgerufen, dass B den bereitgestellten Schläger am Tatort vorfand.

a) Da B zur Begehung des Raubes als Grunddelikt zu dieser Zeit bereits entschlossen war, stellt sich aber die Frage, ob die Veranlassung der Verwirklichung qualifizierender Umstände **(„Aufstiftung")** als Anstiftung zum Qualifikationsdelikt zu ahnden ist.

aa) Zum Teil wird dies abgelehnt, da der vorhandene Tatentschluss lediglich erweitert werde. Hiernach käme hinsichtlich der Verwendung des Werkzeugs nur Beihilfe zum Raub mit Todesfolge infrage. Eine Anstiftung durch Bereitstellen des Schlägers könnte nur hinsichtlich der Körperverletzungsdelikte vorliegen.

bb) Nach a.A. ist dagegen wegen Anstiftung zum Qualifikationstatbestand zu bestrafen.

cc) Für die erstgenannte Ansicht spricht, dass das gesamte Unrecht der Tat dem Anstifter als durch ihn verursacht zur Last gelegt würde, obwohl der Täter zur Begehung des Grunddelikts bereits entschlossen war. Dagegen spricht, dass dann, wenn die qualifizierenden Umstände keinen eigenen Tatbestand erfüllen, die durch den Veranlassungsbeitrag bewirkte Steigerung des Unrechts aufgrund der für Beihilfe zwingenden Strafmilderung nur unzureichend rechtlich bewertet wäre. Im Fall der versuchten Teilnahme wäre diese als Beihilfeversuch straflos. Der durch das vorherige Bestehen des Tatentschlusses zum Grunddelikt bedingten Verringerung des Unrechtsgehalts der Beteiligung kann bei der Strafzumessung Rechnung getragen werden. Danach steht der Umstand, dass B zum Raub bereits entschlossen war, als er das Werkzeug vorfand, einer Anstiftung nicht entgegen.

Wer diese Frage anders entscheidet, müsste insofern Beihilfe prüfen und die nachfolgende Frage des tauglichen Anstiftungsmittels bei der Anstiftung zur Körperverletzung mit Todesfolge erörtern.

b) Schließlich wurde B zum Einsatz des Schlägers nicht durch eine **kommunikative Einflussnahme** veranlasst, sondern nur durch das Bereitstellen des Werkzeugs. Ob dies als Bestimmen zur Tat anzusehen ist, erscheint fraglich.[82]

82 Vgl. AS-Skript Strafrecht AT 2 (2019), Rn. 115.

aa) Lässt man hierfür jede Verursachung des Tatentschlusses genügen, so ist auch hier wegen des Schaffens einer günstigen Tatgelegenheit von Anstiftung auszugehen.

bb) Verlangt man dagegen eine Art kollusiven Zusammenwirkens auf geistiger Ebene, kommt hier allenfalls eine Beihilfe in Betracht.

cc) Für die erstgenannte Ansicht spricht, dass die Schaffung von Tatanreizen auch ohne geistigen Kontakt zum Angestifteten wesentlich effizienter sein kann als die plumpe verbale Aufforderung zur Begehung einer Straftat. Die Annahme einer bloßen Beihilfe erscheint deshalb wegen der Strafmilderung gemäß § 27 Abs. 2 u.U. kriminalpolitisch verfehlt. Dagegen spricht aber gerade, dass der Anstifter wegen des Fehlens der Strafmilderung dem Mittäter gleichgestellt wird, es sich also beim Anstifter um eine Art Mittäter ohne Tatherrschaft handelt. Dass die Mittäterschaft einen gemeinsamen Tatplan voraussetzt, spricht für das Erfordernis eines geistigen Zusammenwirkens auch bei der Anstiftung. Ferner kennt das Gesetz als Form des Veranlassens auch den Begriff des Verleitens (z.B. §§ 160, 357), der jede Form der Veranlassung erfasst. Danach ist naheliegend, dass der Begriff des Bestimmens eine kommunikative Einwirkung auf den Täter meint. Hierfür spricht schließlich, dass die in § 30 Abs. 2 genannten Vorbereitungsstadien der Anstiftung ebenfalls eine kommunikative Beziehung voraussetzen. Demzufolge stellt die Verursachung des Entschlusses zum Einsatz des Schlägers durch das Bereitstellen des Werkzeugs keine Anstiftung dar.

VII. Die in dem Bereitstellen des Schlägers liegende Beihilfe zum besonders schweren Raub tritt hinter der Beihilfe zum Raub mit Todesfolge zurück.

VIII. Eine Anstiftung zur Körperverletzung mit Todesfolge gemäß **§§ 227, 26** scheidet aus den o.g. Gründen mangels geistigen Kontakts aus.

IX. Gegeben ist jedoch eine Beihilfe zur Körperverletzung mit Todesfolge gemäß **§§ 227, 27** durch das Bereitstellen des Schlägers.

Ergebnis: A ist strafbar gemäß §§ 249, 26; 251, 27; 227, 27; 52.

Fall 28: Beihilfe
(nach OLG Düsseldorf RÜ 2005, 530)

Die A fuhr mit ihrem Freund F und dem R in dessen Auto in der Innenstadt herum. Sie entnahm den Gesprächen der anderen, dass diese den Überfall einer Tankstelle planten. Nachdem R das Auto in der Nähe einer Tankstelle geparkt hatte, verließ F den Wagen, während A und R darin warteten. In der Tankstelle zwang F den Kassierer mit vorgehaltener Waffe zur Herausgabe von 1.300 €. Als F zurückeilte, öffnete A die hintere Fahrzeugtür, um ihn einsteigen zu lassen. Danach fuhren alle Beteiligten zum Flughafen, wo F und R die Beute teilten. Später gab F der A von dem Geld 100 € ab.

Strafbarkeit der A?

I. Eine Strafbarkeit gemäß **§§ 249, 250 Abs. 2 Nr. 1, 27** wegen Beihilfe zum besonders schweren Raub setzt eine vorsätzliche rechtswidrige Tat des F gemäß § 249 voraus.

Bezieht sich die Fallfrage nur auf die Strafbarkeit des Teilnehmers, so muss das Vorliegen der Haupttat inzidenter geprüft werden. Eine Täterschaft der A liegt hier so fern, dass sie keiner Erörterung bedarf.

1. In dem Vorhalten der Waffe liegt eine Drohung mit gegenwärtiger Gefahr für Leib und Leben.

2. Bei dem erbeuteten Geld handelte es sich um fremde bewegliche Sachen.

3. Diese müsste F weggenommen haben. Was hierunter beim Raub zu verstehen ist, ist umstritten.

a) Nach der Rspr. entscheidet über das Vorliegen einer Wegnahme das äußere Erscheinungsbild der Tat. Hiernach hat F das Geld jedoch nicht genommen, sondern sich vom Kassierer geben lassen. Danach scheidet § 249 hier aus.

b) Nach h.Lit. ist in Abgrenzung zu § 255 auf die Willensrichtung des Genötigten abzustellen. Verfügt dieser willentlich über die Beute, so ist eine Wegnahme ausgeschlossen. Eine Verfügung liegt dann vor, wenn seine Mitwirkung aus Sicht des Opfers notwendig für die Vermögensverschiebung ist. Erscheint ihm dagegen der Verlust der Beute unausweichlich, sodass er keine Wahl hat, liegt aus Opfersicht eine Wegnahme vor. Danach handelt es sich hier um eine Vermögensverfügung, da der F aus Sicht des Kassierers ohne dessen Mitwirkung nicht an das in der Kasse gesicherte Geld hätte gelangen können. Dies schließt eine Wegnahme ebenfalls aus.

II. A könnte sich durch ihre Mitwirkung an dem Überfall des F wegen Beihilfe zur schweren räuberischen Erpressung gemäß **§§ 255, 250 Abs. 2 Nr. 1, 27** strafbar gemacht haben.

1. Das setzt eine vorsätzliche rechtswidrige Tat des F gemäß §§ 255, 250 Abs. 2 Nr. 1 voraus.

a) F hat den Kassierer durch Drohung mit gegenwärtiger Gefahr für Leib und Leben zur Herausgabe des Geldes genötigt. Hierbei handelte es sich, wie von der h.Lit. vorausgesetzt, um eine Vermögensverfügung. Dadurch entstand dem Tankstellenbetreiber ein Vermögensnachteil. Das für eine Dreieckserpressung erforderliche Näheverhältnis zwischen Kassierer und Betreiber ergibt sich aus dem Beschäftigungsverhältnis.

b) F handelte vorsätzlich und in der Absicht rechtswidriger stoffgleicher Bereicherung.

c) Indem F den Kassierer mit einer Waffe bedrohte, hat er die Qualifikation gemäß § 250 Abs. 2 Nr. 1 erfüllt.

d) F handelte auch rechtswidrig.

2. Hilfe zu leisten setzt einen die Tathandlung fördernden Tatbeitrag voraus, durch den die Rechtsgutverletzung erleichtert, ermöglicht oder intensiviert wird. Einer Kausalität des Gehilfenbeitrags für den Erfolg der Tat im Sinne der Bedingungstheorie bedarf es nicht.[83]

a) Die bloße Anwesenheit der A am Tatort erfüllt diese Voraussetzungen nur dann, wenn hierdurch als **psychische Beihilfe** die Billigung der Tat dem Täter gegenüber zum Ausdruck gebracht und dieser dadurch in seinem Tatentschluss oder in der Bereitschaft, ihn weiterzuverfolgen, bestärkt wird. Das kann etwa der Fall sein, wenn der Beteiligte seine Anwesenheit einbringt, um den Täter in seinem Entschluss zu bestärken und ihm das Gefühl erhöhter Sicherheit zu geben. Im vorliegenden Fall ist nicht ersichtlich, dass F durch die Anwesenheit der A im Fluchtwagen in seinem Tatentschluss bestärkt worden wäre, zumal A in der Planung des Überfalls durch F und R keine Rolle spielte. Als Kettenbeihilfe wäre es immerhin anzusehen, wenn A den R durch ihre Anwesenheit unterstützt hätte. Da aber A erst unterwegs den Gesprächen entnehmen konnte, welchem Zweck die Fahrt diente, ist auch eine psychische Unterstützung des R nicht festzustellen.

b) In Betracht kommt eine **Beihilfe durch** das **Unterlassen** möglichen Einschreitens gegen die Ausführung der Tat. Da die tatsächliche Förderung der Tat zur Tatbestandserfüllung genügt, ist hierfür nicht erforderlich, dass das Einschreiten die Begehung der Tat verhindert hätte. Vielmehr genügt, wenn sie durch das Einschreiten erschwert worden wäre. Eine Beihilfe durch Unterlassen setzt aber eine Verpflichtung der A gemäß § 13 voraus, die geplante Tat zu verhindern. Eine solche ist hier nicht ersichtlich.

c) Das Öffnen der Autotür, um den F einsteigen zu lassen, und die Anwesenheit der A während der Fluchtfahrt könnten sich als **sukzessive Beihilfe** darstellen. Deren Strafbarkeit ist umstritten, nach h.M. aber auch nach Vollendung der Tat im Beendigungsstadium der Beutesicherung möglich und kommt daher auch hier in Betracht. Dass die Anwesenheit der A während der Fluchtfahrt zur Sicherung der Beute irgendetwas beigetragen hätte, ist allerdings nicht ersichtlich.

Ob das Öffnen der Autotür, um dem F das Einsteigen zu erleichtern, eine Förderung der Tat darstellt, erscheint auch deshalb zweifelhaft, weil es sich um eine an sich wertneutrale Alltagshandlung handelt. Ob und inwieweit derartige Alltagshandlungen wie auch berufstypisches Handeln als Beihilfe strafbar sind, ist sehr streitig, vgl. Fall 30.

Anderes könnte für das Öffnen der Tür gelten. Für die Annahme einer objektiven Förderung der Tat spricht hier, dass dem F die Flucht mit der Beute erleichtert wurde. Zum Gelingen der Tat war der Beitrag jedoch an sich nicht erforderlich und nach Art der Ausführung ohne Bedeutung. Da der Beitrag mit den Tätern nicht abgesprochen war, ist auch nicht ersichtlich, dass er psychisch zum Gelingen beigetragen hätte. Zwar mag das Öffnen der Tür zum Ausdruck gebracht haben, dass sich A mit der Tat subjektiv solidarisierte. Da jedoch die bloße Mitwisserschaft und die Billigung fremder Straftaten keine Strafbarkeit begründen, kann hierin noch keine Beihilfe gesehen werden. Vielmehr ist vorauszusetzen, dass sich der jeweilige Tat-

83 Vgl. AS-Skript Strafrecht AT 2 (2019), Rn. 117 ff.

beitrag zumindest in der Art der Ausführung niedergeschlagen haben müsste. Das aber war vorliegend nicht der Fall.[84] Daher hat A keine Hilfe geleistet.

III. Eine Strafbarkeit gemäß § 138 Abs. 1 Nr. 7 ist mangels Möglichkeit rechtzeitiger Anzeigeerstattung nicht gegeben.

Auf den Streit um die Strafbarkeit sukzessiver Beihilfe und die Kriterien der Sozialadäquanz kommt es danach nicht an.

IV. Durch die Annahme der 100 € könnte sich A jedoch gemäß **§ 259** wegen **Hehlerei** strafbar gemacht haben.

1. Bei den 100 € handelte es sich um Sachen, die F durch eine gegen fremdes Vermögen gerichtete rechtswidrige Tat erlangt hatte.

2. Diese hat sich A verschafft, indem sie die Verfügungsgewalt im Einvernehmen mit F von diesem erlangt hat, um im eigenen Interesse darüber zu verfügen.

3. A handelte vorsätzlich und in der Absicht, sich zu bereichern.

4. A handelte rechtswidrig und schuldhaft.

V. Ferner kommt **Geldwäsche** gemäß **§ 261** in Betracht.

1. Bei den 100 € handelte es sich um einen Gegenstand, der gemäß § 261 Abs. 1 S. 2 Nr. 1 aus einem Verbrechen herrührte.

2. A hat sich die 100 € verschafft.

3. A handelte vorsätzlich, rechtswidrig und schuldhaft.

4. Eine die Strafbarkeit gemäß § 261 Abs. 9 S. 2 ausschließende Vortatbeteiligung liegt nicht vor.

Ergebnis: A hat sich gemäß §§ 259, 261 strafbar gemacht.

---

84 So auch Geppert JK 4/06 StGB § 27/19.

Fall 29: Um- und Abstiftung

A arbeitete als Kassierer in einer Tankstelle. Als er über Dritte erfuhr, dass sein Freund B beabsichtige, diese zu überfallen, schlug er ihm vor, besser außerhalb der Öffnungszeiten in das Gebäude einzubrechen. Das Risiko eines Überfalls sei wegen der Kameraüberwachung sonst zu groß. Dagegen seien die Hintertür und die Kasse einfach aufzubrechen und der Kassenbestand zu entwenden, während der diensthabende Mitarbeiter nach Geschäftsschluss in der Nacht die Außenanlagen abschließe, um anschließend die Tageseinnahmen zur Bank zu bringen. B ging dankbar darauf ein und führte die Tat aus, wie von A geraten.

Strafbarkeit der Beteiligten? (§ 138 ist nicht zu prüfen.)

A. Strafbarkeit des B

I. In Betracht kommt ein **Diebstahl im besonders schweren Fall** gemäß **§§ 242, 243 Abs. 1 S. 2 Nr. 1 und 2**.

1. Indem er den Kassenbestand entwendete, hat B gemäß § 242 vorsätzlich, rechtswidrig und schuldhaft fremde bewegliche Sachen in der Absicht weggenommen, sich diese rechtswidrig zuzueignen.

2. Indem er die Hintertür des Gebäudes aufbrach, um hineinzugelangen, ist er gemäß § 243 Abs. 1 S. 2 Nr. 1 zur Ausführung der Tat in ein Gebäude eingebrochen. Da sich das Geld in der Kasse befand, hat er gemäß § 243 Abs. 1 S. 2 Nr. 2 eine Sache gestohlen, die durch ein verschlossenes Behältnis gegen Diebstahl besonders gesichert war.

Danach hat sich B wegen besonders schweren Diebstahls strafbar gemacht.

II. Durch den Einbruch ist B zudem vorsätzlich, rechtswidrig und schuldhaft in einen Geschäftsraum eingedrungen, **§ 123 Abs. 1**. Dessen Verfolgung setzt gemäß § 123 Abs. 2 einen Strafantrag voraus.

III. Durch das Aufbrechen der Hintertür und der Kasse hat B ferner eine **Sachbeschädigung** gemäß **§ 303 Abs. 1** begangen. Deren Verfolgung setzt gemäß § 303 c einen Strafantrag oder die Annahme eines besonderen öffentlichen Verfolgungsinteresses durch die Staatsanwaltschaft voraus.

IV. Das **Konkurrenzverhältnis** des Einbruchsdiebstahls mit den §§ 123 und 303 ist umstritten.

1. Um Tateinheit handelt es sich gemäß § 52 bei einer **identischen Ausführungshandlung**. Das Aufbrechen der Hintertür und der Kasse sowie das Eindringen stellen einen Straferschwerungsgrund des Diebstahls dar und sind daher unselbstständiger Bestandteil einer rechtlich einheitlichen Handlung mit der Wegnahme. Zugleich stellen sie auch die Tathandlung der Sachbeschädigung dar, sodass alle Gesetzesverletzungen durch dieselbe Handlung verübt wurden.

2. Der Annahme von Tateinheit steht jedoch entgegen, wenn die Sachbeschädigung und der Hausfriedensbruch durch den schweren Diebstahl konsumiert werden und dahinter im Wege der **Gesetzeseinheit** zurücktreten. Diese Frage ist umstritten.

a) Nach einer Ansicht ist Tateinheit anzunehmen, wenn der Strafrahmen für den Diebstahl entgegen der Regelwirkung des § 243 lediglich dem § 242 entnommen wird. Dagegen treten §§ 303 und 123 im Wege der Gesetzeskonkurrenz zurück, wenn der Strafrahmen des Diebstahls dem § 243 entnommen wird. Denn dann sei die Verletzung des Hausrechts und die Beschädigung fremden Eigentums bereits im Wege einer Gesamtwürdigung der Tat miteinbezogen worden.[85] Danach treten Sachbeschädigung und Hausfriedensbruch hier zurück.

b) Hiervon wird zum Teil eine Ausnahme gemacht, wenn die Sachbeschädigung nicht dem typischen Erscheinungsbild einer mitbestraften Begleittat entspricht.[86] Die Annahme von Konsumtion einer Sachbeschädigung durch einen schweren Diebstahl sei vielmehr auf solche Fälle zu beschränken, die der Fallgruppe zuzurechnen sind, in der bei typisierender Betrachtungsweise das durch die Sachbeschädigung begangene Unrecht durch den schweren Diebstahl miterfasst wird. Auch danach wäre hier Konsumtion anzunehmen.

c) Nach einer weiteren Ansicht[87] hat die Verwirklichung eines Regelbeispiels für die Beurteilung des Konkurrenzverhältnisses stets außer Betracht zu bleiben. Danach ist hier Tateinheit anzunehmen.

Dasselbe Problem ergibt sich beim Einbruchdiebstahl typischerweise für das Verhältnis zum Hausfriedensbruch.

d) Für die Annahme von Gesetzeseinheit spricht, dass die Regelbeispiele zumindest tatbestandsähnlicher Natur sind. Bedenken resultieren zum einen daraus, dass § 243 keinen eigenständigen Tatbestand enthält, sondern lediglich Strafzumessungsgründe. Zum anderen widerspricht die Annahme von Gesetzeskonkurrenz der Rspr., wonach das Vorliegen eines schweren Diebstahls gemäß § 260 Abs. 4 StPO im Schuldspruch keinen Ausdruck findet. Die Konkurrenzregeln dienen der Klarstellung und Bereinigung des Schuldspruchs. Für eine Bereinigung des Schuldspruchs, der ohnehin lediglich auf Diebstahl lautet, durch Konsumtion der Sachbeschädigung und des Hausfriedensbruchs besteht deshalb kein Anlass. Dass das Begleitunrecht bei der Strafzumessung berücksichtigt wird, ist hierfür ohne Bedeutung. Gegen Gesetzeskonkurrenz spricht ferner, dass die durch die Sachbeschädigung bzw. den Diebstahl geschädigten Eigentümer/Gewahrsamsinhaber nicht identisch zu sein brauchen. Aus diesen Gründen ist die Annahme von Gesetzeseinheit abzulehnen.

Ergebnis: B hat sich gemäß §§ 242, 243 Abs. 1 S. 2 Nr. 1 und 2; 123 Abs. 1; 303 Abs. 1; 52 strafbar gemacht.

B. Strafbarkeit des A

I. Durch den Vorschlag, den Kassenbestand zu stehlen, könnte sich A wegen **Anstiftung zum Diebstahl in einem schweren Fall** gemäß **§§ 242, 26, 243 Abs. 1** strafbar gemacht haben.

Die Akzessorietät der Teilnahme bezieht sich nicht auf Regelbeispiele; daher gehört § 243 noch nicht hierher, sondern ist als Strafzumessungsregel für jeden Beteiligten gesondert zu prüfen.

1. B hat den Tatbestand des § 242 vorsätzlich und rechtswidrig erfüllt.

2. A müsste den B hierzu **bestimmt** haben. Das setzt voraus, dass er den Tatentschluss des B hervorgerufen hat. Der zur Tat bereits Entschlossene (omnimodo facturus) kann nicht mehr angestiftet werden. Hier war B be-

85 Sch/Sch/Eser, 27. Aufl., 2006, § 243 Rn. 59.; a.A. Sch/Sch/Bosch, 30. Aufl. 2019, a.a.O.

86 LK/Rissing-van Saan, Vor § 52 Rn. 147.

87 Fischer § 243 Rn. 30; Kargl/Rüdiger NStZ 2002, 202, 203.

reits entschlossen, die Tankstelle zu überfallen, als A seinen Vorschlag unterbreitete. Hinsichtlich der Frage, ob dies eine Anstiftung ausschließt, ist danach zu differenzieren,[88] ob es sich bei der ausgeführten Tat um eine völlig andere als diejenige handelt, zu der der Täter bereits vorher entschlossen war, oder lediglich um eine andere Art der Ausführung derselben Tat. Dabei kommt es nicht auf die Identität des Tatbestandes an, sondern entscheidend sind die Modalitäten der Tat, also Tatort, -zeit, -mittel, Begehungsweise, Identität der Beteiligten, des Geschädigten etc. Hier richtete sich die geplante Tat gegen denselben Geschädigten, den Tankstellenbetreiber, und sollte am selben Ort allein durch den B verübt werden. Auch die Beute, nämlich der jeweilige Kassenbestand, erscheint vergleichbar. Aufgrund des Vorschlags des A änderten sich dagegen Begehungsweise, Tatmittel und Tatzeit. Eine Gesamtbewertung dieser Kriterien ergibt, dass es sich um dieselbe Tat handelt, da bloße Änderungen hinsichtlich der Tatzeit und -mittel nicht genügen, um deren Veranlassung als Anstiftung anzusehen.[89] Danach hat A den B nicht zu der Tat bestimmt.

II. In Betracht kommt jedoch eine Strafbarkeit wegen Beihilfe zum Diebstahl im besonders schweren Fall gemäß **§§ 242, 27, 243 Abs. 1**.

1. B hat den Tatbestand des § 242 vorsätzlich und rechtswidrig erfüllt.

2. Hierzu müsste A **Hilfe geleistet** haben. Darunter ist die tatsächliche Förderung der Tathandlung zu verstehen, durch die die Rechtsgutverletzung erleichtert, ermöglicht oder intensiviert wird. Einer Kausalität des Gehilfenbeitrags für den Erfolg der Tat im Sinne der Bedingungstheorie bedarf es nicht. Auch die psychische Beihilfe durch Rathilfe oder Bestärkung eines bestehenden Tatentschlusses genügt, wenn sich der Beitrag risikoerhöhend in der Begehung der Tat ausgewirkt hat.

Hier hat A durch seinen Vorschlag Einfluss auf Tatzeit, -mittel und Begehungsweise genommen. Fraglich erscheint aber, wie es sich auswirkt, dass B ursprünglich einen Überfall geplant hatte, also schwereres Unrecht gemäß §§ 249 bzw. 255, während durch den Vorschlag des A eine weniger schwere Begehung veranlasst wurde **(Abstiftung)**.[90]

Der Begriff des Hilfeleistens setzt zunächst bereits eine risikosteigernde Einflussnahme auf die Tatbegehung voraus. Eine solche liegt nicht schlechthin in jeder Beeinflussung der Tatmodalitäten. Hier hat A durch seinen Hinweis auf das Risiko der Überwachungskamera das mit der Ausführung für B verbundene Risiko vermindert. In der Dankbarkeit des B zeigt sich, dass diesem durch den Hinweis die Begehung erleichtert wurde. Damit liegt begrifflich eine Beihilfe vor.

In Betracht kommt jedoch ein Ausschluss der objektiven Zurechnung unter dem Gesichtspunkt der **Risikoverringerung**. Darum handelt es sich, wenn die Gefahr der Verletzung eines bestimmten Rechtsguts nicht erhöht, sondern allenfalls gemindert wird. Eine Risikominderung auf Kosten der Schaffung oder Erhöhung der Gefahr einer anderen Rechtsgutverletzung ist dagegen eine Frage der Rechtfertigung der Tat. Danach schließt es die Zu-

---

88 Vgl. AS-Skript Strafrecht AT 2 (2019), Rn. 112 ff.

89 BGH StV 1996, 2.

90 Vgl. Kudlich JuS 2005, 592.

rechnung noch nicht aus, dass B durch den Vorschlag des A von der Anwendung von Nötigungsmitteln abgehalten wurde, da diese sich gegen ein anderes Rechtsgut richten. Entscheidend sein kann hier nur, ob durch den Vorschlag des A das Risiko für Eigentum und Gewahrsam an dem Kassenbestand vermindert wurde. Das aber ist hier nicht ersichtlich. Das Risiko für die durch den Diebstahl verletzten Rechtsgüter wurde daher nicht verringert. Die objektive Zurechnung ist nicht ausgeschlossen. Der Vorschlag des A erfüllt danach objektiv den Tatbestand der Beihilfe.

3. A handelte auch vorsätzlich.

4. Die Rechtswidrigkeit könnte durch **Notstand** gemäß § 34 ausgeschlossen sein.

a) Das Vorhaben des Überfalls begründet eine gegenwärtige Gefahr für die durch diesen betroffenen Rechtsgüter.

b) Die Gefahr dürfte nicht anders abwendbar gewesen sein. Es ist jedoch hier nicht ersichtlich, dass A von dem Vorhaben des B nicht den Tankstellenbetreiber oder die Polizei hätte rechtzeitig benachrichtigen können. Hierdurch wäre die von B geplante Tat mit an Sicherheit grenzender Wahrscheinlichkeit verhindert worden. Daher ist die Beihilfe zu dem Diebstahl nicht durch Notstand gerechtfertigt.

5. A handelte auch schuldhaft.

6. Da er auch um die Verwirklichung der Voraussetzungen des § 243 Abs. 1 S. 2 Nr. 1 und 2 wusste, muss er sich diese zurechnen lassen.

A hat sich wegen Beihilfe zum Einbruchdiebstahl strafbar gemacht.

III. Eine Strafbarkeit wegen **Anstiftung zum Hausfriedensbruch** gemäß **§§ 123 Abs. 1, 26** scheidet aus, da die von B geplante Tat ebenfalls mit einem Hausfriedensbruch verbunden gewesen wäre und B daher bereits zur Tat entschlossen war.

IV. Der Rat des A stellt jedoch als seelische Unterstützung eine **Beihilfe zum Hausfriedensbruch** gemäß **§§ 123 Abs. 1, 27** dar.

V. Ferner hat A den B zur **Sachbeschädigung angestiftet**, **§§ 303 Abs. 1, 26**, da von B ursprünglich keine Sachbeschädigung geplant war. Wegen anderweitiger Abwendbarkeit der geplanten Tat ist die Anstiftung auch nicht wegen Notstandes gemäß § 34 gerechtfertigt.

Ergebnis: A hat sich gemäß §§ 242, 27, 243 Abs. 1 S. 2 Nr. 1 und 2; 123 Abs. 1, 27; 303 Abs. 1, 26; 52 strafbar gemacht.

Fall 30: Teilnahme durch berufstypisches Handeln
(nach BGH NStZ 1997, 272)

Juwelier A, vereidigter Sachverständiger für Perlen und Edelsteine, erhielt von B den Auftrag zur Erstattung eines Wertgutachtens für mehrere hundert Edelsteine. Nachdem B hatte durchblicken lassen, dass das auf den Gegenstandswert bezogene Honorar gerne etwas höher ausfallen dürfe, war A klar, dass er ein überhöhtes Wertgutachten erstatten sollte. Die Möglichkeit von dessen missbräuchlicher Verwendung nahm A im Interesse seines Honorars in Kauf. Er bescheinigte den Steinen, die einen tatsächlichen Wert von 18.000 € hatten, einen solchen von 150.000 €. B verpfändete die Steine als Sicherheit für einen Kredit über 135.000 € an seine Sparkasse. Als er zur Rückzahlung des Kredits außerstande war, gelang es der Sparkasse, die auf das Wertgutachten des A vertraut hatte, nicht, die Steine zu verwerten, da diese aufgrund ihrer schlechten Qualität praktisch unverkäuflich waren.

Strafbarkeit des A?

I. In Betracht kommt eine Strafbarkeit wegen **Urkundenfälschung** gemäß **§ 267 Abs. 1 Alt. 1**.

1. Das Wertgutachten stellt eine verkörperte menschliche Gedankenerklärung dar, die zum Beweis rechtlich erheblicher Tatsachen bestimmt und geeignet ist und den Aussteller erkennen lässt. Es handelt sich daher um eine Urkunde.

2. Eine Urkunde ist unecht, wenn der vermeintliche Aussteller nicht tatsächlich der Aussteller ist. Hier war aber A tatsächlicher Aussteller des Gutachtens. Da das unrichtige Gutachten keine Täuschung über die Identität des Ausstellers enthält, sondern lediglich eine „schriftliche Lüge", scheidet eine Urkundenfälschung aus.

II. Durch die Erstattung des überhöhten Wertgutachtens könnte sich A wegen **Beihilfe zum Betrug** in einem besonders schweren Fall gemäß **§§ 263 Abs. 1, 27, 263 Abs. 3 S. 2 Nr. 2** strafbar gemacht haben.

Ist nur die Strafbarkeit des Teilnehmers zu erörtern, muss das Vorliegen der Haupttat inzidenter geprüft werden.

1. Das setzt eine vorsätzliche rechtswidrige Tat des B gemäß § 263 Abs. 1 voraus.

a) Indem er der Sparkasse das Wertgutachten vorlegte, täuschte er deren Mitarbeiter über den Wert der Steine und erregte einen entsprechenden Irrtum.

b) Die Gewährung des Kredits stellt eine irrtumsbedingte Vermögensverfügung zulasten der Sparkasse dar. Die Mitarbeiter standen auch in dem für einen Dreiecksbetrug erforderlichen Näheverhältnis zu der Sparkasse.

c) Die Gewährung des Kredits stellt, da wegen der fehlenden Sicherheiten die Rückzahlung gefährdet war, einen sogenannten Gefährdungsschaden in Höhe der Kreditsumme dar.

d) B handelte auch vorsätzlich, in der Absicht, sich rechtswidrig und stoffgleich zu bereichern und rechtswidrig.

Eine teilnahmefähige Haupttat liegt damit vor.

2. A müsste hierzu **Hilfe geleistet** haben. Darunter ist die tatsächliche Förderung der Tathandlung zu verstehen, durch die die Rechtsgutverletzung erleichtert, ermöglicht oder intensiviert wird. Einer Kausalität des Gehilfenbeitrags für den Erfolg der Tat im Sinne der Bedingungstheorie bedarf es nicht. Hier hat A durch die Erstattung des überhöhten Wertgutachtens dem B den Betrug erst ermöglicht. Zweifel an dem Beihilfecharakter des Handelns des A ergeben sich aber daraus, dass es sich bei der Erstattung von Wertgutachten um eine berufsbezogene Tätigkeit des A handelte. Ob und inwieweit **berufstypisches Handeln** wie auch Alltagshandlungen **als Beihilfe** strafbar sind, ist sehr streitig.[91]

a) Zum Teil wird eine derartige **Einschränkung** für **entbehrlich** gehalten, da sich die Abgrenzung strafbaren Verhaltens von straflosem aus der Anwendung des Strafgesetzes selbst ergebe. Danach handelt es sich hier objektiv um Beihilfe.

b) Nach a.A. ist auf der Ebene des objektiven Tatbestandes eine Einschränkung aus dem Gesichtspunkt mangelnder objektiver Zurechnung aus Gründen der **Sozialadäquanz** erforderlich. Hinsichtlich der Begründung der Sozialadäquanz ist allerdings umstritten, ob hierfür der Alltagscharakter der Handlung oder ihre Berufsbezogenheit selbst, die Art der jeweiligen Haupttat (Katalog des § 138) oder der ausschließlich deliktische Sinnbezug der Handlung maßgeblich ist. Die vorsätzliche Erstattung drastisch überhöhter Wertgutachten ist für einen Juwelier aber nicht berufstypisch. Der bloß tatsächliche Zusammenhang zur Berufsausübung genügt nicht. Auch danach ergibt sich für den vorliegenden Fall keine Strafbarkeitseinschränkung.

c) Nach der Rspr. des BGH wird zunächst hinsichtlich des **subjektiven Tatbestandes differenziert**: Wisse der Beteiligte, dass sein Beitrag von dritter Seite zur Begehung einer Straftat genutzt wird, so scheide eine Haftungseinschränkung aus. Im Fall bedingten Vorsatzes begründe der Alltagscharakter oder die Berufstypik dagegen die Straflosigkeit, es sei denn, dass der Gehilfe sich die „Förderung des erkennbar tatgeneigten Täters angelegen sein lässt", weil er um das Risiko der Förderung der Tat weiß. Auch hiernach ist es Voraussetzung für eine Haftungseinschränkung, dass das betreffende Handeln zum typischen Erscheinungsbild der Ausübung eines Berufs gehört. Da dies für den vorliegenden Fall nicht zutrifft, kommt auch diese Ansicht für den vorliegenden Fall zu keiner Haftungseinschränkung.

Wird eine Rechtsfrage von den verschiedenen Ansichten auf unterschiedlichen Deliktsebenen beantwortet, ist es sachgerecht, den gesamten Streit an dem Prüfungspunkt darzustellen, an dem er als erstes auftaucht.

Danach ist der objektive Tatbestand der Beihilfe hier erfüllt.

3. A müsste auch **vorsätzlich** gehandelt haben. Dafür spricht hier, dass A die Möglichkeit missbräuchlicher Verwendung in Kauf nahm und wusste, dass er diesen Missbrauch förderte. Zweifel am Vorsatz ergeben sich allerdings hinsichtlich der ausreichenden Konkretisierung seiner Vorstellung hinsichtlich der die Haupttat begründenden Umstände. Denn wozu das Gutachten im Einzelnen dienen sollte, wusste A nicht. Jedoch sind an die Vorsatzkonkretisierung des Gehilfen nicht dieselben Anforderungen zu stellen wie an diejenige des Täters oder Anstifters.[92] Während der Anstif-

---

91 AS-Skript Strafrecht AT 2 (2019), Rn. 121; Beckemper Jura 2001, 163.

92 AS-Skript Strafrecht AT 2 (2019), Rn. 128; BGH RÜ 2017, 304, 306.

tervorsatz die Vorstellung eines wenigstens umrisshaft individualisierten Geschehens hinsichtlich der Haupttat voraussetzt, genügt für den Gehilfenvorsatz der bedingte Vorsatz der Förderung einer Tat in „einem bestimmten Spektrum möglicher Tatbestandsverwirklichung". Hier billigte A die Ermöglichung der missbräuchlichen Verwendung des Gutachtens, die nach Art seines Beitrags nur in der täuschungsbedingten Schädigung eines Dritten zu sehen sein konnte. Darauf, wer unter welchen Umständen im Einzelfall betrogen werden sollte, brauchte sich sein Vorsatz nicht zu beziehen. Danach handelte A auch vorsätzlich.

4. A handelte rechtswidrig und schuldhaft.

5. Ein besonders schwerer Fall gemäß § 263 Abs. 3 S. 2 Nr. 2 Alt. 1 liegt vor, wenn der tatsächlich eingetretene Vermögensverlust, also nicht nur dessen Gefahr, bei mehr als 50.000 € liegt. Hier war die Sicherheit nicht zu verwerten. Ein entsprechender Vermögensverlust ist also eingetreten. Aufgrund der Kenntnis des A von der Wertüberhöhung des Gutachtens handelt es sich damit um einen besonders schweren Fall.

Ergebnis: A hat sich wegen Beihilfe zum Betrug in einem besonders schweren Fall gemäß §§ 263 Abs. 1, 27, 263 Abs. 3 S. 2 Nr. 2 Alt. 1 strafbar gemacht.

Fall 31: Limitierte Akzessorietät, Kettenanstiftung
(nach BGH RÜ 2005, 198)

A und seine Frau F lebten getrennt. Die gemeinsame Tochter T wohnte bei F. A hatte lediglich ein Umgangsrecht. Dieses machte F ihm streitig und verhinderte jeden Kontakt der T zu A. A war deshalb verzweifelt und beschloss, seine verhasste Ehefrau töten zu lassen. Er bat eine unbekannt gebliebene Person, jemanden gegen Belohnung zur Begehung der Tat anzuwerben. Darüber, wie die Tat ausgeführt werden sollte, machte er sich keine Gedanken. Dem Anwerber gelang es, B zur Tat zu gewinnen. Dieser klingelte an der Wohnungstür der F. Als die ahnungslose F öffnete, erstach er sie mit mehreren Messerstichen.

Strafbarkeit von B und A?

A. Strafbarkeit des B

I. Indem er F erstach, hat sich B wegen **Totschlags** gemäß **§ 212** strafbar gemacht.

II. Die Tat könnte ferner als **Mord** gemäß **§ 211** zu bewerten sein.

1. In Betracht kommt zunächst Heimtücke. **Heimtücke** setzt das Ausnutzen der Arg- und Wehrlosigkeit des Opfers in feindlicher Willensrichtung voraus. Arglos ist, wer sich bei Eintritt der Tat in das Versuchsstadium keiner Gefahr für Leib oder Leben von Seiten des Täters versieht. Wehrlos ist, wer aufgrund der Arglosigkeit zur Verteidigung außerstande oder darin wesentlich eingeschränkt ist. Danach war F hier arg- und wehrlos, als sie die Tür öffnete und B zur Tat gemäß § 22 unmittelbar ansetzte. B hat dies auch in feindlicher Willensrichtung zur Begehung der Tat ausgenutzt.

Ansatzpunkte für eine sogenannte negative Typenkorrektur aufgrund besonderer Umstände, die die Tat in einem milderen Licht erscheinen lassen, sind nicht ersichtlich.

Setzt man allerdings mit einem Teil der Lit. das Ausnutzen eines besonders verwerflichen Vertrauensbruchs voraus, wäre hier die Annahme von Heimtücke fraglich. Ob das Klingeln an der Haustür ein für eine Vertrauensbeziehung hinreichendes sozialpositives Verhaltensmuster darstellt, erscheint fraglich. Gegen eine derartige Einschränkung spricht jedoch, dass ein Vertrauensbruch kein für die Heimtücke sachgerechtes Kriterium darstellt und der Heimtückebegriff damit nicht mehr hinreichend bestimmbar wäre (Art. 103 Abs. 2 GG).

B handelte daher heimtückisch.

2. In Betracht kommt ferner **Habgier**. Das setzt ein sittlich verwerfliches Gewinnstreben um jeden Preis voraus. Da B wegen der Belohnung handelte, tötete er aus Habgier.

B hat sich wegen Mordes strafbar gemacht. Dahinter tritt der Totschlag zurück.

III. Die §§ 223, 224 Abs. 1 Nr. 2 und Nr. 5 treten als subsidiär zurück.

Ergebnis: B ist strafbar wegen Mordes gemäß § 211.

B. Strafbarkeit des A

I. Indem A den B unter Vermittlung des unbekannten Anwerbers zur Tötung der F gewann, könnte er sich wegen **Anstiftung zum Mord** gemäß **§§ 211, 26** strafbar gemacht haben.

1. Eine vorsätzliche, rechtswidrige Tat des B nach § 211 liegt vor.

2. Bestimmen zur Tat setzt das Hervorrufen des Tatentschlusses voraus. Die erforderlichen Mittel sind zwar umstritten. Selbst nach der engsten Ansicht genügt jedoch ein geistiger Kontakt i.S.e. Aufforderung zur Tatbegehung. Gemäß § 30 Abs. 1 kann dies als sogenannte Kettenanstiftung auch durch Vermittlung einer Person geschehen, die ihrerseits den Tatentschluss im Haupttäter weckt. A hat B daher zur Tat bestimmt.

3. A müsste auch **Anstiftervorsatz** besessen haben. A wollte jemanden zur Tötung bestimmen. Die konkrete Person des Anzustiftenden braucht dem Anstifter nicht bewusst zu sein, da dies für den Tatbestand unerheblich ist, § 16. Fraglich ist, ob A auch vorsätzlich hinsichtlich der Verwirklichung der Mordmerkmale durch B gehandelt haben muss.

a) Hinsichtlich der tatbezogenen Merkmale des Mordes, deretwegen der Teilnehmer unstreitig akzessorisch zu bestrafen ist, muss der Teilnehmer vorsätzlich handeln. Dies erscheint hinsichtlich der **Heimtücke** des B fraglich, weil sich A über die Art der Ausführung keine Gedanken gemacht hat. Bedingten Vorsatz hat ein Straftäter zwar auch dann, wenn er aus Gleichgültigkeit mit jeder eintretenden Möglichkeit einverstanden ist.[93] Im vorliegenden Fall hat sich A aber keine Gedanken über die Ausführung gemacht. Anstiftervorsatz setzt jedoch voraus, dass die Haupttat Gegenstand der Vorstellung zumindest als umrisshaft individualisierbares Geschehen ist. Das ist hier nicht der Fall.

b) A war jedoch bewusst, dass B wegen der Belohnung, also aus **Habgier** töten würde. Ob dies die Annahme einer Anstiftung zum Mord rechtfertigt, ist zwischen Lit. und Rspr. umstritten.

aa) Ein Teil der Lit. sieht die subjektiven Mordmerkmale als Schuldmerkmale an und wendet deshalb § 29 an. Hiernach begründet die Habgier des B keine Strafbarkeit des A wegen Anstiftung zum Mord.

bb) Die h.Lit. sieht den Mord als Qualifikation des Totschlages an. Demgemäß sind die **persönlichen Mordmerkmale** strafschärfende Tatbestandsmerkmale **i.S.v. § 28 Abs. 2**. Diese Vorschrift ordnet eine Durchbrechung der Akzessorietät an. Das bedeutet, dass es für die Strafbarkeit des Teilnehmers nicht darauf ankommt, ob der Haupttäter ein derartiges Merkmal verwirklicht hat. Auch ist unerheblich, ob der Teilnehmer Vorsatz in Bezug auf ein möglicherweise beim Haupttäter vorliegendes persönliches Mordmerkmal besessen hat. Allein entscheidend ist vielmehr, ob in der Person des Teilnehmers selbst ein solches Mordmerkmal erfüllt war oder nicht.

Hier kommt allenfalls ein **eigener niedriger Beweggrund** des A in Betracht. Niedrige Beweggründe sind solche, die sittlich auf tiefster Stufe stehen, besonders verachtenswert sind und durch ein besonders grobes Missverhältnis von Tötungsanlass und -unrecht gekennzeichnet sind. Hier han-

93 Das hat der BGH in der Entscheidung des vorliegenden Falles – wenig überzeugend – bejaht.

delte A aus Verzweiflung, weil die F ihm das Umgangsrecht mit der T streitig machte. Dieses Motiv mag die Tat weder rechtfertigen noch entschuldigen, stellt andererseits aber auch kein besonders verachtenswertes Motiv dar.

Da A keine eigenen subjektiven Mordmerkmale aufwies, liegt danach eine Anstiftung zum Mord nicht vor.

cc) Die Rspr. geht davon aus, dass Mord und Totschlag zwei **selbstständige Tatbestände** mit unterschiedlichem Unrechtsgehalt seien. Danach *begründen* die Mordmerkmale die Strafbarkeit, sodass eine Anwendung von § 28 Abs. 2 ausgeschlossen ist. Der Teilnehmer ist danach wie bei den tatbezogenen Merkmalen des Mordes akzessorisch nach der Haupttat zu bestrafen. Hat allein der Teilnehmer ein Mordmerkmal verwirklicht, ist er lediglich wegen Teilnahme am Totschlag zu bestrafen; sein Mordmerkmal ist dann bei der Strafzumessung u.U. gemäß § 212 Abs. 2 zu berücksichtigen. Da A um die Habgier des B wusste, ist der Tatbestand der Anstiftung zum Mord hiernach erfüllt.

dd) Für die Rspr. könnte zunächst der **Gesetzeswortlaut** geltend gemacht werden, der terminologisch zwischen dem Mörder und dem Totschläger unterscheidet. Jedoch geht dieser auf die bei Änderung des Gesetzes im Jahre 1941 vorherrschende Tätertypenlehre zurück, die seit Ende des Dritten Reiches von niemandem mehr vertreten wird. Für den Unrechtsgehalt der Tatbestände ist diese Wortwahl daher nicht aussagekräftig. Ferner könnte die **Systematik des Gesetzes** angeführt werden, in dem der § 211 vor dem § 212 steht. Ein Qualifikationsverhältnis würde eine umgekehrte Reihenfolge nahelegen. Jedoch lässt sich die systematische Stellung des § 211 auch damit erklären, dass dies der einzige Tatbestand mit zwingender Androhung lebenslanger Freiheitsstrafe ist.

Hinsichtlich der tatbezogenen Merkmale des § 211 ist der Teilnehmer unstreitig akzessorisch zu bestrafen!

Sachlich dagegen handelt es sich bei Mord um einen Fall **besonders schwerwiegenden Tötungsunrechts**, sodass dies für die Annahme einer Qualifikation spricht. Die Rspr. sieht sich ferner zur Vermeidung von Wertungswidersprüchen gezwungen, bei der Anwendung von § 28 Abs. 1 dem Teilnehmer die Strafmilderung zu versagen, wenn er ein dem Mordmerkmal des Täters vergleichbares persönliches Merkmal aufweist. Dies widerspricht klar dem Gesetzeswortlaut. Der Rspr. kann daher nicht gefolgt werden.

Man spricht hier von „gekreuzten Mordmerkmalen".

A hat sich nicht wegen Anstiftung zum Mord strafbar gemacht.

II. A hat den B jedoch zum Totschlag gemäß **§§ 212, 26** angestiftet. Er handelte auch rechtswidrig und schuldhaft.

III. Die Anstiftung zur gefährlichen Körperverletzung gemäß **§§ 223, 224, 26** tritt dahinter zurück.

Ergebnis: A ist strafbar gemäß §§ 212, 26.[94]

---

94 Hinweis: Der 5. Strafsenat des BGH, NJW 2006, 1008, hatte dessen bisherige Rspr. zum Verhältnis von Mord und Totschlag infrage gestellt. Die anderen Senate haben jedoch an ihrer bisherigen Rspr. festgehalten.

Fall 32: Sukzessive Beteiligung
(nach BGH RÜ 2016, 369)

A und B waren aufgrund eines vorgefassten Plans in Abwesenheit des O in dessen Wohnung eingebrochen, um Wertgegenstände zu stehlen. Auf der Suche nach Beute stieß A in einem Zimmer unerwartet auf die Tochter des O, die sogleich anfing, um Hilfe zu rufen. Um sein Vorhaben fortsetzen zu können, schlug A die T nieder. B, der die Rufe der T gehört hatte, kam überrascht hinzu, sah die bewusstlose T und zeigte sich erleichtert. Auf der weiteren Suche fanden A und B die Münzsammlung des O, die sie mitnahmen und zu Geld machten.

Strafbarkeit von A und B? (Erforderliche Strafanträge sind gestellt.)

Wegen der unterschiedlichen Beiträge zur Tat muss die Strafbarkeitsprüfung der Beteiligten getrennt werden.

A. Strafbarkeit des A

I. Indem er T niederschlug und die Münzsammlung mitnahm, könnte sich A wegen **Raubes** gemäß **§ 249 Abs.1** strafbar gemacht haben.

1. Indem A die T niederschlug, wandte er **Gewalt gegen die Person** der T an.

2. Bei der Münzsammlung des O handelte es sich um für A **fremde bewegliche Sachen**. Deren Mitnahme stellt sowohl nach dem für die Rspr. maßgeblichen äußeren Erscheinungsbild als auch nach der für die h.Lit. maßgeblichen subjektiven Willensrichtung der T eine **Wegnahme** dar.

3. Der nach umstrittener neuerer Rspr. erforderliche **nötigungsspezifische Zusammenhang** von Nötigungsmittel und Wegnahme liegt, da durch das Niederschlagen der T die Wegnahme zumindest erleichtert wurde, vor, sodass dieser Streit keiner Entscheidung bedarf.

4. A handelte auch **vorsätzlich**, in der **Absicht rechtswidriger Zueignung** sowie mit dem erforderlichen **subjektiven Finalzusammenhang**.

5. Ferner handelte A **rechtswidrig** und **schuldhaft**.

A hat sich wegen Raubes strafbar gemacht.

II. Die nach der Rspr. mitverwirklichte räuberische Erpressung gemäß § 255 tritt hinter § 249 als lex specialis zurück.

III. Die mitverwirklichte Nötigung gemäß § 240 StGB tritt wegen Subsidiarität ebenfalls hinter dem Raub zurück.

IV. Mitverwirklicht ist rechtswidrig und schuldhaft der Tatbestand des **schweren Wohnungseinbruchdiebstahls** gemäß **§ 244 Abs. 1 Nr. 3, Abs. 4 StGB**.

V. Indem er T niederschlug, hat A den Tatbestand der **Körperverletzung** gemäß **§ 223 Abs. 1** vorsätzlich, rechtswidrig und schuldhaft erfüllt.

VI. Schließlich hat sich A durch den Einbruch in die Wohnung wegen **Hausfriedensbruchs** gemäß **§ 123 Abs. 1** strafbar gemacht. Der zur Verfolgung gemäß § 123 Abs. 2 erforderliche Strafantrag ist gestellt.

VII. Konkurrenzen und Zwischenergebnis: Das gesamte Geschehen stellt eine natürliche Handlungseinheit dar. Das Konkurrenzverhältnis von § 244 Abs. 1 Nr. 3, Abs. 4 StGB und § 249 StGB ist umstritten. Z.T. wird Gesetzeskonkurrenz befürwortet,[95] nach a.A. soll Tateinheit zur Klarstellung der Verletzung der Privatsphäre anzunehmen sein.[96] Diesem Anliegen kann jedoch dadurch Rechnung getragen werden, dass der ansonsten hinter § 244 Abs. 1 Nr. 3, Abs. 4 StGB zurücktretende Hausfriedensbruch gemäß § 123 StGB klarstellend neben dem Raub in Tateinheit aufgeführt wird, da ansonsten das Diebstahlsunrecht im Schuldspruch doppelt aufgeführt würde.

Danach hat sich A gemäß §§ 249 Abs. 1, 223 Abs. 1, 123 Abs. 1, 52 strafbar gemacht.

B. Strafbarkeit des B

I. B könnte sich, indem er in Kenntnis des vorausgegangenen Geschehens die Münzsammlung mitnahm, wegen **gemeinschaftlichen Raubes** gemäß **§§ 249 Abs. 1, 25 Abs. 2** strafbar gemacht haben.

1. Bei der Münzsammlung handelte es sich auch für B um **fremde bewegliche Sachen**.

2. Da B selbst keine Gewalt angewandt hat, müsste ihm die Gewaltanwendung durch A als **Mittäter** zuzurechnen sein. Das setzt einen auf der Grundlage eines gemeinsamen Tatplans geleisteten, seine Täterschaft begründenden objektiven Tatbeitrag voraus.

a) Das erscheint hier schon deshalb fraglich, weil der gemeinsame Tatplan ursprünglich nur auf einen Wohnungseinbruchdiebstahl gerichtet war und die Anwendung von Gewalt nicht umfasste. Danach kommt hier allenfalls eine **sukzessive Mittäterschaft** in Betracht, deren Zulässigkeit umstritten ist.

aa) Nach einer Ansicht scheidet eine rückwirkende Zurechnung bereits vorgenommener Tathandlungen als Verstoß gegen den Schuldgrundsatz aus. Danach scheidet auch eine Zurechnung bereits erfolgter Gewaltanwendung aufgrund einer erst sukzessiven Beteiligung am Raub aus.[97]

bb) Nach a.A., insbesondere st.Rspr.,[98] setzt sukzessive Mittäterschaft voraus, dass der Beteiligte in Kenntnis und Billigung des bisherigen Geschehens – selbst bei Abweichungen vom ursprünglichen Tatplan in wesentlichen Punkten – in eine bereits begonnene Ausführungshandlung eintritt, sodass sich sein Einverständnis auf die Gesamttat mit der Folge bezieht, dass ihm die gesamte Tat zugerechnet wird. Hiernach kommt eine sukzessive Mittäterschaft an einem Raub auch nach bereits vollzogener Nötigungshandlung in Betracht.

cc) Für diese Ansicht spricht, dass Vorsatz und Vorsatzschuld – wie auch bei den Anschlusstaten gemäß §§ 257 ff. – sich auf bereits begangenes Unrecht beziehen können und der Schuldgrundsatz daher einer rückwirkenden Zurechnung begangenen Unrechts, soweit dieses nicht bereits vollständig abgeschlossen ist, nicht entgegensteht. Daher ist der Rspr. zu folgen.

---

95 Fischer § 244 Rn. 65.

96 Sch/Sch/Bosch, StGB, 30. Aufl., 2019, § 244 Rn. 39.

97 Walter NStZ 2008, 548, 553 f.; Roxin, Strafrecht AT II, § 25 Rn. 227.

98 BGH NJW 2016, 2516, 2517; ebenso Fischer § 25 Rn. 39 f.

b) Vorliegend waren sich A und B, nachdem B das vorausgegangene Geschehen erkannt hatte, darin einig, die angewandte Gewalt zum Zweck der Ermöglichung der Wegnahme auszunutzen, und verfolgten daher wieder einen **gemeinsamen Tatplan**. B beteiligte sich weiter an der Suche nach Beute und deren Wegnahme und leistete dadurch **eigene objektive Tatbeiträge**. Das Raubgeschehen war zu diesem Zeitpunkt auch noch nicht abgeschlossen, da es noch der Wegnahme der Beute bedurfte. Hierdurch nahm er in der Absicht, an der Beute zu partizipieren, auch steuernden Einfluss auf die Erfüllung des Raubtatbestandes und handelte danach mit **Tatherrschaft** und **Täterwillen**. Damit liegen die objektiven, eine sukzessive Mittäterschaft begründenden Voraussetzungen vor.

3. B handelte auch, nachdem er das vorangegangene Geschehen erkannt hatte, **vorsätzlich** und in der **Absicht rechtswidriger Zueignung**.

4. Schließlich handelte B auch **rechtswidrig** und **schuldhaft**.

II. B könnte sich darüber hinaus auch wegen **gemeinschaftlicher Körperverletzung** gemäß **§§ 223 Abs. 1, 25 Abs. 2** strafbar gemacht haben.

Auch das setzt voraus, dass das Niederschlagen der T durch A dem B als Mittäter nach den Grundsätzen sukzessiver Mittäterschaft zuzurechnen ist.

Jedoch war die Körperverletzung zu dem Zeitpunkt, als B die Vorgänge wahrnahm, bereits tatsächlich abgeschlossen und damit beendet. Seine Beteiligung an dem Raubgeschehen konnte zur Steigerung des in der Körperverletzung liegenden Unrechts nichts mehr beitragen. Die nachträgliche Billigung begründet als solche noch keine Zurechnung wegen mittäterschaftlicher Begehung.

Eine gemeinschaftliche Körperverletzung scheidet daher aus.

III. In Betracht kommt eine **sukzessive Beihilfe zur Körperverletzung** gemäß **§§ 223 Abs. 1, 27**.

Zwar wird eine nach Vollendung der Tat sukzessiv geleistete Beihilfe von der h.M. grundsätzlich für möglich gehalten. Auch hierfür ist jedoch Voraussetzung, dass die Tat nicht schon das Stadium überschritten hat, in dem der Beteiligungsbeitrag zur Förderung des begangenen Unrechts nichts mehr beitragen kann.

Vorliegend konnte B durch seine weitere Beteiligung am Raub aber zur Steigerung des Unrechts der Körperverletzung nichts mehr beitragen. Daher scheidet auch eine Strafbarkeit wegen Beihilfe zur Körperverletzung aus.

IV. B hat jedoch, indem er in die Wohnung einbrach, **gemeinschaftlich** mit A gemäß **§§ 123 Abs. 1, 25 Abs. 2** einen **Hausfriedensbruch** begangen.

C. Gesamtergebnis: A hat sich wegen gemeinschaftlichen Raubes in Tateinheit mit Körperverletzung und gemeinschaftlichem Hausfriedensbruch strafbar gemacht. B hat sich wegen gemeinschaftlichen Raubes in Tateinheit mit gemeinschaftlichem Hausfriedensbruch strafbar gemacht.

5. Teil: Versuch und Rücktritt

Fall 33: Unmittelbares Ansetzen und Versuch von Regelbeispielen (nach BGH RÜ 2020, 505)

A beabsichtigte, einen Zigarettenautomaten aufzubrechen, um daraus Zigaretten und Bargeld für sich zu entwenden. Er legte an dem Automaten Hammer, Schraubendreher, einen Trennschleifer und eine Kabeltrommel ab. Dann verhüllte er den Automaten mit einem Handtuch und einer Plane, um die zu erwartenden Geräusche bei dem Einsatz der Werkzeuge zu dämpfen. Schließlich legte er mit der Kabeltrommel eine Leitung über die Straße zu einem gegenüber liegenden Schuppen in der Erwartung, dort einen Stromanschluss zu finden. Weder dort noch woanders fand sich jedoch in erreichbarer Nähe ein Stromanschluss. Zu dem Einsatz der übrigen Werkzeuge kam es nicht mehr, da A bemerkte, dass er entdeckt worden war und eilig das Weite suchte.

Strafbarkeit des A? (§§ 244, 248c StGB und Sachbeschädigungsdelikte sind nicht zu prüfen.)

I. Indem er den Automaten verhüllte und nach einem Stromanschluss suchte, könnte sich A wegen **versuchten Diebstahls**, ggf. in einem besonders schweren Fall, gemäß §**§ 242 Abs. 2, 22, 243 Abs. 1 S. 2 Nr. 2 StGB** strafbar gemacht haben. Eine Strafbarkeit wegen vollendeter Begehung scheidet aus, da A nichts weggenommen hat. Der Versuch des Diebstahls ist gemäß § 242 Abs. 2 StGB mit Strafe bedroht.

1. A müsste einen **Tatentschluss** zur Begehung eines Diebstahls gehabt haben. Er wollte die im Eigentum und Gewahrsam des Automatenaufstellers stehenden Zigaretten und dessen Bargeld entwenden, um sie für sich zu behalten, und damit fremde bewegliche Sachen in der Absicht wegnehmen, sich diese rechtswidrig zuzueignen.

2. Gemäß § 22 StGB müsste A nach seiner Vorstellung von der Tat **zur Erfüllung des Tatbestandes unmittelbar angesetzt** haben. Danach setzt der Versuch die Vornahme einer tatbestandsmäßigen Handlung nicht voraus. Wann bei Handlungen im Vorfeld der Tatbestandsverwirklichung das unmittelbare Ansetzen anzunehmen ist, ist jedoch umstritten.[99]

a) Nach der **Zwischenakttheorie** kommt es darauf an, ob es zur Tatbestandserfüllung noch wesentlicher Zwischenakte bedarf oder die fragliche Handlung bei natürlicher Betrachtung bereits als Teil der Tatbestandserfüllung erscheint. Das sei eine Frage wertender Betrachtung des Gesamtgeschehens. Hier konnte es nach der Vorstellung des A zur Wegnahme erst kommen, nachdem er den Automaten aufgebrochen hatte. Damit hatte A jedoch noch nicht begonnen. Danach hat er nicht unmittelbar angesetzt.

b) Nach der **Sphärentheorie** hängt das unmittelbare Ansetzen von der räumlichen und zeitlichen Nähe der Handlung zur Tatbestandsverwirklichung und dem Eindringen in die Opfersphäre ab. Hier wäre ein Eindringen in die Opfersphäre erst damit verbunden gewesen, dass A den Automaten

99 Vgl. AS-Skript Strafrecht AT 2 (2019), Rn. 228 ff.

aufbrach. Das wäre ihm jedoch erst möglich gewesen, nachdem er einen Stromanschluss gefunden hatte oder eines der anderen Werkzeuge eingesetzt hätte.

c) Nach der **Gefährdungstheorie** bedarf es zum unmittelbaren Ansetzen des Eintritts einer unmittelbaren konkreten Gefahr für das angegriffene Rechtsgut. Solange A den Automaten noch nicht aufgebrochen hatte, war dies nicht der Fall. Auch danach fehlt es hier am unmittelbaren Ansetzen.

d) Nach der Rspr. ist das Versuchsstadium erreicht, wenn der Täter subjektiv die **Schwelle zum „Jetzt geht's los" überschreitet**, weil sein Handeln nach seiner Vorstellung aufgrund des **zeitlich-räumlichen Zusammenhangs** zur Tatbestandsverwirklichung **ohne wesentliche Zwischenakte** darin münden sollte. Für Fälle von Einbruchdiebstahl besteht immerhin weitgehende Einigkeit in Rspr. und Lit., dass das unmittelbare Ansetzen sich auch auf die Wegnahmehandlung beziehen muss, sodass selbst die Verwirklichung der Wegnahme vorgelagerter Strafschärfunsgründe nicht zwingend zur Annahme eines Versuchs führen muss. Wann dies der Fall ist, wird jedoch nicht einheitlich beurteilt.

Z.T.[100] wurde angenommen, die noch erforderliche Überwindung von Zugangsschranken stelle einen wesentlichen Zwischenakt dar, der der Annahme eines Versuchs entgegenstehe. Andererseits[101] wurde angenommen, zumindest die Überwindung einer Gewahrsamssicherung in der Vorstellung, nunmehr stehlenswerte Gegenstände entwenden zu können, begründe einen Versuch. Nunmehr[102] geht der BGH davon aus, dass bereits der Angriff auf einen Gewahrsamsschutzmechanismus einen Versuch darstellen kann, wenn nach der Tätervorstellung bereits die konkrete Gefahr eines ungehinderten Zugriffs auf das in Aussicht genommene Stehlgut besteht. Zwischenakte, die keinen tatbestandsfremden Zwecken dienten, sondern wegen ihrer notwenigen Zusammengehörigkeit mit der Tathandlung mit dieser eine natürliche Handlungseinheit bilden, stünden der Annahme eines Versuchs nicht entgegen. Einer Überwindung des Schutzmechanismus bedürfe es nicht.

Nach diesen Maßstäben stellt bereits das Abdecken des Automaten einen Angriff auf den Schutzmechanismus der erstrebten Beute dar. A ging davon aus, den zur Bedienung des Trennschleifers nötigen Strom mit Hilfe der Kabeltrommel beschaffen zu können oder den Automaten mit Hilfe der übrigen Werkzeuge aufbrechen zu können. Dieses Handeln stand in natürlichem Zusammenhang zu der geplanten Wegnahme. Damit bestand für die von ihm erstrebte Beute bereits die konkrete Gefahr der Wegnahme. Danach hat A zur Erfüllung des Tatbestandes unmittelbar angesetzt.

e) Da der Wortlaut des Gesetzes und gesetzessystematische Überlegungen insoweit unergiebig sind, sollte die Frage des unmittelbaren Ansetzens unter Berücksichtigung von Sinn und Zweck der Versuchsstrafbarkeit und der Umstände des Einzelfalls entschieden werden.[103] Grund der Versuchsstrafbarkeit ist nach der sogenannten **Eindruckstheorie** die Betätigung seines

---

100 BGH NJW 2017, 1189; BGH RÜ 2019, 779, 780.

101 BGH NStZ 2020, 353; krit. Eisele JuS 2020, 796 und Kudlich NStZ 2020, 354.

102 BGH RÜ 2020, 505; zustimmend Eisele JuS 2020, 798; von Heintschel-Heinegg JA 2020, 550.

103 So auch BGH RÜ 2018, 710.

rechtsfeindlichen Willens durch den Täter, der damit zeigt, dass er fähig wäre, die fragliche Straftat zu begehen, und das Vertrauen in die Geltung der Rechtsordnung erschüttert. Dem hat der Gesetzgeber i.S. einer objektiv-individuellen Fassung des § 22 Rechnung getragen. Im vorliegenden Fall hat A durch sein Handeln unter Beweis gestellt, dass er in der Lage wäre, den Einbruchdiebstahl zu begehen. Es bedurfte seinerseits weder der weiteren Prüfung, ob die Umstände die Ausführung zulassen, noch eines weiteren Willensimpulses. A hat daher zur Tat unmittelbar angesetzt.

3. Er handelte auch **rechtswidrig** und **schuldhaft**.

4. Ein strafbefreiender **Rücktritt** gemäß **§ 24 Abs. 1 S. 1 Alt. 1 StGB** scheidet aus, da aus Sicht des A aufgrund der Entdeckung eine weitere Ausführung nicht mehr möglich und die Tat daher nicht mehr zu vollenden war (fehlgeschlagener Versuch).

5. In Betracht kommt die Annahme eines **besonders schweren Falles** des Diebstahlsversuchs gemäß **§ 243 Abs. 1 S. 2 Nr. 2 StGB**. Nach dessen Wortlaut ist hierfür Voraussetzung, dass A eine Sache gestohlen hätte, die durch ein verschlossenes Behältnis besonders gesichert war. Tatsächlich hat A aber nichts gestohlen. Andererseits waren seine Vorstellung und das unmittelbare Ansetzen darauf gerichtet, diese Voraussetzungen zu erfüllen. Ob der Versuch des Diebstahls unter diesen Voraussetzungen als besonders schwerer Fall zu beurteilen ist, ist umstritten. Während die st. Rspr.[104] dies bejaht, wird dies von der h.Lit.[105] abgelehnt.

Für die Rspr. wird angeführt, dass die Regelbeispiele zumindest tatbestandsähnlich seien und der Gesetzgeber bei ihrer Einführung an der vormaligen Strafbarkeit ihres Versuchs nichts habe ändern wollen. Gemäß § 22 StGB richte sich die Strafe für den Versuch nach dem Strafrahmen für die vollendete Tat. Zumindest im Fall des versuchten Diebstahls führe ein Tatentschluss und das unmittelbare Ansetzen zur Erfüllung von Regelbeispielen, in denen sich das erhöhte Maß an Schuld bereits zeige, zur Annahme eines besonders schweren Falles.

Dagegen spricht jedoch bereits der Wortlaut des § 243 Abs. 1 S. 1 Nr. 2 StGB, der das Stehlen einer besonders gesicherten Sache voraussetzt. Ein Versuch kann gemäß § 22 StGB nur in dem unmittelbaren Ansetzen zur Erfüllung des Tatbestandes bestehen, während die Regelbeispiele lediglich Strafzumessungsregeln darstellen. Darüber hinaus führt die Rspr. zu einem Wertungswiderspruch. Auch nach ihr führt der Versuch zur Verwirklichung eines Regelbeispiels im Fall des vollendeten Diebstahls nicht zur Annahme eines besonders schweren Falles, weil es – anders als bei Qualifikationen – den Diebstahl im versuchten besonders schweren Fall nicht gibt. Wäre dies beim Versuch des Diebstahls anders, hätte der versuchte Diebstahl bei Versuch eines Regelbeispiels einen höheren Strafrahmen als der vollendete Diebstahl unter Versuch eines Regelbeispiels. Ein besonders schwerer Fall ist daher auch im vorliegenden Fall abzulehnen.

Ergebnis: A hat sich wegen versuchten Diebstahls gemäß §§ 242 Abs. 2, 22 StGB strafbar gemacht.

---

104 Seit BGHSt 33, 370.

105 Graul JuS 1999, 852, 855.

Fall 34: Unmittelbares Ansetzen bei (vermeintlicher) Mittäterschaft
(nach BGHSt 26, 201)

A und B planten, eine Tankstelle zu überfallen. B offenbarte sich jedoch der Polizei, die in Absprache mit B den Tatort überwachte. Als A und B das Tankstellengelände erreichten, war dort niemand anzutreffen. Sie gingen deshalb zum Eingang der im Tankstellenbereich gelegenen Wohnung des Tankwarts. Dort zogen beide eine Strumpfmaske über den Kopf. B klingelte, während A die Waffe schussbereit in der Hand hielt, an der Tür. A nahm an, dass der Tankwart in der Erwartung von Kundschaft erscheinen werde. Nach Öffnen der Tür wollte er ihn gemeinsam mit B unter Androhung von Waffengewalt zur Herausgabe des Kassenschlüssels zwingen. Mit dessen Hilfe wollte er dann den Kassenbestand an sich bringen. Tatsächlich erfolgte auf das Klingeln hin der polizeiliche Zugriff.

Strafbarkeit des A?

I. Indem er den B an der Tür klingeln ließ, könnte sich A wegen **versuchten gemeinschaftlichen schweren Raubes** gemäß **§§ 249, 250 Abs. 2 Nr. 1, 22, 23 Abs. 1, 25 Abs. 2** strafbar gemacht haben.

1. Das setzt einen **Tatentschluss** zur Begehung der Tat voraus. Tatentschluss ist der Vorsatz zur Verwirklichung des Tatbestandes unter Einschluss der deliktsspezifischen subjektiven Tatbestandsmerkmale.

a) Die Vorstellung des A war darauf gerichtet, auf Grundlage eines gemeinsamen Tatplans eigene Tatbeiträge zu leisten und mit Tatherrschaft und Täterwillen die Tat gemeinschaftlich mit B gemäß § 25 Abs. 2 zu begehen.

b) A wollte dem Tankwart mit gegenwärtiger Gefahr für Leib oder Leben drohen. Bei dem Kassenschlüssel und dem Geld, das A erbeuten wollte, handelte es sich um fremde bewegliche Sachen.

c) Fraglich erscheint, ob der Tatentschluss auf eine Wegnahme gerichtet war, da umstritten ist, was beim Raub darunter zu verstehen ist.

aa) Nach der Rspr. ist insoweit auf das äußere Erscheinungsbild abzustellen. Da A das Geld mithilfe des Schlüssels an sich nehmen wollte, war danach der Tatentschluss auf eine Wegnahme gerichtet. Den Kassenschlüssel sollte der Tankwart zwar herausgeben, jedoch wollte A sich diesen nicht zueignen, sondern nur zum Öffnen der Kasse nutzen.

bb) Nach h.L. ist wegen der Abgrenzung zur räuberischen Erpressung darauf abzustellen, ob die Opferreaktion eine Vermögensverfügung durch eine notwendige eigene Mitwirkung des Opfers darstellt. In diesem Fall wäre § 249 ausgeschlossen und stattdessen § 255 zu prüfen. Die Aushändigung des Kassenschlüssels stellt hiernach keine Vermögensverfügung dar, da der Tankwart angesichts der angedrohten Schusswaffengewalt den Verlust von Schlüssel und Geld nicht hätte verhindern können und die Aushändigung des Schlüssels deshalb keine notwendige Mitwirkung zum Gewahrsamsverlust des Geldes darstellte.

Hiernach war der Tatentschluss nach beiden Ansichten auf eine Wegnahme des Geldes gerichtet.

d) Da die Drohung der Ermöglichung der Wegnahme dienen sollte, lag auch der erforderliche Finalzusammenhang vor. A handelte auch in der Absicht rechtswidriger Zueignung des Geldes.

e) Schließlich wollte A bei der Tat eine Waffe verwenden, sodass der Tatentschluss auch die Qualifikation gemäß § 250 Abs. 2 Nr. 1 umfasste.

2. A müsste gemäß § 22 nach seiner Vorstellung von der Tat **unmittelbar zur Tatbestandserfüllung angesetzt** haben.

a) Auf wessen Handeln beim **Versuch mittäterschaftlicher Begehung** abzustellen ist, ist jedoch umstritten.[106]

aa) Nach der sogenannten **Einzellösung** ist für jeden Mittäter gesondert auf seinen Tatbeitrag abzustellen. Hierbei ist jedoch wiederum streitig, ob auf das Ansetzen zur Leistung des jeweiligen Tatbeitrags unabhängig von den Kriterien des § 22 abzustellen ist oder darauf, ob das Handeln aller Mittäter insgesamt mindestens die Versuchsschwelle des § 22 überschritten haben muss. Nach der ersten Variante dieser Ansicht hat A bereits dadurch zum Versuch angesetzt, dass er mit dem B zusammen zum Tatort gefahren ist. Nach der anderen Variante ist zwar mit dem Handeln des B die Versuchsschwelle überschritten, weil diese Handlung nach der Vorstellung des A ohne Weiteres in die Tatbestandserfüllung münden sollte.[107] A selbst hat jedoch bis zu diesem Zeitpunkt zur Tat nichts beigetragen, was ihm die Tatherrschaft verleihen würde, und daher zum Versuch noch nicht angesetzt.

bb) Nach der herrschenden **Gesamtlösung**[108] geraten alle Mittäter in das Versuchsstadium, wenn einer von ihnen auf der Grundlage des gemeinsamen Tatplans eine Handlung vornimmt, die die Voraussetzungen des § 22 erfüllt. Da dies bei dem Klingeln an der Tür der Fall ist, hat A nach dieser Ansicht unmittelbar angesetzt.

cc) Für die Einzellösung wird geltend gemacht, dass die eine Mittäterschaft begründende Handlungszurechnung einen eigenen Tatbeitrag oder zumindest das Ansetzen hierzu voraussetze. Dagegen spricht, dass Grundlage der Zurechnung der gemeinsame Tatplan der Beteiligten, und das Handeln Gegenstand und nicht Grundlage der wechselseitigen Zurechnung ist. Ferner könnte nach der ersten Variante der Einzellösung ein bloßer Vorbereitungsbeitrag bereits eine Versuchsstrafbarkeit auslösen. Das widerspricht § 22. Nach der anderen Variante der Einzellösung hinge die Strafbarkeit u.U. von dem Zufall ab, in welchem Stadium der Tat der Beteiligte seinen Beitrag erbringen sollte. Dem mittäterschaftlichen Prinzip wechselseitiger Zurechnung entspricht daher allein die Gesamtlösung. Hiernach hat A unmittelbar angesetzt.

b) Das unmittelbare Ansetzen könnte aber dennoch fraglich sein, weil B selbst wegen des objektiv fehlenden gemeinsamen Tatplans tatsächlich nicht Mittäter war. Ob ein mittäterschaftlicher Versuch auch durch das

---

106 AS-Skript Strafrecht AT 2 (2019), Rn. 252.

107 Vgl. BGH RÜ 2017, 95, 96.

108 BGH RÜ 2018, 573, 574.

Handeln eines nur **vermeintlichen Mittäters** begründet werden kann, ist streitig.[109]

aa) Nach einer Ansicht handelt es sich um den Fall eines untauglichen Versuchs mittäterschaftlicher Begehung. Wer sich irrig für einen Mittäter halte, müsse sich das Handeln des vermeintlichen anderen Mittäters als unmittelbares Ansetzen zurechnen lassen. Danach ist der Tatbestand hier erfüllt.

bb) Nach a.A. begründet die irrige Annahme eines gemeinsamen Tatplans keine Grundlage wechselseitiger Zurechnung. Vielmehr müsse dieser tatsächlich bestehen. Nach dieser Auffassung hat A hier nicht unmittelbar angesetzt.

cc) Hierfür wird geltend gemacht, dass eine Handlung, die aufgrund des fehlenden gemeinsamen Tatplans objektiv nicht strafbar sei, nicht in strafbegründender Weise zuzurechnen sei. Andernfalls wirke nur noch die böse Gesinnung des Beteiligten, der sich für einen Mittäter hält, strafbegründend. Ohne eine versuchsüberschreitende Handlung werde niemand zum Täter eines Versuchs. Für die Annahme eines Versuchs spricht jedoch, dass gemäß § 22 allein die Vorstellung des jeweiligen Täters darüber entscheidet, ob er unmittelbar angesetzt hat. Daher ist auch der untaugliche Versuch mit Strafe bedroht. Wenn die irrige Vorstellung von Umständen, die die Tatbestandsmäßigkeit der Handlung begründen, Grundlage einer Versuchsstrafbarkeit sein kann, so gilt dies auch für die irrige Vorstellung hinsichtlich der eigenen Beteiligung. Voraussetzung ist lediglich, dass überhaupt eine Versuchshandlung vorliegt. Entscheidend muss danach sein, ob die Handlung des anderen Beteiligten nach der Vorstellung des vermeintlichen Mittäters als unmittelbares Ansetzen anzusehen ist. Das war hier der Fall. A hat daher unmittelbar angesetzt, als B an der Tür klingelte.

Wer die Frage anders entscheidet, muss § 30 Abs. 2 prüfen.

3. A handelte auch **rechtswidrig** und **schuldhaft**.

4. Ein strafbefreiender **Rücktritt** gemäß **§ 24 Abs. 2** scheidet aus, da wegen des Fehlschlags des Versuchs weder ein Verhindern der Vollendung noch ein ernsthaftes Bemühen darum in Betracht kommen.

II. Die §§ 242 Abs. 2, 22, 23 Abs. 1, 25 Abs. 2 und 240 Abs. 3, 22, 23 Abs. 1, 25 Abs. 2 sowie §§ 249 Abs. 1, 250 Abs. 2 Nr. 1, 30 Abs. 2 Alt. 3 treten dahinter zurück.

Ergebnis: A hat sich gemäß §§ 249 Abs. 1, 250 Abs. 2 Nr. 1, 22, 23 Abs. 1, 25 Abs. 2 StGB strafbar gemacht.

---

109 AS-Skript Strafrecht AT 2 (2019), Rn. 413.

Fall 35: Unmittelbares Ansetzen bei mittelbarer Täterschaft (nach BGHSt 30, 363)

A wollte den J aus Eifersucht töten lassen. Mit dem Versprechen einer Belohnung übergab er dem G eine Flasche, die angeblich ein Schlafmittel, tatsächlich aber 100 ml 35 %iger Salzsäure enthielt, von der die Aufnahme von 20 ml tödlich wirkt. G sollte dem J das Mittel notfalls gewaltsam verabreichen, um ihm einen „Denkzettel" zu verpassen. Unterwegs öffnete der zur Tat entschlossene G aus Neugier die Flasche und bemerkte wegen des ätzenden Geruchs, dass es sich nicht um ein Schlafmittel handelte. Er nahm daraufhin von der Tat Abstand.

Strafbarkeit des A? (§ 211 ist nicht zu prüfen.)

I. Indem er dem G das Mittel aushändigte und ihm den Auftrag zu dessen Verabreichung erteilte, könnte sich A wegen **versuchten Totschlags in mittelbarer Täterschaft** gemäß **§§ 212, 22, 23 Abs. 1, 25 Abs. 1 Alt. 2** strafbar gemacht haben.

1. Das setzt einen **Tatentschluss** zur Begehung der Tat voraus. Tatentschluss ist der Vorsatz zur Verwirklichung des Tatbestandes unter Einschluss der deliktsspezifischen subjektiven Tatbestandsmerkmale.

a) Nach der Vorstellung des A sollte G den J töten.

b) Die Tötung des J müsste dem A nach seiner Vorstellung gemäß § 25 Abs. 1 Alt. 2 zurechenbar sein. A wollte einen eigenen Veranlassungsbeitrag leisten. Wegen seines überlegenen Wissens hinsichtlich der tödlichen Wirkung des Mittels hätte A auch die Tatherrschaft bzw. den nach der Rspr. erforderlichen Täterwillen.

Danach war der Tatentschluss auf einen Totschlag in mittelbarer Täterschaft gerichtet.

2. A müsste außerdem gemäß § 22 **unmittelbar zur Erfüllung des Tatbestandes angesetzt** haben. Das unmittelbare Ansetzen liegt im Fall des Versuchs in mittelbarer Täterschaft unstreitig dann vor, wenn der Tatmittler nach der Vorstellung des mittelbaren Täters durch sein Handeln die allgemeinen Voraussetzungen des § 22 erfüllt. Hier hat G sein Vorhaben aber bereits abgebrochen, bevor er das Opfer aufgesucht hat. Danach liegt noch kein unmittelbares Ansetzen vor. Ob im Fall mittelbarer Täterschaft auch vor diesem Stadium die Versuchsschwelle erreicht wird, ist umstritten.[110]

a) Nach einer Auffassung stellt bereits der Beginn der Einwirkung auf den Tatmittler ein unmittelbares Ansetzen des mittelbaren Täters dar. Danach hat A hier unmittelbar angesetzt.

b) Nach a.A. setzt der mittelbare Täter unmittelbar an, wenn er den Tatmittler aus seinem Einwirkungsbereich entlässt. Auch hiernach hat A unmittelbar angesetzt.

c) Nach der Rspr. stellt der Abschluss der Einwirkung auf den Tatmittler ein unmittelbares Ansetzen dar, wenn dieser die Tat in unmittelbarem Fort-

---

110 AS-Skript Strafrecht AT 2 (2019), Rn. 254.

gang begehen soll, nicht aber dann, wenn zwischen der Einwirkung und der Ausführung noch eine gewisse Zeitspanne liegen soll. Hier befand sich der G bereits auf dem Wege zur Begehung der Tat. Danach hat A unmittelbar angesetzt.

d) Nach einer weiteren Ansicht sind der Tatbeitrag des mittelbaren Täters und die tatbestandsmäßige Handlung des Tatmittlers zu einer Gesamthandlung zusammenzufassen und nach allgemeinen Kriterien über das unmittelbare Ansetzen zu entscheiden. Umstritten ist jedoch, ob dabei auf die Vorstellung des Hintermannes oder diejenige des Tatmittlers abzustellen ist. Hier hätte es nach Vorstellung des G und des A noch des Aufsuchens des J bedurft, um die Tat zu begehen. Auch bestand für diesen noch keine konkrete Gefahr. Danach hat A noch nicht zur Tatbestandserfüllung unmittelbar angesetzt.

e) Nach dem Wortlaut des § 22 kann es für die Beurteilung des unmittelbaren Ansetzens nur auf die Vorstellung des mittelbaren Täters ankommen. Aus systematischen Gründen kann ferner der Versuch in mittelbarer Täterschaft nicht eher angenommen werden als im Fall unmittelbarer Täterschaft. Daher kann der Versuch weder stets bereits im Beginn der Einwirkung auf den Tatmittler liegen noch grundsätzlich erst in dem Angriff des Tatmittlers auf das Rechtsgut. Hätte A die Tat selbst begehen wollen, so hätte er im vorliegenden Fall anstelle des G auch nicht unmittelbar angesetzt. Wenn A durch seinen Tatbeitrag einen zwingenden Kausalverlauf in Gang gesetzt hätte, weil er sich durch die Einwirkung auf G jedes Einflusses auf das weitere Geschehen begeben hätte, so wäre das unmittelbare Ansetzen anzunehmen. Das ist jedoch hier nicht mitgeteilt. Da es also noch wesentlicher Zwischenakte bedurfte und noch keine unmittelbare Gefahr für das Leben des J entstanden war, hat A noch nicht unmittelbar zur Tatbestandserfüllung angesetzt.

A hat sich nicht wegen versuchten Totschlags in mittelbarer Täterschaft strafbar gemacht.

II. Ein **Versuch** der **gefährlichen Körperverletzung in mittelbarer Täterschaft** gemäß **§§ 224 Abs. 1 Nr. 2 u. 5, Abs. 2, 22, 23 Abs. 1, 25 Abs. 1 Alt. 2** scheidet aus, da G nach Vorstellung des A selbst vorsätzlich handeln würde und G daher kein tauglicher Tatmittler wäre.

III. Eine **versuchte Anstiftung zum Totschlag** gemäß **§§ 212, 30 Abs. 1** scheidet mangels Tatentschlusses hinsichtlich einer vorsätzlichen Tötung des J durch G aus.

IV. In Betracht kommt aber eine **versuchte Anstiftung zur Körperverletzung mit Todesfolge** gemäß **§§ 227, 30 Abs. 1**.

1. Dann müsste A den **Tatentschluss** zur Anstiftung zu einem Verbrechen gehabt haben.

a) Nach Vorstellung des A sollte G den Tod des J durch eine gefährliche Körperverletzung verursachen. Die Körperverletzung mit Todesfolge stellt gemäß §§ 227, 12 Abs. 1 ein Verbrechen dar. Dass die Begehung durch G hinsichtlich des Todes des J nur fahrlässig wäre, steht gemäß § 11 Abs. 2 einer Teilnahme nicht entgegen; hinsichtlich der für J tödlichen Folgen kommt es gemäß § 18 nur auf den Tatentschluss des A an.

b) Der Tatentschluss des A war auch auf die Bestimmung des G zu einer gefährlichen Körperverletzung, also das Hervorrufen des Tatentschlusses zur gefährlichen Körperverletzung, gerichtet.

2. Mit der Übergabe der Flasche hat A zur Anstiftung des G auch **unmittelbar angesetzt**, da dieser die Tat hätte begehen können, wenn er wollte.[111]

3. A handelte **rechtswidrig** und **schuldhaft**.

V. Eine Anstiftung zum Versuch der gefährlichen Körperverletzung gemäß §§ 224 Abs. 2, 22, 26 StGB scheidet aus, da G nicht zur Tat unmittelbar angesetzt hat und daher keine teilnahmefähige Haupttat vorliegt.

Ergebnis: A hat sich wegen versuchter Anstiftung zur Körperverletzung mit Todesfolge strafbar gemacht.

---

111 Vgl. BGH RÜ 2019, 713.

Fall 36: Aufgeben der weiteren Ausführung, Freiwilligkeit
(nach BGH NStZ 2020, 341)

A hatte gegen 5.00 Uhr seiner früheren Freundin F auf deren Heimweg von der Arbeit aufgelauert und sie durch Drohungen mit einem Messer in seine Gewalt gebracht, um sie zu einem klärenden Gespräch zu zwingen, als er auf den in einem Gebüsch schlafenden O traf. In der Absicht, diesem sein Geld zu entwenden, zog er ihm die Geldbörse aus der Gesäßtasche und steckte sie ein. Als er sodann den Rucksack des O nach weiterer Beute durchsuchen wollte, wachte O auf. Um seine Beute zu sichern und zu befürchtende Gegenwehr des O zu verhindern, stach A viermal kraftvoll auf O ein, wobei er seinen Tod billigend in Kauf nahm.

Der lebensgefährlich verletzte O sprang auf und lief eine Böschung hinauf, um zu fliehen. A setzt ihm zunächst nach, ließ aber dann von O ab, weil er nicht gleichzeitig O verfolgen und F in seiner Gewalt halten konnte. In der Annahme, O keine ernsthaften Verletzungen zugefügt zu haben, setzte er seinen Weg mit F fort, während O von Passanten gefunden und gerettet wurde.

Strafbarkeit des A zum Nachteil des O?

I. Indem er auf den O einstach, könnte sich A wegen **versuchten Mordes** gemäß **§§ 211, 22, 23 Abs. 1 StGB** strafbar gemacht haben. Da O überlebt hat, scheidet eine Strafbarkeit wegen vollendeten Mordes aus. Als Verbrechen gemäß § 12 Abs. 1 StGB ist der Mordversuch gemäß § 23 Abs. 1 StGB mit Strafe bedroht.

1. A hatte den **Tatentschluss**, O zu töten.

2. A müsste darüber hinaus den Tatentschluss zur Verwirklichung von **Mordmerkmalen** gehabt haben.

a) Als Mordmerkmal kommt zunächst **Heimtücke** in Betracht.

aa) Das setzt voraus, dass der Tatentschluss darauf gerichtet war, die **Arg- und Wehrlosigkeit des O in feindlicher Willensrichtung auszunutzen**. Arglos ist, wer sich bei Versuchsbeginn keiner Gefahr für Leib oder Leben von Seiten des Täters versieht. Wehrlos ist, wer in seiner Verteidigung infolge der Arglosigkeit wesentlich eingeschränkt ist. A erkannte, als er zustach, dass O sich beim Erwachen keiner Gefahr versah und daher zu einer Verteidigung außerstande war. Für das Ausnutzungsbewusstsein genügt, dass A erkannte, einen Ahnungslosen zu überraschen, und sich der Bedeutung der Umstände für die Tat bewusst war.

bb) Teile der Lit. setzen für Heimtücke das **Ausnutzen eines besonders verwerflichen Vertrauensbruchs** im Sinne eines sozial-positiven Verhaltensmusters voraus. Danach würde, da A gegenüber dem O keinerlei Vertrauen begründendes Verhalten an den Tag gelegt hatte, Heimtücke hier ausscheiden. Gegen diese Ansicht spricht jedoch, dass sie – wie der vorliegende Fall zeigt – zu sachwidrigen Ergebnissen führt und wegen der Konturenlosigkeit ihrer Voraussetzungen mit dem Bestimmtheitsgrundsatz des Art. 103 GG unvereinbar ist.

cc) Andere wollen im Sinne einer **negativen Typenkorrektur** trotz Heimtücke keinen Mord annehmen, wenn die Tat aufgrund besonderer Umstände in einem milderen Licht erscheint, und deshalb nur von Totschlag ausgehen. Abgesehen von den wegen der bindenden Wirkung der Tatbestandsmerkmale des Mordes hiergegen sprechenden Bedenken liegen solche Umstände hier jedoch nicht vor.

Der Tatentschluss war danach auf eine heimtückische Tötung gerichtet.

b) Darüber hinaus könnte A **zur Verdeckung einer anderen Straftat** gehandelt haben. Zwar hatte A den O zuvor bestohlen. Er müsste jedoch den zielgerichteten Willen gehabt haben, durch die Tötung des O den Diebstahl zu verdecken. Dagegen spricht bereits, dass – wie A wusste – auch F Zeugin des Geschehens geworden war, sodass die Tötung des O zur Verdeckung des Diebstahls nicht geeignet war. Zudem handelte A, um erwarteten Widerstand des O zu verhindern. Verdeckungsabsicht scheidet damit aus.

c) Auch **Habgier** scheidet aus, da die Sicherung der Diebstahlsbeute nicht bedeutet, durch die Tötung einen unmittelbaren Vermögensvorteil erlangen zu wollen.

2. A hat durch sein Handeln auch gemäß **§ 22 StGB** zur Tat **unmittelbar angesetzt**.

3. Er handelte auch **rechtswidrig** und **schuldhaft**.

4. Indem A von der Verfolgung des O absah, könnt er strafbefreiend gemäß **§ 24 Abs. 1 S. 1 Alt. 1 StGB** vom Mordversuch **zurückgetreten** sein.

a) Das Aufgeben der weiteren Ausführung setzt das Vorliegen eines **unbeendeten Versuchs** voraus. Erscheint dem Täter die weitere Ausführung nicht erforderlich, weil er alles zur Tatbestandserfüllung erforderliche getan zu haben glaubt, kommt allenfalls das Verhindern der Vollendung oder ein ernsthaftes Bemühen darum in Betracht. Erscheint ihm die weitere Ausführung und damit die Vollendung unmöglich, ist der Versuch fehlgeschlagen, sodass ein Rücktritt ausscheidet.

aa) Dass O lebensgefährlich verletzt war, schließt einen Rücktritt nicht aus, da es hierfür ausschließlich auf die **Vorstellungen des Täters** ankommt.[112] Für die Annahme eines beendeten Versuchs ist allerdings ausreichend, wenn A die Vollendung aufgrund seines bisherigen Handelns zumindest für möglich gehalten hat. War O aber nach den ersten Stichen noch in der Lage, die Böschung hinauf zu laufen, konnte A davon ausgehen, O noch nicht ernsthaft verletzt zu haben.

bb) Dass A die F aus seiner Gewalt hätte lassen müssen, steht der Möglichkeit weiterer Ausführung der Tat zum Nachteil des O ebenfalls nicht entgegen. Allerdings hatte A sein Ziel, eventuelle Gegenwehr des O zu verhindern, bereits erreicht, als O die Flucht ergriff. Man könnt hierin einen **Fehlschlag** des Versuchs sehen, weil der Täter in dieser Situation keinen Anreiz mehr zu weiterer Ausführung habe, weiteres Handeln daher eines neuen Tatentschlusses bedürfe und die weitere Ausführung daher nicht mehr als Fortsetzung derselben Tat anzusehen sei. Schließlich gebe es auch keinen

112 Für eine objektive Bestimmung des beendeten Versuchs dagegen Jäger NStZ 2020, 342, 343.

kriminalpolitischen Grund mehr, den Täter für das Aufgeben weiteren Handelns durch Straffreiheit zu honorieren. Die Annahme eines Fehlschlags könnte andererseits den Täter motivieren, das Opfer aus diesem Grund erst recht zu töten, um sich seiner als möglichen Zeugen zu entledigen. Dies erscheint kriminalpolitisch bedenklich und wird vom Wortlaut des § 24 Abs. 1 S. 1 StGB nicht mehr getragen, soweit die Fortsetzung der Tat dem Täter in unmittelbarem zeitlichen und räumlichen Zusammenhang möglich erscheint. Zudem führt dies zur Privilegierung des mit Tötungsabsicht handelnden Täters gegenüber dem bedingt vorsätzlich Handelnden, weil der erstere so lange zurücktreten könnte, wie er sein Ziel – den Tod des Opfers – nicht erreicht hat. Die zwischenzeitliche Erreichung außertatbestandlicher Handlungsziele schließt daher einen Rücktritt nicht aus.

b) Das **Aufgeben der weiteren Ausführung** setzt voraus, dass der Täter sein Vorhaben im Ganzen und endgültig aufgibt. Dem steht hier nicht entgegen, dass A sein Handeln zum Nachteil der F fortsetzte. Der Rücktritt muss sich nur auf die Verwirklichung des konkreten Tatbestandes beziehen. Von dem Vorhaben der Tötung des O hat A aber endgültig Abstand genommen.

c) Freiwillig handelt nach st. Rspr. und h.M., wer Herr seiner Entschlüsse geblieben ist und weder durch eine äußere Zwangslage daran gehindert noch durch seelischen Druck unfähig geworden ist, die Tat zu vollenden. Nach a.A. soll die Freiwilligkeit von kriminalpolitischer oder sittlicher Würdigung der Rücktrittsmotive abhängen. Jedoch ist dies weder mit dem Wortlaut noch dem Zweck der Rücktrittsregeln zu vereinbaren, dem Täter durch Zubilligung von Straffreiheit einen Anlass zur Schonung des Opfers zu geben.

Hiernach steht der Umstand, dass A zur weiteren Verfolgung des O seine Gewalt über F hätte aufgeben müssen, der Freiwilligkeit seines Rücktritts nicht entgegen.[113] Denn in seiner Entscheidung, entweder die eine oder die andere Tat weiter auszuführen, war A in seiner Abwägung frei.

Dass A das Einschreiten der Passanten hätte fürchten müssen, von denen O schließlich gerettet wurde, ist nicht ersichtlich. Eine bloße Erhöhung des Entdeckungsrisikos steht der Freiwilligkeit noch nicht entgegen. Erst wenn dem Täter infolge unvorhergesehener Umstände das Risiko bestraft zu werden unvertretbar hoch erscheint, ist die Freiwilligkeit ausgeschlossen. Dafür, dass A bei Fortsetzung der Tat zum Nachteil des O ein solches Risiko angenommen hätte, bestehen keine Anhaltspunkte.

Auch stellt der Umstand der Zielerreichung die Freiwilligkeit im vorgenannten Sinne nicht in Frage.

Danach ist A mit strafbefreiender Wirkung vom Mordversuch zurückgetreten.

II. Indem er auf O einstach, hat sich A jedoch wegen **gefährlicher Körperverletzung** gemäß **§§ 223, 224 Abs. 1 Nr. 2 und 5 StGB** strafbar gemacht.

---

113 A.A. Jäger NStZ 342, 344.

III. In Betracht kommt ferner eine Strafbarkeit wegen **besonders schweren räuberischen Diebstahls** gemäß **§§ 252, 250 Abs. 1 Nr. 1 und 3b) StGB**.

1. Indem er die Geldbörse entwendete, hat A vorsätzlich eine fremde bewegliche Sache in der Absicht weggenommen, sich diese rechtswidrig zuzueignen.

2. Indem er auf O einstach, wendete er Gewalt gegen dessen Person an, um sich im Besitz des gestohlenen Gutes zu halten.

3. Durch den Einsatz des Messers verwendete A vorsätzlich bei der Tat ein gefährliches Werkzeug.

4. Darüber hinaus hat A den O durch die Tat vorsätzlich in die Gefahr des Todes gebracht.

5. A handelte auch rechtswidrig und schuldhaft.

Daher hat sich A gemäß §§ 252, 250 Abs. 1 Nr. 1 und 3b) StGB strafbar gemacht.

IV. §§ 252, 250 Abs. 1 Nr. 1 a) und c) StGB treten dahinter zurück.

V. Von dem **Versuch des räuberischen Diebstahls mit Todesfolge** gemäß **§§ 252, 251, 22, 23 Abs. 1** ist A gemäß § 24 Abs. 1 S. 1 Alt. 1 StGB mit strafbefreiender Wirkung zurückgetreten.

Ergebnis: A hat sich wegen schweren räuberischen Diebstahls in Tateinheit mit gefährlicher Körperverletzung strafbar gemacht.

Fall 37: Verhindern der Vollendung
(nach BGH RÜ 2019, 25)

Der eifersüchtige, dominante und besitzergreifende A fürchtete, dass seine Freundin S ihn verlassen könnte. S fühlte sich eingeengt und begann eine heimliche Affäre mit einem Bekannten.

Auf einer von beiden gemeinsam ausgerichteten Geburtstagsfeier bemerkte A, dass S heimlich Nachrichten über ihr Smartphone mit einem anderen Mann austauschte. Der daraufhin entbrannte Streit wurde zunächst von Gästen geschlichtet. A zog sich mit S auf deren Zimmer zurück, um ein klärendes Gespräch zu führen, nahm aber auf dem Weg dorthin heimlich ein langes Küchenmesser mit. S setzte sich auf den Boden. A setzte sich hinter sie, sodass ihr Kopf an seiner Schulter lag, und fragte sie ruhig und verständnisvoll nach der Affäre. S, die davon ausging, dass sich A beruhigt habe und von ihm keine Aggressionen ausgehen würden, räumte daraufhin das Verhältnis ein. A fühlte sich nun gekränkt, hintergangen und betrogen. Die Angst, verlassen zu werden, ließ ihn verzweifeln. Daher fasste er den Entschluss, S mit dem Messer zu verletzen und stach mehrmals seitlich und von vorn mit bedingtem Tötungsvorsatz auf Brust und Bauch der S ein. In der zutreffenden Annahme, S lebensgefährlich verletzt zu haben, beschloss A zu fliehen. Er verschloss die Wohnungstür von außen, verließ über die Treppe das Haus, zog die Haustür hinter sich zu und fuhr zu seinen wenigen Minuten entfernt wohnenden Eltern. Nachdem ihn unterwegs die Reue gefasst hatte, teilte er diesen mit, der S etwas angetan zu haben und forderte sie auf, sich um S zu kümmern.

Noch bevor die Eltern bei S eintrafen, wurde diese nach Hilferufen von zwei Freundinnen aufgefunden, die einen Notruf absetzten. S wurde durch eine Notoperation im Krankenhaus das Leben gerettet. Dies gelang nur deshalb, weil der Vater des A auf Veranlassung des Notarztes eine Blutprobe der S vorab ins Krankenhaus gefahren hatte, wo deshalb geeignete Blutkonserven vorbereitet werden konnten.

Strafbarkeit des A?

I. Indem er auf S einstach, könnte sich A wegen **versuchten Mordes** gemäß **§§ 211, 22, 23 Abs. 1 StGB** strafbar gemacht haben. Da S überlebt hat, scheidet eine Vollendungsstrafbarkeit aus. Der Versuch des Mordes ist als Verbrechen gemäß §§ 12 Abs. 1, 23 Abs. 1 mit Strafe bedroht.

1. A hatte den **Tatentschluss** i.S. bedingten Vorsatzes, S zu töten.

2. Der Tatentschluss könnte die Verwirklichung von **Mordmerkmalen** umfasst haben.

a) In Betracht kommt eine heimtückische Begehung. **Heimtücke** setzt das Ausnutzen der Arg- und Wehrlosigkeit in feindlicher Willensrichtung voraus. A wusste, dass sich S keines Angriffs auf Leib oder Leben von seiner Seite versah und deshalb zu einer Verteidigung außerstande war, wollte also die Arg- und Wehrlosigkeit der S in feindlicher Willensrichtung ausnutzen.

A wollte auch – wie es Teile der Lit. voraussetzen – unter Ausnutzung eines besonders verwerflichen Vertrauensbruchs handeln. Für eine negative Typenkorrektur, wie es andere Teile der Lit. befürworten, besteht kein Anlass.

Daher war der Tatentschluss auf eine heimtückische Begehung gerichtet.

b) Zudem könnte er aus **niedrigen Beweggründen** gehandelt haben. Das sind solche, die nach allgemeiner rechtlicher und sittlicher Wertung auf tiefster Stufe stehen und deshalb besonders verwerflich sind. Einerseits fühlte sich A gekränkt, hintergangen und betrogen. Andererseits ließ ihn die Angst, dass S ihn verlassen könnte, verzweifeln. Beim Vorliegen eines Motivbündels beruht die vorsätzliche Tötung nur dann auf niedrigen Beweggründen, wenn das Hauptmotiv oder die vorherrschenden Motive, welche der Tat ihr Gepräge geben, nach vorgenannten Maßstäben besonders verwerflich sind.

Dass grundlose Eifersucht, Dominanz oder verwerfliches Besitzstreben hier dominierend gewesen wären, lässt sich nicht feststellen; die übrigen Beweggründe erscheinen nicht besonders verwerflich. Danach scheiden niedrige Beweggründe aus.

3. Indem er auf S einstach, hat A auch gemäß **§ 22 StGB** zur Erfüllung des Tatbestandes **unmittelbar angesetzt**.

4. Er handelte auch **rechtswidrig** und **schuldhaft**.

5. A könnte jedoch, indem er seine Eltern aufforderte, sich um S zu kümmern, gemäß **§ 24 Abs. 1 S. 1 Alt. 2 StGB** vom Versuch **zurückgetreten** sein.

a) Nachdem A davon ausging, S lebensgefährlich verletzt zu haben, handelte es sich um einen noch nicht fehlgeschlagenen **unbeendeten Versuch**.

b) A müsste **die Vollendung verhindert** haben. Was hierunter zu verstehen ist, ist umstritten.[114]

aa) Nach einer Ansicht soll das Verhindern der Vollendung ein erfolgreiches ernsthaftes Bemühen voraussetzen. Ein ernsthaftes Bemühen i.S.d. § 24 Abs. 1 S. 2 StGB setzt aber voraus, dass der Täter das aus seiner Sicht Bestmögliche tut, um die Vollendung zu verhindern und sicher zu gewährleisten, dass der Erfolg nicht eintritt. Nach diesem Maßstab genügt es nicht, die Rettung einem Dritten, hier den Eltern zu überlassen, ohne sicherzustellen, dass es zur Vollendung nicht kommt.

bb) Nach a.A. soll ein täterschaftliches Verhindern der Vollendung Voraussetzung des Rücktritts sein. Hier hat A letztlich aber seinen Eltern die Rettung der S überlassen, sodass diese nicht als sein Werk im Sinne der Abgrenzung von Täterschaft und Teilnahme erscheint.

cc) Nach h.M. setzt das Verhindern der Vollendung das Ingangsetzen einer Kausalkette voraus, die in dem Ausbleiben der Vollendung mündet. Vorliegend hatten die Freundinnen der S zwar den Notruf bereits abgesetzt und den rettenden Kausalverlauf in Gang gesetzt, bevor die Eltern des A bei S eintrafen. Andererseits war für die Rettung des Lebens der S auch ursäch-

---

114 Vgl. AS-Skript Strafrecht AT 2 (2019), Rn. 294.

lich, dass der Vater des A eine Blutprobe der S zum Krankenhaus gebracht hatte. Dass A die Vollendung nicht eigenhändig verhindert hat, steht einem Rücktritt hiernach nicht entgegen, weil der Täter für das Verhindern der Vollendung auch Dritte hinzuziehen kann. Dass daneben andere, vom Willen des Täters unabhängige Umstände zur Verhinderung der Tatvollendung beitragen, steht nach dieser Ansicht einem strafbefreienden Rücktritt ebenso wenig entgegen wie die Möglichkeit, etwas anderes oder mehr zu tun, um die Vollendung der Tat mit größerer Sicherheit zu verhindern.

dd) Für die erstgenannte Ansicht spricht, dass andernfalls der Wertungswiderspruch entsteht, dass der Täter eines untauglichen und daher ungefährlichen Versuchs nur durch ein ernsthaftes Bemühen zurücktreten kann, während der Täter eines tauglichen und daher gefährlichen Versuchs bereits durch die schlichte Verursachung des Ausbleibens der Vollendung zurücktreten könnte. Für die zweitgenannte Ansicht wird angeführt, dass der Rücktritt das Spiegelbild des Versuchs täterschaftlicher Begehung sei. Gegen beide Ansichten spricht aber der Wortlaut des Gesetzes, das nicht mehr als einen Kausalbeitrag für das Ausbleiben der Vollendung verlangt. Die in den ersten Ansichten liegende teleologische Reduktion der Rücktrittsvoraussetzungen verstößt als Spiegelbild analoger Anwendung strafbegründender Normen gegen Art. 103 Abs. 2 GG.

Danach hat A die Vollendung verhindert.

c) A handelte auch aus Reue und ohne äußeren oder seelischen Zwang und daher freiwillig.

Damit ist A strafbefreiend vom Mordversuch zurückgetreten.

II. Durch dieselbe Handlung könnte sich A aber gemäß **§ 224 Abs. 1 StGB** wegen **gefährlicher Körperverletzung** strafbar gemacht haben.

1. A hat die S **mittels eines gefährlichen Werkzeugs** und einer **das Leben gefährdenden Behandlung** körperlich misshandelt und an der Gesundheit geschädigt.

2. Er handelte **vorsätzlich**, **rechtswidrig** und **schuldhaft**.

III. Schließlich hat sich A, indem er die S **vorsätzlich**, **rechtswidrig** und **schuldhaft** in der Wohnung **einsperrte**, wegen **Freiheitsberaubung** gemäß **§ 239 Abs. 1 StGB** strafbar gemacht.

Ergebnis: A hat sich wegen gefährlicher Körperverletzung in Tateinheit mit Freiheitsberaubung strafbar gemacht.

Fall 38: Versuch der Beteiligung
(nach BGH RÜ 2017, 509)

A war Mitglied einer aus vier Beteiligten bestehenden Bande, die sich auf Einbruchdiebstähle in Kraftfahrzeuge spezialisiert hatte und aus der Veräußerung der Beute dieser Taten erhebliche Einnahmen erzielte. Nachdem er erfahren hatte, dass T über das Wissen und die technischen Mittel verfügte, Fahrzeuge mit einem „Keyless-Go-System" spurenlos unter Überwindung der Zentralverriegelung und der Wegfahrsperre zu öffnen und zu starten, beschloss er, T als Mitglied der Bande zu gewinnen, um das Geschäftsfeld der Bande auf die Entwendung und Veräußerung der Fahrzeuge zu erweitern. Er wandte sich deshalb an T und unterbreitete ihm den Vorschlag, den Luxussportwagen eines bekannten Fußballstars gemeinschaftlich mit ihm und anderen Bandenmitgliedern mit Hilfe dieser Technik zu entwenden und zu veräußern. T werde an dem Erlös beteiligt und danach über die Aufnahme in die Bande entschieden.

T erklärte sich zum Schein dazu bereit, sodass A – wie T erkannte – aufgrund der Zusage des T nunmehr fest entschlossen war, die Tat auszuführen. T hielt sogar für möglich, dass A mit seiner Bande die Tat auch ohne seine Mitwirkung begehen werde und nahm dies in Kauf. Dazu kam es jedoch nicht mehr, weil T, der sich mit der fraglichen Technik lediglich aus Anlass journalistischer Recherchen beschäftigt hatte, das Vorhaben bei der Polizei verriet.

Strafbarkeit von A und T?

A. Strafbarkeit des A

I. Indem A dem T vorschlug, an der Realisierung seines Plans mitzuwirken, könnte er sich wegen der **Verabredung eines Verbrechens** des schweren Bandendiebstahls gemäß **§§ 244 a, 30 Abs. 2 Var. 3 Alt. 1** strafbar gemacht haben.

Zum Aufbau:
Während der Versuch der Anstiftung gemäß § 30 Abs. 1 nach Versuchsregeln zu prüfen ist, bleibt es in den Fällen des § 30 Abs. 2 bei dem üblichen Deliktsaufbau!

1. Gegenstand der Verabredung müsste ein **Verbrechen**, hier das des schweren Bandendiebstahls gemäß **§§ 244 a, 12 Abs. 1**, gewesen sein. Nach der Übereinkunft mit T sollte eine fremde bewegliche Sache zum Zweck der Veräußerung, also in der Absicht rechtswidriger Zueignung, gemäß § 242 Abs. 1 weggenommen werden. Dabei würde A als Mitglied einer Bande, die sich zur fortgesetzten Begehung von Diebstählen verbunden hatte, unter Mitwirkung anderer Bandenmitglieder gemäß § 244 Abs. 1 Nr. 2 stehlen. Ferner wäre das technische Mittel ein nicht zur ordnungsgemäßen Öffnung bestimmtes Werkzeug, das zu stehlende Fahrzeug eine Sache, die durch Zentralverriegelung und Wegfahrsperre besonders gesichert wäre, und A würde in der Absicht, sich durch die wiederholte Begehung von Straftaten eine Einnahmequelle von gewisser Dauer und Erheblichkeit zu verschaffen, also gewerbsmäßig handeln, § 243 Abs. 1 S. 2 Nr. 1, 2 und 3. Damit handelte es sich bei der geplanten Tat für A um einen schweren Bandendiebstahl.

Allerdings wäre T bei dieser Tat noch nicht Mitglied der Bande, sodass die Tat sich für T gemäß § 28 Abs. 2 nicht als Verbrechen, sondern als Vergehen gemäß §§ 242 Abs. 1, 243 Abs. 1 S. 2 Nr. 1 und 2 darstellt. Fraglich erscheint, wie sich dies auf das Vorliegen einer Verbrechensverabredung auswirkt.

Z.T. wird die Ansicht vertreten, die Verbrechensverabredung setze voraus, dass sich die Tat für alle Beteiligten als Verbrechen darstelle.[115] Nach Rspr. und h.Lit.[116] kommt es jedoch nur darauf an, ob die Tat sich in der Person des jeweiligen Beteiligten als Verbrechen darstellt. Hierfür spricht nicht nur die Regelung des § 28 Abs. 2, sondern auch, dass Mittäter grundsätzlich nicht akzessorisch bestraft werden, sondern nur nach den in eigener Person vorliegenden Voraussetzungen, soweit die Tathandlung nicht wechselseitig zuzurechnen ist. Weder die Bandenmitgliedschaft noch die Gewerbsmäßigkeit sind wechselseitig zurechenbar. Danach entscheidet für A nur, dass die Tat sich in seiner Person als Verbrechen darstellen würde.

2. Die **Verabredung** als Vorstufe der gemeinschaftlichen Begehung setzt die Übereinkunft von mindestens zwei Beteiligten zur gemeinschaftlichen Begehung einer hinreichend konkreten Tat gemäß § 25 Abs. 2 voraus. Nachdem T zugesagt hatte, mit A gemeinschaftlich das Fahrzeug zu entwenden, liegt der äußere Tatbestand einer Verabredung zum gemeinschaftlichen schweren Bandendiebstahl vor. Fraglich erscheint aber, wie es sich auswirkt, dass T sich nur zum Schein zu seiner Mitwirkung bereit erklärt hatte. Diese Frage ist umstritten.

Nach einer Auffassung[117] soll gleichwohl eine Verabredung anzunehmen sein, sodass der an der Verabredung Beteiligte, der die Tat auch begehen will, wegen einer Verbrechensverabredung strafbar ist. Danach wäre der Vorbehalt des T für die Strafbarkeit des A ohne Bedeutung.

Nach a.A.[118] schließt der Vorbehalt eines von zwei an der Verabredung Beteiligten jedoch das Vorliegen einer Verabredung aus. Danach scheidet hier auch für den A eine Verabredung aus.

Hierfür spricht der Strafgrund der Verabredung. Die Gefährlichkeit konspirativen Zusammenwirkens mehrerer liegt darin, dass es aufgrund der Willensbindung der Beteiligten Gruppendynamik entfaltet und so die Begehung der Tat fördert. Das ist bei nur einseitiger Tatentschlossenheit nicht der Fall. Eine Verbrechensverabredung scheidet aus.

II. A könnte sich aber gemäß **§ 30 Abs. 2 Var.1 zu einem Verbrechen** des schweren Bandendiebstahls **bereit erklärt** haben, als er die Absprache mit T traf.

1. Gegenstand der Erklärung des A war die Begehung eines schweren Bandendiebstahls als **Verbrechen** gemäß §§ 244 a, 12 Abs. 1.

2. Das **Sichbereiterklären** erfasst sowohl die Annahme einer Aufforderung als auch das Sicherbieten aus eigener Initiative, wenn die Fassung des Tatentschlusses unter den Vorbehalt der Annahme durch den Adressaten gestellt wird. Das war hier der Fall, weil A die Tat nur unter Mitwirkung des T begehen wollte. Ohne Bedeutung ist in diesem Zusammenhang, dass die

115 LK-Schünemann, § 30 Rn. 34 ff.

116 BGHSt 12, 307; Sch/Sch/Heine/Weißer, StGB, 30. Auf., 2019, § 30 Rn. 29; Fischer § 30 Rn. 6 ff.

117 Sch/Sch/Heine/Weißer § 30 Rn. 29 m.w.N.

118 BGH RÜ 2017, 509; Fischer, § 30 Rn. 20.

Annahme durch T nur zum Schein erfolgte. Ohne Bedeutung ist auch, dass die fragliche Tat in der Person des Annehmenden nur ein Vergehen des schweren Diebstahls wäre.[119]

A hat sich daher zu einem Verbrechen bereit erklärt.

3. Subjektive Voraussetzung ist der **Vorsatz**, sich zu einem Verbrechen bereit zu erklären und dieses auch zu begehen. Das war bei A der Fall.

4. Er handelte auch **rechtswidrig** und **schuldhaft**.

A hat sich daher wegen des Bereiterklärens zu einem Verbrechen des schweren Bandendiebstahls strafbar gemacht.

III. Er könnte sich ferner wegen **versuchter Anstiftung zu einem Verbrechen** des schweren Bandendiebstahls gemäß **§§ 30 Abs. 1, 244 a** strafbar gemacht haben.

1. Das setzt einen **Tatentschluss** voraus, den T zu einem Verbrechen anzustiften. A wollte, dass T gemeinschaftlich mit ihm den Luxussportwagen stehlen sollte und wollte den Tatentschluss des T hierzu hervorrufen, ihn also zu dieser Tat bestimmen. Fraglich erscheint aber, wie es sich auswirkt, dass die Tat im Fall ihrer Ausführung für T lediglich ein Vergehen des schweren Diebstahls gemäß §§ 242 Abs. 1, 243 Abs. 1 S. 2 Nr. 1 und 2 wäre, während sie für A gemäß § 28 Abs. 2 aufgrund seiner Bandenmitgliedschaft als Verbrechen gemäß § 244 a anzusehen wäre. Diese Frage ist umstritten. Nach der Rspr. des BGH[120] ist in Fällen der versuchten Anstiftung gemäß § 30 Abs. 1 und der Vorbereitung einer Anstiftung gemäß § 30 Abs. 2 auf die Person des Anzustiftenden abzustellen, während nach h.Lit.[121] gemäß § 28 Abs. 2 darauf abzustellen ist, ob die Tat in der Person des Anstifters ein Verbrechen darstellt.

2. Diese Frage kann jedoch hier dahingestellt bleiben. Denn für das **Konkurrenzverhältnis** zwischen der versuchten Anstiftung und dem Sichbereiterklären zu derselben Tat ist auf die für den Fall der Ausführung der Tat geltenden Grundsätze abzustellen. Hiernach tritt die Anstiftung als minder schwere Beteiligungsform hinter der täterschaftlichen Beteiligung an derselben Tat zurück. Daher tritt der Versuch der Anstiftung ggf. hinter dem Sichbereiterklären als Vorstufe täterschaftlicher Begehung zurück.[122]

B. Strafbarkeit des T

I. Indem er sich zur Mitwirkung an der Tat des A bereit erklärte, könnte sich T wegen der **Annahme des Erbietens, ein Verbrechen** des schweren Bandendiebstahls gemäß **§§ 244 a, 30 Abs. 2 Var. 2 zu begehen**, strafbar gemacht haben.

1. Gegenstand des Erbietens durch A war, wie ausgeführt, die Begehung eines **Verbrechens** des schweren Bandendiebstahls in der Person des A. Umstritten ist jedoch, wie vorher dargestellt, ob im Fall der Vorbereitung der Anstiftung auf die Person des Anzustiftenden oder die des Anstifters abzustellen ist. Da es sich bei der Annahme des Erbietens um einen Sonderfall

---

119 BGHSt 53, 174.

120 BGHSt 53, 174; BGH NStZ -RR 2017, 140 Rn. 23.

121 Fischer § 30 Rn. 8; Sch/Sch/Heine/Weißer § 30 Rn.14.

122 BGH RÜ 2017, 509, 511.

der versuchten Anstiftung handelt, müsste nach der Rspr. auf die Person des Erbietenden, hier des A, abgestellt werden, in dessen Person die Tat ein Verbrechen darstellt. Nach der Gegenauffassung, die auf die Person des Annehmenden abstellt, wäre die Anwendung des § 30 Abs. 2 für T hier ausgeschlossen.

Für die h.Lit. spricht, dass der Teilnehmer im Fall der Ausführung der Tat gemäß § 28 Abs. 2 nicht akzessorisch, die versuchte Anstiftung und deren Vorbereitung dagegen akzessorisch bestraft werden würde. Für die Rspr. sprechen dagegen der Wortlaut des Gesetzes sowie der Normzweck des § 30, nach dem nicht besonders gefährliche Täter, sondern die Vorbereitung besonders gefährlicher Taten erfasst werden soll. Danach kommt es hier nicht darauf an, dass die Annahme des Erbietens im Fall der Ausführung für T gemäß § 28 Abs. 2 nur als Anstiftung zu einem Vergehen zu bewerten wäre.

2. Die **Annahme des Erbietens** ist die Erklärung, das Angebot anzunehmen und das Erbieten damit in eine Zusage umzuwandeln. Danach hat T das Erbieten des A angenommen.

3. Der **Vorsatz** muss sich darauf beziehen, dass der sich Erbietende die Annahme ernst nimmt und die Tat ausführt. Dass die Annahme nur zum Schein erfolgte, steht dem nicht entgegen. Ausgeschlossen wäre der Vorsatz nur, wenn der Annehmende davon ausgeht, ohne sein Zutun werde die Tat nicht begangen. T rechnete jedoch sogar damit, dass A die Tat auch ohne sein Zutun begehen werde. Danach handelte T auch vorsätzlich.

4. T handelte auch **rechtswidrig** und **schuldhaft**.

5. Er könnte jedoch gemäß **§ 31 Abs. 1 Nr. 3** mit strafbefreiender Wirkung **zurückgetreten** sein.

a) Indem er das Vorhaben bei der Polizei verriet, hat T **die Tat verhindert**.

b) Da T sich nicht in einer Zwangslage befand, handelte er dabei auch **freiwillig**.

Danach ist T mit strafbefreiender Wirkung von der Annahme des Erbietens zurückgetreten.

6. Teil: Irrtümer

Fall 39: error in obiecto/aberratio ictus
(nach BGHSt 34, 53)

A war wütend auf seine frühere Lebensgefährtin E, weil diese sich nach einem Gaststättenbesuch nicht von ihm, sondern lieber von dem D nach Hause bringen lassen wollte. Er beschloss daher, nachdem D und E den Heimweg angetreten hatten, D „über den Haufen zu fahren" und auf diese Weise zu töten. Mit seinem Kraftfahrzeug fuhr er gezielt auf den vor E stehenden D zu, der sich jedoch durch einen Sprung nach links retten konnte. Stattdessen wurde E, die von A nicht wahrgenommen worden war, von dem Wagen erfasst und tödlich verletzt.

Strafbarkeit des A wegen Tötungsdelikten? § 211 ist nicht zu prüfen.

I. Indem A die E mit dem Kraftfahrzeug tödlich verletzte, könnte er sich wegen **Totschlags** gemäß **§ 212 Abs. 1** strafbar gemacht haben.

1. Indem er auf den D zufuhr und die E mit dem Wagen erfasste, hat A den **Tod eines anderen Menschen verursacht**.

2. Der Erfolg ist der Handlung **objektiv zuzurechnen**, wenn sie ein rechtlich missbilligtes Risiko gesetzt hat, das sich in dem Erfolg realisiert hat. Hier kommt in Betracht, dass die Verletzung der E wegen des Ausweichmanövers des D als inadäquate Schadensfolge nicht zurechenbar wäre. Es ist jedoch nicht völlig atypisch oder regelwidrig, dass das Opfer eines Angriffs diesem ausweicht und stattdessen ein in der Nähe stehender Mensch durch einen derartigen Angriff tödlich verletzt werden kann. Daher ist der Tod der E dem Angriff des A auch objektiv zuzurechnen.

3. Fraglich erscheint, ob A **vorsätzlich** gehandelt hat, da er eigentlich die Absicht hatte, den D zu töten. Vorsatz in der Form des dolus eventualis setzt unstreitig das für-möglich-Halten der zum Tatbestand gehörenden Umstände und nach h.M. darüber hinaus das billigende Inkaufnehmen der Tatbestandserfüllung voraus. Das wäre hier anzunehmen, wenn A entweder D oder E (dol. alternativus) oder beide (dol. cumulativus) hätte töten wollen. Das war jedoch nicht der Fall, da A die E nicht wahrgenommen hatte. Vorsatz wäre auch zu bejahen, wenn A als Folge einer Verwechslung des Opfers (**error in persona**) die Tat zulasten der E statt zulasten des D begangen hätte. Denn für den Tötungsvorsatz ist ein bloßer Irrtum über die Identität des Opfers gemäß § 16 Abs. 1 ohne Bedeutung. Auch eine solche Verwechslung liegt hier jedoch nicht vor. Vielmehr handelt es sich um einen Fall der **aberratio ictus**, also eines Fehlgehens des Kausalverlaufs. In diesem Fall ist der Vorsatz ausgeschlossen, wenn das tatsächlich verletzte Rechtsgut tatbestandlich mit demjenigen, das der Täter verletzen wollte, nicht gleichwertig ist. Hier unterfallen jedoch sowohl die Tötung des D als auch diejenige der E dem Tatbestand des § 212. Ob in einem solchen Fall wegen vorsätzlicher Begehung zu bestrafen ist, ist umstritten.[123]

a) Nach h.M. (sogenannte **Konkretisierungstheorie**) schließt das Fehlgehen der Tat eine Strafbarkeit wegen vorsätzlicher Vollendung aus, wenn

123 Vgl. AS-Skript Strafrecht AT 2 (2019), Rn. 356.

der Vorsatz wegen der Konkretisierung auf ein bestimmtes Opfer nicht auch auf die Verletzung des anderen, tatsächlich betroffenen Rechtsguts gerichtet war. Danach scheidet hier eine Strafbarkeit wegen Totschlags aus.

b) Nach anderer Ansicht (sogenannte **Gleichwertigkeitstheorie**) hat die aberratio ictus dieselben Rechtsfolgen wie der error in persona. Danach ist eine Vorsatzstrafbarkeit ausgeschlossen, wenn das anvisierte und das tatsächlich getroffene Rechtsgut tatbestandlich nicht gleichwertig sind. Im Fall tatbestandlicher Gleichwertigkeit ist jedoch wegen vorsätzlicher Vollendung zu bestrafen.

c) Nach einer weiteren Ansicht **(materielle Gleichwertigkeitstheorie)** kommt es für die Lösung darauf an, ob es sich bei dem verletzten Rechtsgut um ein höchstpersönliches Interesse handelt. Im Fall von Tötungs- oder Körperverletzungsdelikten schließe die Höchstpersönlichkeit des Rechtsguts eine Vorsatzstrafbarkeit bei Fehlgehen der Tat aus. Bei der Verletzung von Eigentum oder Vermögen sei dagegen wegen vorsätzlicher Begehung zu bestrafen. Danach scheidet hier ein Totschlag aus.

d) Nach einer weiteren Ansicht **(Tatplantheorie)** soll die Rechtsfolge sich danach richten, ob die Realisierung des Tatplans von der Individualität des verletzten Rechtsguts abhängt. Danach ist für den vorliegenden Fall von Bedeutung, dass A nicht irgendeinen Menschen töten, sondern seine Eifersucht gerade an dem D abreagieren wollte. Daher führt das Fehlgehen der Tat hier ebenfalls zu einem Ausschluss der Vorsatzstrafbarkeit.

Falls es darauf ankommt: Gegen die Tatplantheorie und die materielle Gleichwertigkeitstheorie spricht, dass es gemäß § 16 für die Vorsätzlichkeit einer Handlung nicht auf die Tatmotive oder die Art des verletzten Rechtsguts ankommt, sondern nur auf die Kenntnis der tatbestandsrelevanten Umstände. Daher führt ein bloßer Motivirrtum nicht zum Ausschluss des Vorsatzes.

e) Gegen die h.M. wird geltend gemacht, dass es nach allg. Ansicht keiner Vorsatzkonkretisierung bedarf, um vorsätzlich zu handeln. Dann aber könne der Umstand, dass der Erfolg bei einem anderen Opfer als dem anvisierten eintritt, auch nicht zum Vorsatzausschluss führen. Ferner brauche sich der Vorsatz gemäß § 16 nur auf die tatbestandlich relevanten Gattungsmerkmale des Opfers zu beziehen. Da A einen Menschen töten wollte und tatsächlich einen Menschen getötet hat, hat er danach vorsätzlich gehandelt.

Hiergegen spricht, dass sich der Vorsatz nach § 16 eben nicht auf die Merkmale des Tatbestandes, sondern auf die Umstände der Tat beziehen muss, soweit sie zum Tatbestand gehören. Die Rechtsfolge der aberratio ictus ist in § 16 nicht geregelt. Für die h.M. spricht dagegen folgende Überlegung: Man wird schwerlich bestreiten können, dass D geltend machen kann, A habe versucht, ihn zu überfahren. Dies beinhaltet die Feststellung eines dahingehenden Tatentschlusses. Die Annahme, A habe die E vorsätzlich getötet, würde daher die Annahme bedingen, A habe sowohl D als auch E töten wollen. Dies ist offensichtlich unzutreffend. Die Gleichwertigkeitstheorie führt daher dazu, dem Täter einen generellen Tötungsvorsatz zu unterstellen, obwohl er diesen nicht hat. Sie ist deshalb abzulehnen. Da die materielle Gleichwertigkeitstheorie und die Tatplantheorie hier zum gleichen Ergebnis kommen wie die h.M., erübrigt sich deren weitere Erörterung. A hat sich nicht wegen Totschlags strafbar gemacht.

II. Gegeben ist aber ein **versuchter Totschlag** gemäß **§§ 212, 22, 23 Abs. 1** zulasten des D.

III. Hinzu kommt eine **fahrlässige Tötung** gemäß **§ 222** hinsichtlich der E.

Ergebnis: A hat sich gemäß §§ 212, 22, 23 Abs. 1; 222; 52 strafbar gemacht.

Fall 40: Folgen des error in persona des Täters für den Anstifter
(Hoferben-Fall, BGHSt 37, 214)

Landwirt L hatte dem Sohn S gegen Einräumung eines Nießbrauchs vorzeitig den Hof übergeben. S gab sich dem Alkohol hin und machte L den Nießbrauch streitig. Daraufhin beschloss L, den S töten zu lassen. Gegen eine Belohnung gewann er den B für das Vorhaben, S zu erschießen. Er unterrichtete ihn über Gewohnheiten und Aussehen des S und legte ihm ein Lichtbild vor, um Verwechselungen auszuschließen. B legte sich im Pferdestall, den S beim Betreten des Hauses zu durchqueren pflegte, auf die Lauer. Als der Nachbar N, der dem S ähnelte, den Stall betrat und eine Plastiktüte in der Hand hielt, wie dies auch S öfter tat, hielt ihn B in der Dämmerung für den S und erschoss ihn mit einem Kleinkalibergewehr.

Strafbarkeit der Beteiligten gemäß § 212?

A. Strafbarkeit des B

I. Indem er den N erschoss, könnte sich B wegen **Totschlags** gemäß **§ 212 Abs. 1** strafbar gemacht haben.

1. B hat den Tod des N in zurechenbarer Weise verursacht. Der **objektive Tatbestand** ist damit erfüllt.

2. Ob B auch **vorsätzlich** handelte, erscheint zweifelhaft, da er den N für den S hielt **(error in persona)**. Gemäß § 16 Abs. 1 S. 1 schließt die Unkenntnis eines Umstandes den Vorsatz aus, wenn der Umstand zum gesetzlichen Tatbestand gehört. Daher schließt der Irrtum den Vorsatz bei tatbestandlicher Gleichwertigkeit des verletzten und des vorgestellten Rechtsguts nicht aus. Anderes gilt nach h.M. nur dann, wenn es sich nicht um einen error in persona, sondern um ein Fehlgehen des Kausalverlaufs außerhalb der eigenen Herrschaftssphäre handelt (aberratio ictus). Hier wurde mit dem N diejenige Person getroffen, auf die B auch geschossen hatte. Daher handelte es sich nicht um eine aberratio ictus. Die Identität der Person ist aber für den Tatbestand des Totschlags ohne Bedeutung. Daher schließt die Verwechslung von N und S den Vorsatz des B zur Tötung des N nicht aus.

3. B handelte auch **rechtswidrig** und **schuldhaft**.

B hat sich wegen Totschlags des N strafbar gemacht.

II. In Betracht kommt ferner eine Strafbarkeit des B wegen **Totschlagsversuchs** gemäß **§§ 212, 22, 23 Abs. 1** an dem S.

Das setzt voraus, dass B den **Tatentschluss** zur Tötung des S hatte. Dafür spricht, dass B um der Belohnung willen eigentlich den S töten wollte und bei der Abgabe des Schusses den N für den S hielt. Dagegen spricht, dass dem B dann der Vorsatz zur Tötung zweier Menschen zur Last gelegt würde, obwohl er nur einen Menschen töten wollte. Ob in der Tat am falschen Opfer zugleich auch der Versuch am vermeintlichen liegt, ist daher umstritten.[124]

---

124 AS-Skript Strafrecht AT 2 (2019), Rn. 408.

1. Zum Teil wird dies bejaht, da der Täter nach seiner Vorstellung von der Tat zur Erfüllung des Tatbestandes am vermeintlichen Opfer angesetzt habe.

2. Nach h.M. ist dies nicht der Fall, da der Tötungsvorsatz bereits mit der Annahme einer vorsätzlich vollendeten Begehung berücksichtigt sei.

3. Für diese Ansicht spricht, dass die Annahme eines Versuchs das Vorliegen eines Tatentschlusses zur Tötung des vermeintlichen Opfers bei Vornahme der Versuchshandlung voraussetzen würde. Ein solcher würde sich jedoch nur auf der Grundlage des Identitätsirrtums des Täters begründen lassen. Tatentschluss ist jedoch nichts anderes als Tatvorsatz. Wenn der Irrtum für den Vorsatz zur Verletzung des betroffenen Rechtsguts jedoch ohne Bedeutung ist, dann kann er nicht zugleich Grundlage für einen Tatentschluss zur Begehung eines (dann untauglichen) Versuchs am vermeintlichen Opfer sein. Mangels Tatentschlusses zur Tötung des S hat sich B daher nicht auch wegen Totschlagsversuchs an S strafbar gemacht.

B. Strafbarkeit des L

Die Annahme von Mittäterschaft ist fernliegend, sodass dies keiner Erörterung bedarf.

I. Indem er den B mit der Tötung des S beauftragte, könnte sich L wegen **Anstiftung zum Totschlag** gemäß **§§ 212 Abs. 1, 26** strafbar gemacht haben.

1. Eine **vorsätzliche rechtswidrige Tat** gemäß § 212 durch B liegt vor.

2. Indem er den B zur Tat gewann, hat er den Tatentschluss zur Tat bei diesem hervorgerufen und ihn dadurch zu der Tat **bestimmt**.

3. Ob das Geschehene auch vom **Vorsatz** des L umfasst war, erscheint zweifelhaft, da L nicht den N, sondern den S töten lassen wollte. Die Folgen eines nicht vorsatzausschließenden error in persona des Täters für die Strafbarkeit des Anstifters sind umstritten.[125]

a) Nach einer Ansicht ist eine Strafbarkeit wegen vorsätzlich vollendeter Anstiftung ausgeschlossen. In Betracht komme lediglich eine versuchte Anstiftung gemäß § 30 Abs. 1 in Tateinheit mit fahrlässiger Vollendung, soweit diese im Einzelfall mit Strafe bedroht sind. Danach scheidet eine Strafbarkeit des L gemäß §§ 212, 26 hier aus.

b) Nach a.A. schließt der Irrtum des Täters eine Vorsatzstrafbarkeit des Anstifters zumindest dann nicht aus, wenn die Ausführung der Tat am falschen Opfer objektiv vorhersehbar war. Hier hatte L zwar einiges unternommen, um eine Verwechselung auszuschließen. Dass es in der Dämmerung beim Betreten des Stalles durch N zu einer solchen kommen könnte, liegt jedoch in der „Streubreite des möglichen Risikos". Danach wäre Vorsatz zu bejahen.

c) Für die Ablehnung einer Vorsatzstrafbarkeit lässt sich anführen, dass die Fallgestaltung aus der Sicht des Anstifters derjenigen einer aberratio ictus entspricht, da mit dem error in persona des Täters der Kausalverlauf außerhalb der Herrschaftssphäre des Auftraggebers fehlgegangen ist. Auch wäre nicht zu erklären, warum dem Anstifter alle Folgen als vorsätzlich veranlasst zur Last fielen, wenn der Täter nach der Tötung des falschen Opfers

125 AS-Skript Strafrecht AT 2 (2019), Rn. 409.

und Aufdeckung seines Irrtums nun auch noch das „richtige" tötet. Schließlich werden auch in Fällen mittelbarer Täterschaft überwiegend die Regeln der aberratio ictus angewandt, wenn der Tatmittler einem error in persona unterliegt. Den Fall der Anstiftung wird man nicht anders behandeln können.

Andererseits ist der error in persona eines Mittäters nach h.M. auch für den anderen Mittäter unbeachtlich. Da Mittäter und Anstifter vergleichbares Unrecht verwirklichen, wird für die Anstiftung nichts anderes gelten können. Überlässt der Anstifter die Individualisierung des Opfers dem Täter, dann wird er sich dessen Auswahlfehler zurechnen lassen müssen. Schließlich handelt es sich auch nur um einen Sonderfall der Kausalabweichung, nach deren Regeln eine Vorsatzstrafbarkeit anzunehmen ist, wenn der Verlauf objektiv vorhersehbar war. Aus diesen Gründen ist davon auszugehen, dass L vorsätzlich gehandelt hat.

Wer dies anders entscheidet, muss versuchte Anstiftung und fahrlässige Vollendung prüfen.

4. L handelte **rechtswidrig** und **schuldhaft**.

L hat sich daher wegen Anstiftung zum Totschlag strafbar gemacht.

II. Eine Strafbarkeit wegen **Anstiftung zum Totschlagsversuch** an S kommt mangels teilnahmefähiger Haupttat (s.o. A. II.) nicht in Betracht.

Ergebnis: L hat sich wegen Anstiftung zum Totschlag strafbar gemacht.

Fall 41: Abgrenzung Tatbestands-/Verbotsirrtum

F klingelte eines Nachts an der Haustür des A. F bedürfe dringend der Hilfe des A, da er mit seinem Pkw auf dem Heimweg von der Straße abgekommen und in den Graben geraten sei. A solle ihn mit seinem Traktor aus dem Graben ziehen. Bedenken des A, der den Atemluftalkohol des F deutlich wahrnahm, zerstreute dieser durch den Hinweis, er werde dem A lieber 20 € Aufwandsersatz zahlen als eine Geldbuße wegen der Trunkenheitsfahrt. Am Unfallort erkannte A, dass F an dieser Stelle wohl nur infolge seiner Trunkenheit von der Straße abgekommen sein konnte, aber kein weiterer Schaden entstanden war. Daraufhin kam A der Bitte nach, weil er annahm, F habe sich lediglich ordnungswidrig verhalten. Als die von Dritten angerufene Polizei am Ort des Geschehens eintraf, waren beide schon verschwunden.

Strafbarkeit des A?

I. Indem er den F aus dem Graben zog, könnte sich A wegen **Strafvereitelung** gemäß **§ 258 Abs. 1** zugunsten des F strafbar gemacht haben.

1. Indem er im öffentlichen Verkehr ein Fahrzeug führte, obwohl er alkoholbedingt fahruntauglich war, hat F zumindest fahrlässig eine rechtswidrige Tat gemäß § 316 Abs. 2 begangen, durch die er sich strafbar gemacht hat.

2. Da F aufgrund der Hilfeleistung von der Polizei nicht mehr angetroffen wurde, hat A die Bestrafung des F vereitelt.

3. Der subjektive Tatbestand setzt voraus, dass A vorsätzlich hinsichtlich der Straftat des F und wissentlich hinsichtlich des Vereitelungserfolgs handelte. **Vorsatz** ist der Wille zur Tatbestandsverwirklichung in Kenntnis seiner Umstände. Ob A hinsichtlich der Straftat des F vorsätzlich handelte, erscheint zweifelhaft, da er die Tat des F lediglich für eine Ordnungswidrigkeit hielt. Er könnte damit einem Tatbestandsirrtum gemäß § 16 Abs. 1 S. 1 unterlegen sein, der den Vorsatz ausschließt. Dann müsste A über einen zum Tatbestand gehörenden Umstand geirrt haben. Ob aber die rechtliche Bewertung der Vortat als Straftat als Umstand i.S.d. § 16 Abs. 1 S. 1 anzusehen ist, erscheint fraglich, zumal A die Alkoholisierung des F und die übrigen Umstände, aus denen sich die alkoholbedingte Fahruntauglichkeit des F ergab, erkannt hatte. Insoweit könnte es sich auch um einen Verbotsirrtum gemäß § 17 handeln, der für den Vorsatz ohne Bedeutung ist. Die **Abgrenzung des Tatbestands- vom Verbotsirrtum** ist umstritten.[126]

a) Nach einer Ansicht setzt Vorsatz lediglich die **Kenntnis** der dem Beweis zugänglichen **Tatsachen** voraus, die die Tatbestandsmäßigkeit der Handlung begründen. Deren fehlerhafte rechtliche Bewertung stellt lediglich einen Subsumtionsirrtum dar, der bei fehlendem Unrechtsbewusstsein zur Anwendung des § 17 führt. Danach hat A hier die Umstände, die die Fahruntauglichkeit des F begründeten, zutreffend erkannt. Die von F begangene Trunkenheitsfahrt rechtlich als Ordnungswidrigkeit einzustufen, berührt den Vorsatz nicht.

---

126 AS-Skript Strafrecht AT 2 (2019), Rn. 328 ff.

b) Nach h.M. setzt der Vorsatz nicht nur die **Kenntnis** der Tatsachen, sondern auch die **ihres rechtlich-sozialen Sinngehalts** voraus. Dabei wird überwiegend vorausgesetzt, dass der Täter den Sinngehalt der Umstände, soweit er für den jeweiligen Tatbestand von Bedeutung ist, nach Laienart zutreffend erfasst hat **(Parallelwertung in der Laiensphäre)**. Zum Teil wird die Kenntnis der „Verletzungsbedeutung der Handlung für das Rechtsgut" vorausgesetzt, nach a.A. zwischen gegenstands- und begriffsbezogenen Irrtümern unterschieden. Da A die Tat des F lediglich für ordnungswidrig gehalten hat, hat er nicht angenommen, dass F „dem Strafgesetz gemäß bestraft werden" könne. Dass A die für die Fahruntauglichkeit des F sprechenden Umstände erkannt hatte, begründet den Vorsatz nicht,[127] zumal eine Trunkenheitsfahrt gemäß § 24 a StVG ordnungswidrig oder gemäß § 316 strafbar sein kann.

c) Schließlich wird vertreten, dass im Fall des Bewertungsirrtums zwischen dem strafrechtlichen und dem außerstrafrechtlichen Rechtsirrtum zu unterscheiden sei. Letzterer sei wie der Tatsachenirrtum gemäß § 16 zu behandeln. Danach müsste konsequenterweise hier von Vorsatz ausgegangen werden, da A die die Strafbarkeit der Tat des F begründenden Tatsachen gekannt, sich aber über die strafrechtliche Bewertung geirrt hat.

d) Gegen die zuerst genannte Ansicht spricht, dass § 17 bei Vermeidbarkeit des Irrtums stets zur Vorsatzstrafbarkeit führte. Würde Vorsatz sich in Tatsachenkenntnis erschöpfen und der Bewertungsirrtum nur gemäß § 17 zu behandeln sein, so würde die Verkennung der bürgerlich-rechtlichen und öffentlich-rechtlichen Vorfragen der Strafbarkeit stets zur Vorsatzstrafbarkeit führen. Damit würde dem Normadressaten, da der Irrtum meist vermeidbar sein dürfte, die Kenntnis der gesamten Rechtsordnung zugemutet. Das erscheint nicht sachgerecht.

Im umgekehrten Fall, also der irrigen Annahme einer strafbaren Vortat, taucht dasselbe Problem als Abgrenzung des untauglichen Versuchs (irrige Annahme strafbegründender Umstände) vom Wahndelikt (bloßer Subsumtionsirrtum) auf.

Gegen die zuletzt genannte Ansicht spricht, das auch große Teile des Strafrechts nicht mehr zu den elementaren Grundregeln gesellschaftlichen Zusammenlebens gehören, sodass die Unterscheidung zwischen strafrechtlichem und außerstrafrechtlichem Irrtum, die schon das Reichsgericht vorgenommen hat, fragwürdig erscheint. Um vorsätzlich zu handeln ist vielmehr vorauszusetzen, dass der Täter um das geschützte Interesse und die Folgen seines Handelns für dessen Unversehrtheit weiß. Hier kannte A den Bestand des staatlichen Strafanspruchs nicht. Daher wusste er auch nicht, dass ein solcher durch sein Handeln verletzt werden würde. A hat daher nicht vorsätzlich gehandelt. Er hat sich nicht gemäß § 258 Abs. 1 strafbar gemacht.

II. Eine Beihilfe zum unerlaubten Entfernen vom Unfallort gemäß **§§ 142 Abs. 1 Nr. 2, 27** scheidet aus. Da kein weiterer Schaden entstanden war, lag hier kein Unfall im Straßenverkehr vor. Zudem hatte sich F bereits vom Unfallort entfernt, sodass die Tat ggf. beendet gewesen wäre. Daher scheidet auch eine sukzessive Beihilfe zum unerlaubten Entfernen vom Unfallort aus.

Ergebnis: A hat sich nicht strafbar gemacht.

---

127 Vgl. Roxin, Strafrecht AT I, § 12 Rn. 87.

Fall 42: Irrtum über die eigene Beteiligung

F hatte als Fahrzeugführer durch überhöhte Geschwindigkeit einen Verkehrsunfall verursacht, durch den ein Fußgänger verletzt worden war. Sein Freund A sorgte sich um die strafrechtlichen Folgen und nahm gleich Kontakt mit dem Beifahrer B auf. Dieser habe doch sicher gemerkt, das F vorschriftsmäßig gefahren sei. F habe keine Eintragung im Verkehrszentralregister und werde durch den drohenden Fahrerlaubnisentzug seine Arbeitsstelle verlieren. A ging davon aus, B habe ohnehin im Fahrzeug gedöst und halte dies alles für zutreffend. Tatsächlich waren B die Umstände, die zum Unfall führten, bekannt. Gleichwohl sagte er als Zeuge vor dem Strafrichter im Sinne des angeklagten F aus, um ihm einen Gefallen zu tun. F wurde deshalb freigesprochen.

Strafbarkeit des A?

I. A könnte sich wegen **Strafvereitelung** gemäß **§ 258 Abs. 1** strafbar gemacht haben.

1. F hatte durch Fahrlässigkeit die Verletzung des Fußgängers verursacht und sich dadurch gemäß § 229 strafbar gemacht.

2. Da B die Bestrafung durch seine Aussage vereitelt hat, hat A die Tat jedoch nicht selbst begangen.

II. In Betracht kommt eine **Strafvereitelung in mittelbarer Täterschaft** gemäß **§§ 258 Abs. 1, 25 Abs. 1 Alt. 2**. Da B aufgrund seines frei verantwortlichen Handelns nicht tauglicher Tatmittler ist, scheidet jedoch eine mittelbare Täterschaft aus.

III. A könnte sich aber gemäß **§§ 258 Abs. 1, Abs. 4, 22, 25 Abs. 1 Alt. 2** wegen des **Versuchs mittelbar täterschaftlicher Strafvereitelung** strafbar gemacht haben.

1. Dann müsste A einen entsprechenden **Tatentschluss** gehabt haben. A ging davon aus, dass sich F wegen fahrlässiger Körperverletzung strafbar gemacht habe und hatte die Absicht, dass seine Bestrafung durch die Aussage des B vereitelt würde. B sollte nach Vorstellung des A gutgläubig handeln, sodass B tauglicher Tatmittler wäre. A glaubte, hinsichtlich der wahren Unfallumstände über überlegenes Wissen zu verfügen und daher die Tatherrschaft zu haben. Er wollte die Tat auch als eigene und hielt sich daher für einen mittelbaren Täter.

2. Spätestens mit der Aussage des B hat A auch gemäß § 22 nach seiner Vorstellung **unmittelbar** zur Tatbestandserfüllung **angesetzt**. Zwar handelte es sich tatsächlich bei B nicht um einen tauglichen Tatmittler. Dies begründet jedoch lediglich die Untauglichkeit des Versuchs, der genauso strafbar ist wie der taugliche.

3. A handelte auch **rechtswidrig** und **schuldhaft**.

IV. Durch seine Einflussnahme auf den B könnte sich A wegen **Anstiftung zur Strafvereitelung** gemäß **§§ 258 Abs. 1, 26** strafbar gemacht haben.

1. Das setzt eine vorsätzliche rechtswidrige Tat des B gemäß § 258 Abs. 1 voraus. B wusste ebenfalls um den wahren Unfallhergang und handelte in der Absicht, die Bestrafung des A zu vereiteln. B handelte auch rechtswidrig. Daher liegt eine rechtswidrige Tat des B gemäß § 258 Abs. 1 vor.

2. Durch seine Einflussnahme hat A den Tatentschluss des B hervorgerufen und ihn daher gemäß § 26 zur Tat bestimmt.

3. Fraglich erscheint, ob A **vorsätzlich** gehandelt hat. Da er den B für gutgläubig hielt, fehlte ihm der Vorsatz hinsichtlich des vorsätzlichen Handelns des B. Ob dies einen vorsatzausschließenden Tatbestandsirrtum gemäß § 16 Abs. 1 S. 1 begründet, ist jedoch umstritten.[128]

a) Nach einer Ansicht soll der Anstiftervorsatz in der Vorstellung enthalten sein, mittelbarer Täter zu sein. Hier hielt A den B wegen seines Täuschungsmanövers für gutgläubig und glaubte daher, aufgrund eigener Wissensherrschaft mittelbarer Täter zu sein. Danach hat A vorsätzlich gehandelt.

b) Nach a.A. kann der Vorsatz, einen anderen zu seiner vorsätzlichen Tat zu bestimmen, allenfalls dann gegeben sein, wenn sich der Hintermann für einen „Täter hinter dem Täter" hält. Wer durch einen unvorsätzlichen Tatmittler zu handeln glaube, habe keinen Anstiftervorsatz. In Betracht komme lediglich der Versuch mittelbar täterschaftlicher Begehung.

In dem umgekehrten Fall – der Hintermann hält sich für einen Anstifter, ist aber tatsächlich mittelbarer Täter – kommt nach ganz h.M. nur versuchte Anstiftung gemäß § 30 Abs. 1 in Betracht.

c) Für die erstgenannte Ansicht spricht, dass zwischen Täterschaft und Teilnahme ein Wertungsstufenverhältnis besteht, das es rechtfertigen könnte, das Fehlen des Teilnehmervorsatzes durch das Vorliegen eines Tätervorsatzes zu kompensieren. Jedoch ist diese Ansicht nicht mit dem Gesetz vereinbar, das in § 26 Vorsatz des Anstifters auch hinsichtlich der Vorsätzlichkeit der Tat voraussetzt. Daran fehlt es, wenn der Veranlasser den Täter für gutgläubig hält. Daher handelt er im Tatbestandsirrtum gemäß § 16 Abs. 1 S. 1. Die Annahme vorsätzlichen Handelns erscheint deshalb verfassungswidrig. Daher ist der a.A. zu folgen, sodass Anstiftung ausscheidet.

V. Eine Strafbarkeit wegen einer **uneidlichen Falschaussage in mittelbarer Täterschaft** scheidet schon deswegen aus, weil Aussagedelikte eigenhändige Delikte sind und daher nicht in mittelbarer Täterschaft begangen werden können.

VI. In Betracht kommt eine Strafbarkeit wegen **Anstiftung zur uneidlichen Falschaussage** gemäß **§§ 153 Abs. 1, 26.**

1. B hat vorsätzlich und rechtswidrig als Zeuge vor Gericht uneidlich ausgesagt. Wann eine Aussage falsch ist, ist umstritten. Nach der objektiven Theorie kommt es hierfür auf den Widerspruch von Aussageinhalt und Wirklichkeit an. Nach der subjektiven Theorie soll es auf den Widerspruch zwischen Aussageinhalt und Wissensstand ankommen. Nach der Pflichtentheorie soll es darauf ankommen, ob der Zeuge es hätte besser wissen müssen. Hier war die Aussage des B nach allen Ansichten falsch. Eine vorsätzliche rechtswidrige Tat des B gemäß § 153 Abs. 1 liegt damit vor.

2. A hat den B zu dieser Tat auch bestimmt.

3. Fraglich ist, ob A **vorsätzlich** handelte, da er den B für gutgläubig hielt. Auch insoweit könnte erwogen werden, dass der fehlende Anstiftervorsatz des A durch seine irrige Annahme, mittelbarer Täter zu sein, ersetzt werde.

---

128 AS-Skript Strafrecht AT 2 (2019), Rn. 418.

Das ist jedoch unstreitig nicht der Fall. Dies folgt daraus, dass die Aussagedelikte als eigenhändige Delikte nicht in mittelbarer Täterschaft zu begehen sind. Als Ersatz dafür regelt § 160 lediglich die Strafbarkeit des Verleitens zur Falschaussage, womit die quasi mittelbar täterschaftliche Begehung gemeint ist. Dessen Strafrahmen liegt jedoch weit unter demjenigen für die Anstiftung, sodass das Wertungsstufenverhältnis von Täterschaft und Teilnahme, das bei anderen Delikten die Grundlage für den Kompensationsgedanken abgibt, hier nicht zutrifft. Damit scheidet Anstiftung aus.

VII. In Betracht kommt danach eine Strafbarkeit gemäß **§ 160 Abs. 1** wegen **Verleitens zur Falschaussage**.

1. Eine objektiv falsche Aussage des B als Zeuge vor Gericht gemäß § 153 Abs. 1 liegt vor.

2. Fraglich ist aber, ob der Tatbestand als Surrogat mittelbarer Täterschaft bei den Aussagedelikten nicht die Gutgläubigkeit der Aussageperson voraussetzt. Dies ist umstritten.

a) Nach einer Ansicht folgt dies aus der Strukturverwandtheit mit der mittelbaren Täterschaft. Tatherrschaft könne der Verleitende nur im Fall der Gutgläubigkeit der Aussageperson haben. Nehme der Hintermann diese nur an, so komme lediglich ein Versuch gemäß § 160 Abs. 2 in Betracht.

b) Nach a.A. kann die Aussageperson auch bösgläubig sein.

Hierfür spricht, dass der Wortlaut des Gesetzes auf die Gutgläubigkeit nicht abstellt. Ferner trägt eine bloße Versuchsstrafbarkeit nicht dem Umstand Rechnung, dass der Verleitende tatsächlich eine Gefährdung der Rechtspflege verursacht hat, die Tat also auch einen Erfolgsunwert hat. Schließlich würde der Verleitende durch seinen Irrtum doppelt privilegiert, da er ja auch nicht wegen Anstiftung bestraft werden kann. Die Gutgläubigkeit ist daher für den Tatbestand ohne Bedeutung.

3. A hat den B zu dieser Aussage auch verleitet.

4. A handelte auch vorsätzlich. Unabhängig von der tatsächlichen Gutgläubigkeit des Zeugen ist darüber hinaus nach allg. Ansicht erforderlich, dass der Verleitende den Verleiteten zumindest für gutgläubig halten muss. Das war hier der Fall.

5. A handelte rechtswidrig und schuldhaft.

Ergebnis: A hat sich gemäß §§ 258 Abs. 1, Abs. 4, 22, 23 Abs. 1, 25 Abs. 1 Alt. 2; 160 Abs. 1; 52 strafbar gemacht.

Fall 43: Erlaubnistatbestands-/Erlaubnisirrtum

Der kürzlich aus Osteuropa eingereiste A sieht bei der Rückkehr nach Hause, wie der 12-jährige J ein Graffiti auf dem Garagentor des Hauses anbringt, in dem A seine Mietwohnung hat. Als J davonrennt, läuft er dem A, den er nicht hatte kommen sehen, in die Arme. In der durch seine Herkunft geprägten Überzeugung, derartigen Unfug von Kindern auch als fremder Erwachsener aus erzieherischen Gründen auf der Stelle ahnden zu dürfen, greift A sich den J und versetzt ihm eine kräftige Ohrfeige. Die Eltern des J stellen Strafantrag.

Strafbarkeit des A?

Durch die Ohrfeige könnte sich A wegen **Körperverletzung** gemäß **§ 223 Abs. 1** strafbar gemacht haben.

1. Die Ohrfeige ist eine üble, unangemessene Behandlung, durch die das körperliche Wohlbefinden des J mehr als nur unerheblich beeinträchtigt wurde, und danach eine körperliche Misshandlung gemäß § 223 Abs. 1.

2. A handelte in Kenntnis und Billigung dieser Umstände, also vorsätzlich.

3. Möglicherweise war die Körperverletzung gerechtfertigt.

a) Ein Festnahmerecht gemäß § 127 Abs. 1 StPO scheidet aus, da der wegen § 19 schuldunfähige J nicht auf frischer Tat gemäß § 303 Abs. 2 betroffen war. Zudem stellt eine Ohrfeige auch keine Festnahmehandlung dar und handelte A auch nicht mit dem erforderlichen Festnahmewillen.

b) Ein körperliches Züchtigungsrecht steht selbst den Erziehungsberechtigten nicht mehr zu, vgl. § 1631 Abs. 2 BGB.

c) Nothilfe gemäß § 32 scheidet aus, weil J bereits davonrannte und es deshalb an einem gegenwärtigen Angriff auf das Eigentum des Hauseigentümers fehlt.

4. Möglicherweise könnte eine Vorsatzstrafbarkeit entfallen, weil A glaubte, aus erzieherischen Gründen rechtens zu handeln. Wie der **Irrtum über die Rechtswidrigkeit** des eigenen Handelns zu beurteilen ist, ist streitig.[129]

a) Nach der **Vorsatztheorie** ist das Bewusstsein, Unrecht zu tun, Voraussetzung vorsätzlichen Handelns. Dabei werden zum Teil Einschränkungen für Fälle fehlenden Unrechtsbewusstseins aus Rechtsblindheit oder -feindschaft gemacht. Andere setzen kein Strafbarkeitsbewusstsein, aber das Bewusstsein der Sozialschädlichkeit voraus. Hier glaubte A, im Einklang mit der Rechtsordnung zu handeln, sich also nicht materiell rechtswidrig oder sozialschädlich zu verhalten, da er sein Verhalten aus erzieherischen Gründen für gerechtfertigt hielt. Danach hat er nicht vorsätzlich gehandelt.

Vertreter der modifizierten Vorsatztheorie prüfen den Irrtum über die Rechtswidrigkeit der Tat nach den objektiven Rechtfertigungsvoraussetzungen.

b) Nach der **Schuldtheorie** ist das Unrechtsbewusstsein eine selbstständige Voraussetzung der Schuld. Allerdings ist umstritten, ob hinsichtlich der rechtlichen Folgen fehlenden Unrechtsbewusstseins nach dem Gegenstand des Irrtums zu differenzieren ist.

---

129 AS-Skript Strafrecht AT 2 (2019), Rn. 365 ff.

aa) Nach der **strengen Schuldtheorie** sind die Folgen fehlenden Unrechtsbewusstseins ausschließlich dem § 17 zu entnehmen. Danach hängt die Strafbarkeit von der Vermeidbarkeit des Irrtums ab. Die Zulässigkeit der Züchtigung fremder Kinder ist jedoch eine derart fernliegende Annahme, dass A auch unter Berücksichtigung seiner Herkunft hätte Bedenken haben müssen, ob seine Annahme zutrifft. Die Vorsatzstrafbarkeit würde daher nicht gemäß § 17 S. 1 entfallen.

bb) Nach der **eingeschränkten Schuldtheorie** ist danach zu unterscheiden, ob sich der Täter rechtfertigende Umstände vorstellt oder lediglich über Existenz oder rechtliche Grenzen eines Rechtfertigungsgrundes irrt. Im ersten Fall handelt es sich um einen **Erlaubnistatbestandsirrtum**, der eine Vorsatzstrafbarkeit ausschließt. Ob sich dies aus § 16 Abs. 1 oder analog § 16 Abs. 1 S. 1 wegen fehlenden Handlungsunwerts oder rechtsfolgenanalog § 16 Abs. 1 S. 1 wegen fehlender Vorsatzschuld ergibt, ist dabei umstritten. Andernfalls handelt es sich um einen sogenannten **Erlaubnisirrtum**, der gemäß § 17 zu behandeln ist.

Einer Stellungnahme zu den unterschiedlichen Begründungen der eingeschränkten Schuldtheorie bedarf es nur, wenn es darauf ankommt, nämlich bei der Strafbarkeit der Teilnahme.

Hier hatte A die Umstände seines Handelns zutreffend erkannt. Wenn er sein Handeln gleichwohl für gerechtfertigt hielt, so stellte er sich einen Rechtfertigungsgrund vor, den die Rechtsordnung nicht kennt. Damit richten sich auch nach dieser Auffassung die Rechtsfolgen des Irrtums nach § 17. Da der Irrtum vermeidbar war, stellt er die Vorsatzstrafbarkeit gemäß § 17 S. 2 nicht infrage.

c) Gegen die Vorsatztheorie spricht, dass eine Vorsatzstrafbarkeit gemäß § 17 S. 2, der trotz fehlenden Unrechtsbewusstseins lediglich eine Strafmilderung vorsieht, kein aktuelles Unrechtsbewusstsein voraussetzt. Vielmehr kommt es lediglich auf ein potenzielles Unrechtsbewusstsein an. Wenn ein aktuelles Unrechtsbewusstsein nicht Voraussetzung einer Vorsatzstrafbarkeit ist, kann Vorsatz nicht das Bewusstsein der Rechtswidrigkeit voraussetzen. Dagegen wird zum Teil eingewandt, § 17 regele lediglich die Strafmilderung der verbleibenden Fahrlässigkeitsstrafbarkeit. Für eine derartige Annahme ist dem Gesetz jedoch nichts zu entnehmen. Andere Vertreter der Vorsatztheorie unterscheiden zwischen materiellem Unrechtsbewusstsein, das Voraussetzung des Vorsatzes sei, und Strafbarkeitsbewusstsein, das mit § 17 gemeint sei. Auch für eine solche Unterscheidung ist dem Gesetz jedoch nichts zu entnehmen. Vielmehr hat jedermann, der die Unvereinbarkeit seines Handelns mit irgendeinem Gesetz erkennt, hinreichend Grund, sich danach zu richten. Ein Strafbarkeitsbewusstsein ist daher nicht Voraussetzung der Strafbarkeit. Folglich sind die Vorsatztheorien abzulehnen. Im Übrigen bedarf der Streit keiner Entscheidung. Der Irrtum des A schließt seine Vorsatzstrafbarkeit nicht aus.

5. Gemäß § 17 S. 1 würde A ohne Schuld handeln, wenn sein Irrtum unvermeidbar war. Das ist jedoch nicht der Fall. Sonstige Zweifel an der Schuld bestehen nicht.

6. Gemäß § 17 S. 2 kann die Strafe gemildert werden.

Ergebnis: A hat sich gemäß §§ 223 Abs. 1, 17 S. 2 strafbar gemacht.

Fall 44: Irrtum des Teilnehmers über die Rechtswidrigkeit der Tat
(Abwandlung zu Fall 43)

Die kürzlich aus Osteuropa eingereisten Eheleute A sehen bei der Rückkehr nach Hause, wie der 12-jährige J ein Graffiti auf dem Garagentor des Hauses anbringt, in dem sie ihre Mietwohnung haben. Als J davonrennt, läuft er den Eheleuten, die er nicht hatte kommen sehen, in die Arme. In der durch seine Herkunft geprägten Überzeugung, derartigen Unfug von Kindern auch als fremde Erwachsene aus erzieherischen Gründen auf der Stelle ahnden zu dürfen, greift sich Herr A auf Veranlassung seiner Frau, die diese Ansicht teilt, den J und versetzt ihm eine kräftige Ohrfeige. Die Eltern des J stellen Strafantrag.

Strafbarkeit der Frau A?

I. In Betracht kommt eine Strafbarkeit wegen **Körperverletzung in mittelbarer Täterschaft** gemäß **§§ 223 Abs. 1, 25 Abs. 1 Alt. 2**.

1. Herr A hat den J körperlich misshandelt.

2. Dies müsste Frau A gemäß § 25 Abs. 1 Alt. 2 zuzurechnen sein.

a) Indem sie ihren Mann zu der Ohrfeige veranlasste, hat Frau A einen eigenen objektiven Tatbeitrag geleistet.

b) Dieser begründet eine mittelbare Täterschaft, wenn ein Mangel strafrechtlicher Verantwortung in der Person des Herrn A mit einer überlegenen Verantwortung der Frau A zusammentrifft, sodass Frau A die Tatherrschaft hatte, bzw. sie die Tat als eigene wollte.

aa) Ein Mangel an strafrechtlicher Verantwortung könnte sich hier aus dem Fehlen des Unrechtsbewusstseins bei Herrn A ergeben. Allerdings wäre dessen Verbotsirrtum gemäß § 17 S. 2 vermeidbar gewesen und schließt seine Schuld deshalb nicht aus.

bb) Ob das Ausnutzen eines vermeidbaren Verbotsirrtums des Vordermannes eine mittelbare Täterschaft begründet, ist umstritten. Diese Frage kann jedoch hier dahingestellt bleiben, weil auch Frau A glaubte, man dürfe den J züchtigen, und deshalb kein Unrechtsbewusstsein hatte. Danach fehlt es an einem überlegenen Wissen der Frau A, das ihre Tatherrschaft oder ihren Täterwillen begründen würde.

Eine Körperverletzung in mittelbarer Täterschaft scheidet aus.

II. Indem sie ihren Mann zu der Ohrfeige veranlasste, könnte sich die A wegen **Anstiftung zur Körperverletzung** gemäß **§§ 223 Abs. 1, 26** strafbar gemacht haben.

1. Herr A hat den J vorsätzlich gemäß § 223 Abs. 1 körperlich misshandelt. Die Tat war weder durch ein Festnahmerecht gemäß § 127 Abs. 1 S. 1 StPO, noch durch Nothilfe gemäß § 32 oder ein Züchtigungsrecht gerechtfertigt und war daher auch rechtswidrig.

2. Indem sie Herrn A zu seiner Tat veranlasste, hat sie seinen Tatentschluss hervorgerufen und ihn gemäß § 26 dazu bestimmt.

3. Ob Frau A **vorsätzlich** handelte, erscheint zweifelhaft, da sie die Tat aus der gleichen Überzeugung wie ihr Mann für gerechtfertigt hielt. Die Rechtswidrigkeit der Tat gehört zum Tatbestand der Anstiftung. Der Irrtum darüber könnte daher gemäß § 16 Abs. 1 S. 1 den Vorsatz ausschließen. Fraglich erscheint aber, ob der Irrtum der A als **Tatumstandsirrtum oder** als vorsatzirrelevanter **Subsumtionsirrtum** anzusehen ist. Das ist umstritten.

a) Nach einer Ansicht[130] begründet auch der strafrechtliche Bewertungsirrtum betreffend die Rechtswidrigkeit der Tat einen Tatbestandsirrtum des Teilnehmers. Danach handelte Frau A hier nicht vorsätzlich.

b) Nach h.M. ist der strafrechtliche Bewertungsirrtum auch für den Teilnehmer als Subsumtionsirrtum anzusehen. Daher lasse er den Vorsatz unberührt.

c) Hierfür spricht schon der Vergleich mit der Strafbarkeit des Täters. Es wäre nicht einsichtig, den gleichen Irrtum beim Täter als Subsumtionsirrtum, beim Teilnehmer aber als Tatumstandsirrtum anzusehen. Ob der Irrtum über ein normatives Tatbestandsmerkmal als Tatumstands- oder Subsumtionsirrtum einzustufen ist, ist bei den Tatbestandsmerkmalen und den Voraussetzungen der Rechtfertigungsgründe nach den gleichen Regeln zu entscheiden. Daher kann der Erlaubnisirrtum des Täters nicht in der Person des Teilnehmers als Tatumstandsirrtum behandelt werden. Hier stellte sich Frau A keine die Tat rechtfertigende Sachlage vor, sondern nahm einen der Rechtsordnung unbekannten Rechtfertigungsgrund an. Damit liegt kein Tatbestandsirrtum vor. Frau A handelte also vorsätzlich.

4. Da Rechtfertigungsgründe nicht vorliegen, handelte sie auch rechtswidrig.

5. Ein die Vorsatzstrafbarkeit ausschließender Erlaubnistatbestandsirrtum setzt die Annahme von Umständen voraus, die die Anstiftung rechtfertigen würden. Frau A handelte aber in Kenntnis der Umstände, sodass ein Erlaubnistatbestandsirrtum ausscheidet.

6. Da Frau A glaubte, man dürfe den J züchtigen, fehlte ihr das Unrechtsbewusstsein. Bei hinreichender Anspannung ihres Gewissens hätte sie jedoch erkennen können, dass ein solches Züchtigungsrecht möglicherweise nicht besteht. Daher war ihr Verbotsirrtum vermeidbar und schließt die Schuld nicht gemäß § 17 S. 1 aus.

7. Jedoch besteht die Möglichkeit der Strafmilderung gemäß § 17 S. 2.

Ergebnis: Frau A hat sich wegen Anstiftung zur Körperverletzung strafbar gemacht.

---

130 Herzberg JuS 2008, 385.

Fall 45: Teilnahmefähigkeit der im Erlaubnistatbestandsirrtum begangenen Tat

A hatte beim Ausparken in der Stadt ein anderes Fahrzeug beschädigt. Als er ausstieg und sich den Schaden (ca. 150 €) ansah, näherte sich der B, der sich als Eigentümer des beschädigten Fahrzeugs vorstellte. Nachdem man gemeinsam die Unfallfolgen begutachtet hatte, meinte B, er habe an weiteren Feststellungen kein Interesse. Das Auto sei sowieso bereits verkauft. Wegen eines dringenden Termins müsse er jetzt fort und habe deshalb auch keine Zeit, auf die Polizei zu warten. Erleichtert fuhr A nach Hause. Tatsächlich gehörte das beschädigte Auto dem C, einem Nachbarn des B, über den dieser sich schon immer geärgert hatte.

Strafbarkeit der Beteiligten?

A. Strafbarkeit des A

I. Indem er den Unfallort verließ, könnte sich A wegen **unerlaubten Entfernens vom Unfallort** gemäß **§ 142 Abs. 1 Nr. 1** strafbar gemacht haben.

1. A hat als Beteiligter eines Unfalls im Straßenverkehr den Unfallort verlassen, ohne die erforderlichen Feststellungen ermöglicht zu haben.

2. Möglicherweise handelte A nicht **vorsätzlich**, weil er glaubte, der Berechtigte B habe auf die Feststellungen verzichtet. Der Feststellungsverzicht wird zum Teil als tatbestandsausschließendes Einverständnis angesehen. In diesem Fall wäre die Vorstellung des A als Tatbestandsirrtum gemäß § 16 Abs. 1 S. 1 anzusehen. Nach a.A. handelt es sich bei dem Feststellungsverzicht um einen Fall rechtfertigender Einwilligung. Hierfür spricht, dass der Tatbestand im Unterschied zu anderen (§§ 248 b, 303 Abs. 2) nicht voraussetzt, unbefugt oder gegen den Willen der Feststellungsberechtigten zu handeln. Im Übrigen handelte A in Kenntnis und Billigung der Umstände, also vorsätzlich.

3. Rechtfertigungsgründe sind nicht ersichtlich. Insbesondere war B nicht berechtigt, auf die Feststellungen zu verzichten.

4. Wegen der irrigen Annahme, der Berechtigte B habe auf die Feststellungen verzichtet, könnte jedoch die Vorsatzstrafbarkeit des A entfallen. Infolge seines Irrtums glaubte A, sich rechtmäßig zu verhalten. Die Folgen des **Irrtums über die Rechtswidrigkeit der Tat** sind jedoch umstritten.

a) Nach der Vorsatztheorie setzt der Vorsatz neben Kenntnis und Billigung der zum Tatbestand gehörenden Umstände das Bewusstsein voraus, Unrecht zu tun. Die irrige Annahme, gerechtfertigt zu handeln, lässt daher eine Vorsatzstrafbarkeit entfallen.

b) Nach der Schuldtheorie stellt das Unrechtsbewusstsein dagegen eine selbstständige Voraussetzung schuldhaften Handelns dar. Die Einordnung des Irrtums über rechtfertigende Umstände ist unter den Vertretern dieser Ansicht jedoch umstritten.

aa) Nach der **strengen Schuldtheorie** richten sich die Rechtsfolgen dieses Irrtums nach § 17. Danach würde bei Unvermeidbarkeit des Irrtums die Schuld des A entfallen. A konnte sich jedoch nicht ohne Weiteres darauf verlassen, dass es sich bei B um den Berechtigten handelte. Er hätte sich die

Berechtigung anhand der Fahrzeugpapiere nachweisen lassen können und müssen. Da der Irrtum also vermeidbar war, handelte A schuldhaft.

bb) Nach der **eingeschränkten Schuldtheorie** handelt es sich wegen irriger Annahme der tatsächlichen Voraussetzungen eines Feststellungsverzichts um einen Erlaubnistatbestandsirrtum, der im Ergebnis eine Strafbarkeit wegen vorsätzlicher Begehung ausschließt. Ob dies aus § 16 Abs. 1 S. 1, analog § 16 oder rechtsfolgenanalog § 16 zu begründen ist, ist umstritten, kann aber hier dahingestellt bleiben.

c) Für die strenge Schuldtheorie spricht der Wortlaut des § 17. Andererseits kann das Unrechtsbewusstsein auch im Fall des Tatbestandsirrtums fehlen, was nach allg. Ansicht aber gemäß § 16 zu behandeln ist. Ferner sollten die Fälle des Erlaubnistatbestandsirrtums nach dem Willen des Gesetzgebers durch das Gesetz nicht geregelt werden, sondern der Fortentwicklung durch Rspr. und Wissenschaft überlassen werden. In sachlicher Hinsicht kann es dagegen keinen Unterschied machen, ob sich der Täter die Voraussetzungen eines tatbestandsausschließenden Einverständnisses vorstellt oder diejenigen einer rechtfertigenden Einwilligung. Daher kann er im einen wie im anderen Fall nicht wegen vorsätzlicher Begehung bestraft werden. Die strenge Schuldtheorie ist deshalb abzulehnen. Nach den anderen Ansichten haftet A nicht wegen vorsätzlicher Begehung.

II. Die gemäß § 16 Abs. 1 S. 2 in Betracht kommende fahrlässige Begehung ist in § 142 nicht unter Strafe gestellt (§ 15).

III. Eine Strafbarkeit gemäß **§ 142 Abs. 2 Nr. 2** scheidet mangels hinreichender Anhaltspunkte dafür, dass A später vorsätzlich die Aufklärung unterlassen hat, aus.

B. Strafbarkeit des B

I. Ein **unerlaubtes Entfernen vom Unfallort in mittelbarer Täterschaft** gemäß **§ 142 Abs. 1 Nr. 1, 25 Abs. 1 Alt. 2** scheidet aus, da § 142 ein Sonderdelikt ist, das die Beteiligteneigenschaft gemäß § 142 Abs. 5 voraussetzt. Das ist bei B nicht der Fall.

II. Indem er dem A einen Feststellungsverzicht vorspiegelte, könnte sich B wegen **Anstiftung zum unerlaubten Entfernen vom Unfallort** gemäß **§§ 142 Abs. 1 Nr. 1, 26** strafbar gemacht haben.

1. Das setzt eine **vorsätzlich** begangene **rechtswidrige Tat** des A gemäß § 142 Abs. 1 Nr. 1 voraus. Deren Vorliegen erscheint hier wegen der irrigen Annahme des Feststellungsverzichts durch den A fraglich. Ob die im Erlaubnistatbestandsirrtum begangene Tat eine teilnahmefähige Tat ist, ist streitig.

a) Nach der Vorsatztheorie ist eine Teilnahme ausgeschlossen, da es an einer vorsätzlichen Tat fehlt.

Die strenge Schuldtheorie bedarf hier keiner Erörterung mehr, da sie oben abgelehnt wurde.

b) Unter den Vertretern der eingeschränkten Schuldtheorie ist die Teilnahmefähigkeit umstritten, was mit der Begründung für den Ausschluss der Vorsatzstrafbarkeit des Täters zusammenhängt.[131]

131 AS Skript Strafrecht AT 2 (2019), Rn. 373 ff.

aa) Nach der **Lehre von den negativen Tatbestandsmerkmalen** handelt es sich bei Rechtfertigungsgründen um einen Teil des einheitlichen Gesamtunrechtstatbestandes. Gemäß § 16 Abs. 1 S. 1 entfalle deshalb bei der irrigen Annahme rechtfertigender Umstände der Vorsatz. Danach liegt hier keine teilnahmefähige Haupttat vor.

bb) Nach der **rechtsfolgenverweisenden eingeschränkten Schuldtheorie** lässt der Erlaubnistatbestandsirrtum rechtsfolgenanalog § 16 Abs. 1 S. 1 nur den Vorsatzschuldvorwurf entfallen. Das Vorliegen einer vorsätzlichen rechtswidrigen Tat bleibt hiervon unberührt. Danach kommt eine Teilnahme in Betracht.

cc) Nach der **Unrechtstheorie** lässt der Erlaubnistatbestandsirrtum analog § 16 Abs. 1 S. 1 das Vorsatzunrecht entfallen. Ob dies eine teilnahmefähige Haupttat ausschließt, ist dabei umstritten. Zum Teil wird mangels Handlungsunwerts einer Vorsatztat die Teilnahmefähigkeit verneint. Andere setzen für eine vorsätzliche Tat gemäß § 26 nur die Kenntnis des Täters von den tatbestandsrelevanten Umständen voraus. Die Annahme rechtfertigender Umstände schließt dann die Teilnahmefähigkeit nicht aus.

c) Gegen die Vorsatztheorie spricht, dass vorsätzliches Handeln gemäß § 17 S. 2 kein aktuelles Unrechtsbewusstsein voraussetzt. Denn nach dieser Vorschrift kann auch ein Handeln mit nur potenziellem Unrechtsbewusstsein Vorsatzstrafe nach sich ziehen. Zwar wird dagegen eingewandt, § 17 S. 2 beziehe sich nur auf eine Fahrlässigkeitsstrafbarkeit bzw. regele nur die Folgen fehlenden Strafbarkeitsbewusstseins. Eine solche Auslegung findet im Gesetz jedoch keine Stütze.

Gegen die Lehre von den negativen Tatbestandsmerkmalen spricht bereits der Wortlaut des § 16 Abs. 1 S. 1, der nur die Folgen der Unkenntnis von Tatumständen regelt. Der Erlaubnistatbestandsirrtum stellt jedoch eine irrige Annahme von Umständen dar. Ferner sollten die Folgen des Erlaubnistatbestandsirrtums durch § 16 nicht geregelt werden, sondern der Klärung durch Rspr. und Wissenschaft überlassen bleiben. Schließlich müsste Vorsatz nach dieser Ansicht das Bewusstsein des Fehlens rechtfertigender Umstände voraussetzen. Das erscheint als psychologische Fiktion.

Innerhalb der Unrechtstheorie ist diejenige Ansicht vorzugswürdig, die eine teilnahmefähige Haupttat bejaht. Zwar fehlt es der Tat im Fall irriger Annahme rechtfertigender Umstände am Handlungsunwert einer Vorsatztat. Dem Gesetz ist jedoch nicht zu entnehmen, dass dies Voraussetzung der Teilnahme sein sollte. Legt man den Vorsatzbegriff der §§ 26 und 27, soweit eine vorsätzliche Tat vorausgesetzt wird, im Sinne des § 16 aus, so ist damit der Vorsatz des Täters hinsichtlich der zum Tatbestand gehörenden Umstände gemeint. Ist die Rechtswidrigkeit vom Tatbestand zu unterscheiden, so wird der Vorsatz des Täters durch die Annahme rechtfertigender Umstände nicht ausgeschlossen. Es erscheint zudem kriminalpolitisch bedenklich, wenn der Beteiligte in Kenntnis der tatsächlichen Tatumstände durch eine Täuschung die Tat veranlassen, aber hierfür nicht als Anstifter zur Rechenschaft gezogen werden könnte, obwohl auch eine mittelbare Täterschaft wegen des Charakters der Tat als Sonderdelikt oder eigenhändiges Delikt ausgeschlossen ist.

Mit entsprechender Begründung ist hier natürlich auch das Gegenteil vertretbar. So kann man es für ungereimt halten, dass eine in der irrigen Annahme tatbestandsausschließenden Einverständnisses begangene Tat nicht teilnahmefähig ist, die im Erlaubnistatbestandsirrtum begangene Tat aber wohl.

Inwieweit der rechtsfolgenverweisenden eingeschränkten Schuldtheorie zu folgen ist, kann hier offenbleiben, da sie zum selben Ergebnis kommt.

Eine vorsätzliche rechtswidrige Tat des A gemäß § 142 Abs. 1 Nr. 1 liegt daher vor.

2. B hat auch den Tatentschluss des A hervorgerufen und ihn dadurch zur Tat gemäß § 26 bestimmt.

3. B handelte vorsätzlich, rechtswidrig und schuldhaft.

Ergebnis: B hat sich wegen Anstiftung zum unerlaubten Entfernen vom Unfallort gemäß §§ 142 Abs. 1 Nr. 1, 26 strafbar gemacht.

Fall 46: Putativnotwehrexzess
(nach BGH NStZ 2002, 141)

Weil A der Polizei einen Tipp betreffend den Kriminellen O gegeben hatte, fürchtete er, dass O ihm nach dem Leben trachte. Beim Besuch eines Jahrmarkts konnte A es nicht vermeiden, dem O über den Weg zu laufen. Dieser packte ihn und schrie ihn an, er werde jetzt mit ihm abrechnen. O fasste in die Tasche seiner Bomberjacke, wo er ein Klappmesser mitführte. A fürchtete, O werde ihn erschießen. Um dem zuvorzukommen, zog A ein Messer und stach in Panik mehrfach mit Tötungsvorsatz auf den O ein. O ging angriffsunfähig zu Boden. Dabei entglitt ihm, wie A erkannte, das Messer. Dennoch stach A, der weiter einen Angriff des O fürchtete, auf ihn ein, bis er von Dritten weggerissen wurde. O überlebte schwer verletzt.

Strafbarkeit des A gemäß § 212?

A könnte sich wegen **versuchten Totschlags** gemäß **§§ 212, 22, 23 Abs. 1** strafbar gemacht haben, indem er auf O einstach.

1. A hatte den **Tatentschluss**, O zu töten.

2. Indem er auf ihn einstach, hat A auch gemäß § 22 **unmittelbar** zur Tatbestandsverwirklichung **angesetzt**.

3. Möglicherweise war das Handeln des A **gerechtfertigt**.

a) Notwehr gemäß **§ 32** scheidet mangels fortdauernden Angriffs, nachdem O angriffsunfähig geworden war, aus.

b) Notstand gemäß **§ 34** lag, nachdem O angriffsunfähig geworden war, mangels gegenwärtiger Gefahr ebenfalls nicht mehr vor.

4. Ein Ausschluss der Vorsatzstrafbarkeit wegen eines **Erlaubnistatbestandsirrtums** setzt voraus, dass A sich Umstände vorgestellt hat, die ihn im Falle ihres Vorliegens gerechtfertigt hätten. Da A verkannte, dass der Angriff beendet war, stellte er sich das Fortbestehen seiner Notwehrlage vor. Die Verteidigung müsste in diesem Fall aber auch erforderlich und geboten gewesen sein. Als O zu Boden gegangen war, hatte A erkannt, dass ihm das Messer entglitten war. Bei dieser Sachlage wäre aber der Einsatz des Messers durch A nicht mehr das mildeste Mittel zur Abwehr eines Angriffs durch den unbewaffneten O gewesen. Vielmehr hätte sich A auf die Androhung des weiteren Einsatzes oder einen weniger gefährlichen Einsatz beschränken müssen. Da die Verteidigung im Falle einer fortbestehenden Notwehrlage nicht erforderlich gewesen wäre, handelte A nicht im Erlaubnistatbestandsirrtum.

Die Feststellung eines Erlaubnistatbestandsirrtums setzt also die hypothetische Rechtfertigung auf Grundlage der irrig angenommenen Umstände voraus.

5. Möglicherweise waren jedoch die weiteren Stiche des A nach **§ 33 entschuldigt**. Das setzt voraus, dass A die Grenzen der Notwehr überschritten hat. Dies erfasst unstreitig den sogenannten **intensiven Notwehrexzess**, also die Überschreitung der Grenzen des Erforderlichen oder Gebotenen. Hier bestand jedoch schon gar keine Notwehrlage mehr. Umstritten ist dagegen, ob § 33 auch den **extensiven Notwehrexzess**, also die Überschreitung der zeitlichen Grenzen der Notwehr, erfasst.[132]

132 Vgl. AS-Skript Strafrecht AT 1 (2020), Rn. 350.

a) Nach einer Ansicht ist Voraussetzung des § 33 das (Fort-)Bestehen einer Notwehrlage. Daher kommt der Notwehrexzess dem Täter nur so lange zugute, bis die Notwehrlage und Angriffsgefahr endgültig beseitigt sind. Danach schließt der Umstand, dass A auch dann weiter zustach, als O bereits angriffsunfähig war, eine Entschuldigung gemäß § 33 aus.

b) Nach a.A. erfasst § 33 auch den extensiven Notwehrexzess. Zum Teil wird dies beschränkt auf den nachzeitigen Exzess, d.h. die Fortsetzung von Verteidigungshandlungen nach Beendigung des Angriffs. Hier hatte sich A zunächst in einer Notwehrlage befunden, als O nach seiner Waffe griff, um „mit ihm abzurechnen". Da A in Panik, also aus Furcht und Schrecken handelte, ist sein Handeln nach dieser Ansicht entschuldigt.

c) Hierfür spricht der Wortlaut des Gesetzes, der nicht nach den Grenzen der Notwehr unterscheidet. Auch entspricht die psychische Situation des Täters beim nachzeitigen Notwehrexzess derjenigen des intensiven Notwehrexzesses. Andererseits würde dann allein der Umstand, dass der Täter aus Verwirrung, Furcht oder Schrecken handelt, eine seine Schuld ausschließende Wirkung haben. Dies aber erscheint allein dann sachgerecht, wenn es sich um einen intensiven Exzess in einer Notwehrlage handelt, deren (Fort-)Bestehen bereits eine das Unrecht mindernde Wirkung hat. Ferner stellt der unbewusste extensive Notwehrexzess nichts anderes als einen Fall der Putativnotwehr dar, die nach den Regeln des Erlaubnistatbestandsirrtums zu behandeln ist. Da hiernach für einen solchen Fall zumindest eine Fahrlässigkeitsstrafbarkeit in Betracht kommt, kann der bewusste extensive Notwehrexzess nicht zur völligen Straflosigkeit führen. Daher ist A nicht gemäß § 33 entschuldigt.

Vielmehr handelt es sich bei dem Handeln des A um einen sogenannten **Putativnotwehrexzess**, also die Überschreitung der Notwehrschranken einer irrig angenommenen Notwehrlage.[133] Darauf ist nach h.M. § 33 nicht anwendbar, weil dieser das Bestehen einer Notwehrlage voraussetzt. Nach a.A. soll auf diesen Fall dagegen § 33 dann anzuwenden sein, wenn der Irrtum unvermeidbar war oder die Konfliktlage allein vom Opfer zu verantworten ist. Beides ist jedoch hier nicht der Fall. Damit scheidet eine Entschuldigung gemäß § 33 aus.

6. Ein entschuldigender Notstand gemäß **§ 35 Abs. 1** scheitert am Fehlen einer gegenwärtigen Gefahr.

7. Ein die Schuld gemäß **§ 35 Abs. 2** ausschließender Irrtum scheitert daran, dass auch auf Grundlage der irrig angenommenen Gefahrenlage diese anders abzuwenden gewesen wäre.

8. Schließlich kommt ein Schuldausschluss wegen **Verbotsirrtums** aufgrund fehlenden Unrechtsbewusstseins gemäß **§ 17 S. 1** in Betracht. Das setzt voraus, dass der Irrtum des A unvermeidbar gewesen wäre. Das ist jedoch nicht der Fall. A handelte danach auch schuldhaft.

9. Jedoch kann die Strafe gemäß § 17 S. 2 gemildert werden.

Ergebnis: A hat sich wegen versuchten Totschlags strafbar gemacht.

---

133 Vgl. dazu AS-Skript Strafrecht AT 1 (2020), Rn. 351; Strafrecht AT 2 (2019), Rn. 399.

7. Teil: Zweifelssatz, Konkurrenzen

Fall 47: Zweifelssatz, Konkurrenzen
(nach BGH NStZ 2002, 480)

A erstach den L und nahm anschließend dessen Handy und Geld an sich. Ob der Entschluss zur Erlangung der Beute schon vorher bestanden hatte oder erst nach dem Tötungsdelikt gefasst worden war, konnte nicht geklärt werden.

Strafbarkeit des A?

Vorüberlegung: *Manche meinen, bei alternativen Fallgestaltungen Sachverhaltsvarianten bilden zu müssen, um durch einen Vergleich der Ergebnisse die Strafbarkeit feststellen zu können. Das ist aber nur richtig, soweit eine Verurteilung auf wahldeutiger Tatsachengrundlage (sogenannte Wahlfeststellung) in Betracht gezogen wird. Bevor sich diese Frage stellt, sollte man auch in diesen Fällen nach allgemeinen Regeln unter Anwendung des Zweifelssatzes vorgehen.*

I. Indem A den L erstach, hat er vorsätzlich, rechtswidrig und schuldhaft einen anderen Menschen getötet und sich daher wegen **Totschlags** gemäß **§ 212 Abs. 1** strafbar gemacht.

II. Die Tat könnte darüber hinaus als **Mord** gemäß **§ 211** strafbar sein.

1. A hat den L getötet.

2. Als Mordmerkmal kommt ein Handeln **zur Ermöglichung einer anderen Straftat**, hier der Wegnahme der Beute, in Betracht. Ob der Entschluss zur Wegnahme der Beute schon vor der Tötungshandlung gefasst worden war, steht jedoch nicht fest. Daher ist im Zweifel davon auszugehen, dass der Entschluss erst später gefasst wurde.

3. Ferner kommt ein Handeln aus **Habgier** in Betracht. Darunter ist ein sittlich anstößiges Gewinnstreben um jeden Preis zu verstehen. Davon wäre hier im Falle eines Handelns zur Erlangung von Geld und Handy auszugehen. Das steht hier nicht fest, daher ist im Zweifel davon auszugehen, dass der Entschluss hierzu erst später gefasst wurde.

Da andere Mordmerkmale nicht ersichtlich sind, scheidet eine Strafbarkeit wegen Mordes aus.

III. Die **§§ 223 Abs. 1, 224 Abs. 1 Nr. 2 und 5** treten hinter § 212 zurück.

Es empfiehlt sich, einfache Konkurrenzfragen so früh wie möglich zu erledigen.

IV. In Betracht kommt eine Strafbarkeit wegen **Raubes mit Todesfolge** gemäß **§§ 249, 251**.

1. Indem A den L erstach, hat er Gewalt gegen die Person des L angewandt.

2. Handy und Geld des L waren für A fremde bewegliche Sachen. Diese müsste A weggenommen haben. Das setzt den Bruch fremden und die Begründung neuen Gewahrsams voraus. Das wäre hier anzunehmen, wenn der Entschluss zur Entwendung der Beute bereits vorher gefasst war, da in diesem Fall in der Gewaltanwendung bereits ein Angriff auf den Gewahrsam des L lag. Anders liegt es aber, wenn der Entschluss, die Beute an sich zu nehmen, erst nach der Tötung des L gefasst wurde. Denn nach dem Tod des L bestand kein fremder Gewahrsam mehr an der Beute. Danach ist im Zweifel hier davon auszugehen, dass der Entschluss, die Beute an sich zu nehmen, erst nach der Tötung des L gefasst wurde. Eine Strafbarkeit wegen Raubes, auch mit Todesfolge, scheidet daher aus.

V. Auch ein **Diebstahl** gemäß **§ 242** scheidet aus demselben Grunde im Zweifel aus.

VI. In Betracht kommt aber eine **Unterschlagung** gemäß **§ 246 Abs. 1**.

1. Geld und Handy des L waren für A fremde bewegliche Sachen.

2. Diese müsste sich A rechtswidrig zugeeignet haben. Darunter ist nach h.M. die Manifestation des Willens rechtswidriger Zueignung zu verstehen, also ein Handeln, das objektiv den Schluss auf den Vorsatz dauernder Enteignung und wenigstens vorübergehender Aneignung gestattet. Spätestens mit der Begründung eigenen Gewahrsams an der Beute gab A hier zu verstehen, dass er diese unter dauernder Enteignung des Berechtigten, hier der Erben des erstochenen L, dem eigenen Vermögen einverleiben wollte. Die Zueignung widersprach auch der bürgerlichrechtlichen Eigentumsordnung und war daher rechtswidrig.

3. A handelte auch mit **Vorsatz** und dem erforderlichen **Zueignungswillen**.

4. A handelte **rechtswidrig** und **schuldhaft**.

VII. Konkurrenzen und Ergebnis:

1. A hat sich demnach wegen Totschlags und Unterschlagung strafbar gemacht.

2. Die Beurteilung des Konkurrenzverhältnisses hängt gemäß §§ 52 ff. zunächst davon ab, ob den Delikten **dieselbe Ausführungshandlung** zugrunde liegt. Das ist hier der Fall, wenn die Manifestation des Zueignungswillens bereits in der Tötungshandlung, nicht jedoch, wenn sie erst in der Neubegründung des eigenen Gewahrsams liegt, weil der Entschluss hierzu erst nach der Tötung des L gefasst wurde. Hinsichtlich des Konkurrenzverhältnisses ist nach st.Rspr. und h.Lit. wiederum der Zweifelssatz „in dubio pro reo" anzuwenden. Danach ist im vorliegenden Fall davon auszugehen, dass die Tötung des L bereits der Erlangung der Beute diente und das Tötungsdelikt daher durch dieselbe Handlung begangen wurde wie die Unterschlagung.

Das liegt daran, dass im Fall des § 53 eine Gesamtstrafe zu bilden wäre, die höher ausfallen würde, als eine Einzelstrafe gemäß § 52 Abs. 2.

Dies könnte allerdings der oben bei der Prüfung der §§ 211 und 249 zugrunde gelegten Annahme widersprechen, dass der Entschluss zur Entwendung der Beute erst nach der Tötungshandlung gefasst wurde. Ein Widerspruch liegt darin jedoch nur, wenn es sich bei dem Zweifelssatz um eine Beweisregel handelt, nach der das Gericht nur die eine oder die andere Sachverhaltsvariante seiner Entscheidung zugrunde legen dürfte. Richtigerweise handelt es sich dagegen um eine Beweislastregel. Da dem Angeklagten nach dem Rechtsstaatsprinzip (Art. 20 Abs. 3 GG) die Schuld bewiesen werden muss (Art. 6 Abs. 2 EMRK), ist für jeden den Schuldspruch und Rechtsfolgenausspruch tragenden Umstand der Zweifelssatz anzuwenden. Die gilt auch dann, wenn dies zur gegenläufigen Anwendung bezüglich desselben Umstandes führt.

Danach ist hier von einer identischen Ausführungshandlung auszugehen.

3. Dies wirft jedoch die Frage auf, ob die Unterschlagung gemäß § 246 Abs. 1 als **formell subsidiär** hinter der Strafbarkeit wegen Totschlags gemäß § 212 zurücktritt. Diese Frage ist umstritten.

a) Nach einer Ansicht gilt die formelle Subsidiarität der Unterschlagung nur gegenüber Vermögensdelikten.[134]

b) Andere sind der Auffassung, dass die Strafbarkeit wegen Unterschlagung auch gegenüber anderen Delikten als Vermögensdelikten zurücktritt.[135]

c) Für die erstgenannte Ansicht spricht eine am Schutzzweck des § 246 orientierte Betrachtung. Da § 246 lediglich dem Schutz fremden Eigentums dient, wäre der Schuldspruch unvollständig, wenn man § 246 hinter § 212 zurücktreten lässt. Zur Begründung der Gegenmeinung ist zunächst auf den Gesetzeswortlaut zu verweisen, der keine Einschränkung enthält. Ein Vergleich mit Subsidiaritätsklauseln wie z.B. der des § 265, der wie die Neufassung des § 246 auf dem 6. StRG beruht, zeigt weiterhin, dass der Gesetzgeber eine nur eingeschränkte Subsidiarität im Gesetz ggf. zum Ausdruck gebracht hätte. Danach ist, auch wenn dies dem Zweck der Norm widerspricht, von der Subsidiarität des § 246 Abs. 1 auch gegenüber anderen Delikten als Vermögensdelikten auszugehen.

Danach tritt die Unterschlagung hinter dem Totschlag zurück.

Ergebnis: A hat sich wegen Totschlags strafbar gemacht.

134 Sch/Sch/Bosch, StGB, 30. Aufl., 2019, § 246 Rn. 32 m.w.N.
135 BGH NStZ 2002, 480.

Stichwortverzeichnis

Die Zahlen verweisen auf die Seiten.

RÜ
Ihre Examensfälle von morgen
RechtsprechungsÜbersicht
RÜ
Ihre Examensfälle von morgen – schon heute in der RÜ!
Von erfahrenen Repetitoren ausgewählte Entscheidungen im Gutachtenstil gelöst. Genau so, wie Sie den Fall in Ihrer Examensklausur lösen müssen!
Probeheft bestellen unter: as.info@alpmann-schmidt.de